소로의 『월든』 읽기
Let's Read Thoreau's *Walden*

소로의 『월든』 읽기

Let's Read Thoreau's *Walden*

신재실 지음

HENRY DAVID TOREAU

한국문화사

소로의 『월든』 읽기

1판 1쇄 발행 2024년 10월 7일

지 은 이 | 신재실
펴 낸 이 | 김진수
펴 낸 곳 | 한국문화사
등   록 | 제1994-9호
주   소 | 서울시 성동구 아차산로49, 404호(성수동1가, 서울숲코오롱디지털타워3차)
전   화 | 02-464-7708
팩   스 | 02-499-0846
이 메 일 | hkm7708@daum.net
홈페이지 | http://hph.co.kr

ISBN 979-11-6919-248-4 03840

· 이 책의 내용은 저작권법에 따라 보호받고 있습니다.
· 잘못된 책은 구매처에서 바꾸어 드립니다.
· 책값은 뒤표지에 있습니다.

서시/序詩

『월든』
(아르테Arte: 클래식 라이브러리 009)

쿠루Kouroo의 장인匠人,
시중市中의 지팡이가 마뜩치 않아,
완벽한 지팡이에 도전한다.
숲속에 들어가,
적절한 막대기를 찾고 또 찾고,
흙무덤에 앉아,
다듬고, 또 다듬어,
마침내,
지팡이에 홀笏 달고, 머리에 보석을 박으니,
완벽한 시스템의 지팡이었다.
겁劫의 시간이 흘렀지만,
순간이었다.
신의 두뇌가 쏜,
하나의 섬광이
천재적 두뇌의 부싯깃에 떨어져,
점화되기는 순간이지만,
그 섬광에
하나의 완전한 시스템이

벼려지기까지는,
겁劫의 시간이 필요하니,
좀처럼 늙지 않는
수많은 장인이
오고,
또 가야 한다.

소로Thoreau의 『월든』Walden,
이렇게 세계의 지팡이 되었더라!

구레울Gurewul 범생凡生,
시중市中의 갖가지 『월든』이 마뜩치 않아,
완벽한 한국의 『월든』에 도전한다.
원전原典 속에 들어가,
새기고 또 새기고,
사전을 뒤지고 또 뒤져,
마침내,
합당한 대체 방언方言 찾고, 머리말 달고,
각주脚註까지 붙이니,
반듯한 『월든』이 되었느니,
15년이란 순간에,
지저깨비가 수북이 쌓였다.

범생凡生의 아르테Arte 『월든』,
이렇게 한국의 표준판 되었더라!

일러두기

1. 이 책은 『월든』의 핵核에 접근하려는 노력의 소산이다.
2. 『월든』에서의 인용은 모두 『월든』, 헨리 데이비드 소로 지음, 신재실 옮김(아르테Arte, 클래식 라이브러리 009, 2023)에서 인용한 것이다. 인용 말미에 인용된 쪽수를 괄호에 표기했으며, 같은 쪽수에서의 인용이 같은 문단에 계속되는 경우에는 맨 끝에만 그 쪽수를 표시했다.
3. 『월든』 이외에서의 인용은 가급적 각주에 그 원문을 제공하여 독자의 이해를 돕고자 했다.
4. 필자가 강조하는 단어나 구절은 홑 따옴표(예: '1인 혁명')로 표시했다.

머리말

1837년, 대학을 졸업하고 콩코드로 돌아온 소로는 그의 이웃 에머슨이 미국의 문화적 독립을 선언했다는 것을 알고, 그가 이끄는 '초월주의자들'Transcendentalists로 불리는 그룹에 가담했다. 초월주의운동은 19세기 미국의 문화적 독립운동이다. 1837년의 미국은 이미 농경사회에서 산업사회로 바뀌고 있었다.

소로는 미국의 독립 혁명이 아직 설익고, 실험적이며, 불확실하다고 느끼고, 미국 민주주의의 뿌리를 재검토하는 일에 착수했다. 불평등이 만연하고, 물질주의가 날뛰고, 미국 경제는 전적으로 노예제에 의존하고 있었다. 그러나 미국 정부와 그 지도자들은 이런 상황을 지속시키는데 만족하는 듯했으니, 바로 그들이 노예제의 온갖 혜택을 보았기 때문이다. 소로의 과제는 18세기 미국의 독립혁명을 정치적 역사로서가 아니라, 편협한 인습과 안이한 습관을 계속 뒤집는 살아있는 사회·문화적 개혁으로 이어가는 방법을 찾는 것이었다.

그가 월든 호수로 이주한 것은 두 가지 목적이 있었다. 우선 조용하게 글을 쓸 수 있는 곳이 필요했다. 그는 여기서 『콩코드 강과 메리맥 강에서의 일주일』*A Week on the Concord and Merrimack Rivers*과 『월든』*Walden*의 일부를 썼다. 월든 숲과 호수는 또한 정신적 구도자, 철학자, 그리고 시인으로서의 소명을 수행하는 동시에, 자유인으로서의 '1인 혁명,' 즉 수신修身에 매진할 수 있는 삶의 현장이기도 했다.

소로는 『월든』에서 독자들에게 그를 포함한 다른 모든 사람들로부터 삶의 방식을 물려받지 말고, 독창적인 삶의 실험에 떨쳐나서라고 격려한다. 그는 물질적 사치를 위한 돈벌이 소동에 가담하는 대신, 교육, 예술, 음악, 철학을 통한 정신적 성장을 강조했다. 그는 우리에게 "간소화하라, 간소화하라!"Simplify, Simplify!고 외쳤다.

1840년대와 1850년대, 소로는 북부의 여러 주들이 남부의 노예제도를 묵인할 뿐만 아니라 그 영구화를 획책하고 있다고 느꼈다. 소로의 '지하철도운동'Underground Railroad을 비롯해서, 그의 에세이 「시민 불복종」Civil Disobedience, 「매사추세츠에서의 노예제」Slavery in Massachusetts, 「캡틴 존 브라운을 위한 탄원서」A Plea for Captain John Brown 등은 모두 노예제도 폐지에 대한 사명감에서 나왔다.

소로에게 건강은 자연과의 건전한 관계이다. 자연과의 건전한 관계가 무너지면 인간의 생태학적 리듬 또한 무너지기 쉽다. 많은 현대인이 비몽사몽에 시달리는 이유의 하나가 바로 자연과의 '부조화'이다. 소로가 평생 동안 쓴 33권의 방대한 일기에는 강과 호수의 결빙과 해빙, 야생화의 개화 및 낙화 등 생태학적 기록들이 가득하다. 최근, 기후 연구자들이 19세기 중엽 이후의 기후변화의 영향을 측정하는 데 그의 데이터를 이용할 정도로 소르는 환경론의 선구자이기도 하다. 『월든』은 이 모든 것의 집대성이다.

『월든』은 한국에서도 번역·소개된 지 오래다. 2010년, 『월든』에 감명을 받았다는 법정(1932~2010) 스님의 입적으로 이 책의 상품성이 높아지면서, 번역판이 홍수를 이루어 적어도 20여종의 번역본이 출간되었다. 그 결과, 차별성 없는 많은 번역본이 이전투구를 벌였다. 2012년 2월 본인 또한 '수많은 번역본에 종지부를 찍으며'라는 거창한 명분으로 참전했지만, 여지없이 참패하였고, 11년 6개월 후인

2023년 8월 수정을 거듭한 '한국의 표준판'이라고 자부하는 『월든』(아르테Arte: 클래식 라이브러리 009)이 출간되었다.

『월든』은 결코 읽기 쉬운 책이 아니다. 상업성에 목적을 둔 책이 아니기 때문이다. 한국에서 『월든』은 이른바 '좌파운동권의 바이블'이라는 속설이 있다. 그러나 이런 속설은 이 책의 핵核에 접근하려는 노력의 부족에서 발생한 오판이라고 단언한다. 소로는 일부 초월주의자와는 달리 '사회혁명'에 앞서 '1인 혁명'을 강조한 철저한 개인주의자이기에, '큰 정부'가 아니라 단연코 '작은 정부'를 지향했다. '사회공동체'의 가치를 앞세우는 전통적인 '좌파'와는 거리가 멀다고 할 것이다.

이 책은 『월든』의 핵核에 접근하려는 노력의 과실果實이다. 소로는 "독서를 잘하는 것, 다시 말해 참된 정신으로 참된 책을 읽는 것은 고귀한 수행,"이라면서 "책들은 그것들이 쓰인 때와 똑같이 신중하고 조심스럽게 읽혀야 한다."고 말한다.[1] 『월든』 읽기는 '참된 정신'을 살찌우는 '고귀한 수행'이다. 이 책은 독자 여러분의 『월든』 읽기에 있어서 하나의 '길라잡이'이다. 많은 도움이 되기를 바란다.

---

1   헨리 데이비드 소로, 『월든』, 신재실 옮김, 서울: 아르테Arte, 2023, p. 153. 이하 『월든』에서의 모든 인용은 말미에 쪽수만 표기하되, 인용이 같은 문단에서 연속되는 경우 맨 뒤의 인용에만 쪽수를 표기한다.

차 례

서시 5
머리말 8

제1부 『월든』으로 가는 길

소로, 그는 누구인가? ·· 17
소로와 그의 친구들 ·· 34
소로의 콩코드 로맨스 ·· 60
『월든』을 읽는 키워드 ·· 69
『월든』 그 후 ··· 75

제2부 『월든』 읽기

경제 ·· 91
    1. 정신의 경제학 ··· 91
    2. 『월든』의 길 ··· 97
    3. 자발적 노예 ·· 99
    4. 가지 않은 길 ··· 103
    5. 필수품과 사치품 ··· 105
    6. 하늘과의 교역 ··· 110
    7. 옷과 집의 의미 ··· 115
    8. '더 현명한 미개인'의 집 ·· 124
    9. '현대적 개선들'의 허실 ·· 126
    10. 자립경제 실험 ··· 131
    11. 필수 식품과 사치성 식품 ··· 137

    12. '잡동사니' 가구 ··············· 140
    13. 더 높은 어떤 것 ··············· 143
    14. 이기적 자선 ··············· 147

나는 어디서, 무엇을 위해 살았나 ··············· 153
    1. 상상의 부 ··············· 153
    2. 아침의 초대장 ··············· 155
    3. 간소화 하라 ··············· 157

독서 ··············· 161
    1. 고전 읽기 ··············· 161
    2. 무지의 극복 ··············· 163

소리들 ··············· 166
    1. 자연과 문명의 충돌 ··············· 166
    2. 자연의 멜로디 ··············· 170

고독 ··············· 175
    1. 외로움과 고독 ··············· 175
    2. 숲속의 친구들 ··············· 178

방문객들 ··············· 180
    1. 접대의 예의 ··············· 180
    2. 소로의 방문객들 ··············· 182

콩밭 ··············· 187
    1. 콩밭의 의미 ··············· 187
    2. 일과 놀이 ··············· 189
    3. 자연과 문명의 결합 ··············· 191
    4. 심각한 목적을 위한 놀이 ··············· 193

마을 ··············· 197

1. 물질의 유혹 ··· 197
　　2. 제도적 폭력과 시민 불복종 ················· 199

호수들 ··· 202
　　1. 낚시질과 사유 ····································· 202
　　2. 월든 호수의 상징성 ··························· 203

베이커 농장 ··· 214
　　1. 소로의 무지개 ····································· 214
　　2. 존 필드의 가난 ··································· 216

도덕률 ··· 221
　　1. 야성과 영성 ··· 221
　　2. 채식과 육식 ··· 223
　　3. 도덕률 ·· 227

동물 이웃들 ··· 229
　　1. 본능적 야성 ··· 229
　　2. 동물의 본성 ··· 231

난방하기 ··· 237
　　1. 겨울 채비 ··· 237
　　2. 벽난로와 굴뚝 ····································· 239
　　3. 꿈의 집 ·· 240
　　4. 필수 연료 ··· 242

예전 주민들과 겨울 방문객들 ················ 246
　　1. 예전 주민들 ··· 246
　　2. 겨울 방문객들 ····································· 249

겨울의 동물들 ─ 253
    1. 겨울 풍경 ─ 253
    2. 겨울 동물들의 생존방식 ─ 254
    3. 사냥의 뒤안길 ─ 256
    4. 숲의 토착민들 ─ 258

겨울의 호수 ─ 259
    1. 발밑의 하늘 ─ 259
    2. 바닥없는 호수 ─ 261
    3. 채빙의 명암 ─ 264

봄 ─ 267
    1. 호수의 해빙과 봄 ─ 267
    2. 소로의 생체론 ─ 269
    3. 봄의 도래와 부활 ─ 271
    4. 계절과 삶의 순환 ─ 276

맺는 말 ─ 279
    1. '자아'로의 여행 ─ 279
    2. 일탈하라! ─ 281
    3. 긍정과 사랑의 삶 ─ 285

제3부 『월든』 리뷰

바닥없는 호수를 찾아서 | 신재실 ─ 291
진짜 은둔형 천성 | 버지니아 울프 ─ 301
소로 | 제임스 러셀 로웰 ─ 314

제1부
『월든』으로 가는 길

WALDEN

소로, 그는 누구인가?

　소로Henry David Thoreau(1817~1862)는 19세기 미국의 시인, 작가, 초월주의자, 비폭력주의자, 시민운동가, 그리고 철학자이다. 소로는 1837년 대학을 졸업한 직후 이웃에 사는 에머슨Ralph Waldo Emerson을 평생의 스승 겸 친구로 삼고 작가의 길을 걷기 시작했다. 1845년 7월 4일에서 1847년 9월 6일까지, 2년 2개월 2일간 월든 호숫가에서 체류했다. 이때의 삶을 주제로 걸작 『월든』Walden(1854)을 남겼다. 당대의 매사추세츠 주가 제정한 부당한 법과 정부의 시책에 맞서 저항해야 하는 당위성과 그 방법론을 설파한 「시민 불복종」(1849)은 이후의 정치·사회적 비폭력저항운동에 길잡이가 된 것은 세계적으로 알려진 사실이다. 소로는 평생 헌신적인 노예폐지론자로서, 이른바 '지하철도'의 승무원으로 활동하는 한편, 1860년 그의 말년에는 존 브라운John Brown의 무장봉기 시도까지 변호하는 용기를 보였다. 그런가 하면 주변의 자연을 세밀히 관찰하여 생태와 환경에 대한 많은 기록을 남김으로써 현대 환경론의 선구자가 되기도 했다.

■ 성장기

　소로는 1817년 매사추세츠 주, 콩코드Concord 마을에서 아버지 존 소로John Thoreau와 어머니 신시아 소로Cynthia Thoreau 사이에서 태어났다. 콩코드는 매사추세츠 주도州都인 보스턴에서 서쪽으로 약 20마일 떨어진 시골 마을이다. 위로는 누나 헬렌Helen과 형 존John, 아래로는 누이 소피아Sophia와 함께 콩코드의 언덕과 들판을 운동장으로 삼고 어린 시절을 보냈다. 아버지는 연필공장을 운영했으며, 어머니는 집의 일부를 하숙생들에게 내줬다. 소로는 '콩코드 공립학교'Concord Public School와 '콩코드 아카데미'Concord Academy에서 공부했다. 그는 평생 콩코드를 사랑했다.

　소로의 가족은 놀기 좋아하는 맏아들 존보다 학구적인 둘째 아들 헨리를 대학에 진학시키기로 결정했다. 소로는 1833년 하버드 대학(지금의 하버드 대학교)에 입학했다. 거기서 영문학과 함께 독일어, 그리스어, 그리고 라틴어까지 공부했다. 오늘의 기준으로 말하면 비교문학을 전공한 셈이다. 건강과 경제 사정으로 잠시 휴학하기도 했지만, 1837년 비교적 우수한 성적으로 대학을 졸업했다.

　1837년, 미국은 경제 불황의 여파로 일자리가 많지 않았다. 더욱이, 하버드 졸업생에게는 통상적으로 첫째 목사, 둘째 변호사, 셋째 의사, 넷째 교사의 문이 열려 있었지만, 소로 자신은 그 어느 것도 적성에 맞지 않는다고 생각했다. 형과 누나가 이미 초등학교 교사로 있었기 때문에, 소로는 자신에게도 그나마 교직이 제일 어울릴 것이라고 생각했다. 다행히, 모교인 콩코드 공립학교에 교사로 채용되었다. 그러나 체벌 문제를 두고 당국과 논쟁을 벌인 끝에 겨우 2주 후에 사직하고 말았다. 소로는 체벌 대신 인성과 도덕을 교육의 중심으로 삼았다.

당국은 매를 들지 않으면, 학교를 망쳐놓을 것이라고 경고했다. 매질은 소로의 양심에 어울리지 않았기에, 곧 사직서를 제출했다. 다른 곳에서 일자리를 찾아보았지만 실패하고, 얼마동안(1837~1838) 아버지 연필공장에서 일했다.

1838년 6월, 소로는 자신의 집에서 작은 사립학교를 열었다. 그해 9월, 때마침 폐교 위기에 처한 '콩코드 아카데미'를 인수했다. 형 존이 동료 교사로 함께 일했다. 매 학기 약 25명의 학생이 등록했고, 커리큘럼에는 매주 '야외견학'과 '상점방문'이 포함되었다. 학생들은 영어, 수학, 그리고 외국어 같은 정식 과목들을 공부했다. 그러나 소로는 지도를 만들고, 땅을 측량하고, 인디언의 유물을 수집하고, 자연을 관찰하는 것도 똑같이 중요하다고 생각했다. 타지에서까지 학생이 몰려들었다.

소로 형제는 1839년 8월 31일부터 9월 13일까지 2주간 콩코드 강과 메리맥 강을 거쳐서 뉴햄프셔의 워싱턴 산Mount Washington까지 보트, 마차, 도보로 여행하면서 잊지 못할 추억을 새겼다. 1849년 출판된 『콩코드 강과 메리맥 강에서의 일주일』의 기초가 된 것이 바로 형과 함께 노를 저은 그때의 강상 여행이었다. 1841년 4월, 형 존의 건강이 악화되면서, 학교 경영은 헨리 혼자 감당하기에는 너무 힘들었다. 결국 소로 형제의 모험은 2년 6개월여 만에 실패로 끝났다. 형제는 다시 아버지 연필 공장으로 돌아왔다.

헨리 소로는 독일의 선진 기술을 연구하여, 연필의 품질을 획기적으로 향상시켰다. 예술가, 엔지니어, 측량사, 건축가, 목수, 작가 등이 찾는 미국 최고의 연필을 생산하는 데 성공했으며, 찰흙을 접착제로 사용하여 뉴햄프셔에서 발견되는 흑연의 품질을 획기적으로 개선하는 놀라운 재간을 보이기도 했다. 1853년에 이르러 경쟁이 너무나

치열했을 때는 공장을 아예 흑연 원료 공장으로 개조하여 대처했다. 원료만 팔아도 돈벌이가 될 수 있는 길을 연 것이었다. 그러나 돈벌이는 소로가 가고 싶은 길이 아니었다. 소로는 또 다른 북소리에 그의 발걸음을 맞추고 있었다. 그 북을 치는 고수鼓手는 바로 에머슨이었다.

1837년, 대학졸업 당시로 돌아가 보자. 하버드 대학을 졸업하고 콩코드로 돌아온 직후, 소로는 작가이자 이웃 주민인 에머슨과 곧바로 절친한 사이가 되었다. 에머슨은 때로는 아버지처럼 때로는 후견인처럼 소로를 대했다. 조언을 아끼지 않고 젊은 소로를 여러 방법으로 격려했다. 에머슨은 우선 소로에게 일기를 쓸 것을 권유했다. 1837년 10월 22일, 소로는 그의 첫 일기에서 이렇게 썼다. "'자네 지금 뭘 하고 있는가?' 그[에머슨]가 물었다. '일기는 쓰고 있는가?' 그래서 오늘 첫 일기를 쓴다."[2] 1841년에서 1843년까지 소로는 연필 사업을 돕는 한편, 간헐적으로 에머슨의 집에 체류하면서 만능 잡역부이자 정원사로 에머슨 가家의 살림을 돕는 한편, 에머슨의 서재에 있는 책을 마음껏 읽으면서 그의 조수로 활약했다.

에머슨은 자신이 이끄는 '초월주의 클럽'Transcendental Club에 소로를 초청했다. 이 클럽은 에머슨을 중심으로 엘러리 채닝Ellery Channing, 마가레트 풀러Margaret Fuller, 브론슨 올컷Bronson Alcott, 너새니얼 호손Nathaniel Hawthorne 등 당대 미국의 가장 중요한 작가와 사상가들로 구성되었다. 체계적인 조직이 아니라 같은 마음을 가진 독립적인 작가 및 철학자들이 같은 시간, 같은 장소에 모여 그저 담소를 나누는 모임이

---

[2] Henry D. Thoreau. *I to Myself*, edit. Jeffrey S. Cramer, New Haven and London: Yale University Press, 2007, October 22. 1837, p 1. "'What are you doing now?' he asked. 'Do you keep a journal?' So I make my first entry today."

었다. 주로 콩코드의 에머슨 집에서 만났다. 그들은 1840년부터 1844년까지 기관지『다이얼』The Dial을 간헐적으로 간행했다. 에머슨은 부단히 소로에게『다이얼』에 기고할 것을 재촉했고, 이에 힘입은 소로는 1840년 7월 창간호에 그의 시「공감」Sympathy을 필두로 7편의 에세이와 4편의 시를 게재함으로써 작가의 길을 다져나갔다. 그 클럽에 모인 쟁쟁한 작가들 가운데서 소로만이 콩코드 토박이였다. 그래서인지 에머슨은 그를 '콩코드의 사나이'The Man of Concord라고 치켜세웠다.

초월주의란 무엇인가? 초월주의는 에머슨의 첫 책『자연』Nature(1836)이 출판되면서 시작되었다. 에머슨은 "예배의 교훈을 자연에서 배우는 사람이 가장 행복한 사람이다."[3]라면서 "유일한 실재는 마음이며, 다른 모든 자연은 더 좋거나 더 나쁜 마음에 비친 영상들이다. 자연, 문학, 역사는 주관적 현상에 불과하다."[4]고 썼다. 그의 이런 말은 자연을 사랑하는 다른 작가나 지식인들에게 큰 영향을 주었다. 초월주의자들은 성공적인 삶의 비결은 가능한 한 물질적인 관심에서 초월하여 정신적인 가치에 초점을 맞추는 것이라고 믿었다. 그러기에 그들은 교회 의자에 앉아서 설교를 듣거나 성경 구절을 읽기보다는 밖으로 나가서 자연과 교유交遊함으로써 저마다 신을 발견하고 우주와의 교감交感을 향유할 수 있었다. 당대의 많은 사람들이 믿고 있던 결정론적 '칼뱅주의'Calvinism에 반하는 눈으로 종교를 보았다. 무신론자는 결코 아니었지만 스베덴보리Swedenborg, 칸트Kant, 불교Buddhism, 힌두교

---

[3] Ralph Waldo Emerson. *Emerson: Essays & Lectures*, "Spirit," New York: The Library of America, 1983, p. 40. "The happiest man is he who learns from nature the lesson of worship."

[4] *Ibid.*, "The Transcendentalist," p. 195. "Mind is the only reality, of which men and all other natures are better or worse reflectors. Nature, literature, history, are only subjective phenomena."

Hinduism 등 동서양의 비기독교적 사상을 많이 받아들였다. 그들은 삼위일체를 신봉하는 칼뱅주의에 맞서 주로 '유니테리언교회'Unitarian Church에 속해 있었다. 인간은 원죄原罪가 아니라 신성神性을 타고난 존재이며, 예수 또한 신성의 정점에 이른 인간이라고 생각했다. 따라서 전통적인 기독교 신자들은 이들을 흔히 이단자로 여겼다.

소로는 에머슨의 조수로 일하던 2년 동안(1841~1843)에 초월주의를 골수까지 흡수했음에 틀림없다. 그러나 그는 에머슨보다 자연의 실체적 위상을 더 높이 인정했다. 에머슨이 자연을 마음의 거울에 비춰 보는 영상이나 상징으로 여겼다면, 소로는 인간도 자연의 일부이기에 자연과 더불어 사는 소박한 삶이야말로 참된 정신적 가치의 실현이라고 생각했다. 어쨌든, 소로는 에머슨의 집에 드나드는 동안에 작가가 되는 야심을 불태웠다. 에머슨의 집을 나와서 부모 집에 얹혀 사는 것은 작가 지망생인 소로에게 여러 문제가 있었다. 연필공장 일은 지루하고 피곤했으며, 어머니가 집의 일부를 하숙인들에게 내주었기 때문에, 조용히 글을 쓸 공간도 없었다. 소로는 글을 쓸 수 있는 자기만의 집을 가지는 꿈을 가지게 되었다.

1842년 1월 1일, 형 존 소로는 면도를 하다가 손가락에 상처가 났다. 전염된 상처로 인해 파상풍이 발생했다. 같은 달 12일 아침, 그는 동생 소로의 팔에 안긴 채 숨을 거두었다. 소로는 형의 끔찍한 죽음에 큰 충격을 받았지만, 사내답지 못한 슬픔에 굴복하지 않으려고 태연을 가장하며 일주일을 지냈다. 그러나 온 가족이 놀랍게도 그 또한 심한 파상풍 증세를 보이며 주저앉았다. 이른바 '심신성'psychosomatic 파상풍이었다. 그의 몸은 주체할 수 없는 경련으로 심하게 뒤틀렸다. 가족들은 둘째 아들까지 잃을까봐 전전긍긍했다. 며칠 후 고통이 완화되면서 위급한 상태가 지나갔다. 소로는 한 달이

지나서야 병상에서 나올 수 있었지만, 그 해 봄은 거의 아무것도 못하고 집에 있어야 했다.

한편, 소로는 1843년 5~12월까지 6개월 동안 에머슨의 형 윌리엄의 일곱 살 된 아들의 가정교사로 뉴욕 주, 스테튼 아일랜드Staten Island에 체류하면서, 뉴욕의 작가, 편집인, 출판업자들과 교류했다. 그러나 "누가 이런 도시들을 보고 그곳에 어떤 삶이 있다고 말할 수 있겠는가? 어제 뉴욕 거리를 걸었는데— 실체가 있거나 살아있는 사람을 하나도 만나지 못했다."[5]는 그의 말이 증명하듯, 소로는 대도시의 혼잡과 익명성에 크게 실망했다. '콩코드의 사나이'는 대도시 체질이 아니었다. 그러나『뉴욕 트리뷴』The New York Tribune의 편집인 호러스 그릴리Horace Greeley를 만남으로써 작가의 길에 한 발짝 더 큰 걸음을 내딛게 되었다.

그릴리는 소로를 도와줄 것을 흔쾌히 약속했다. 우선 그는 1843~1844년에 걸쳐『보스턴 미세러니』Boston Miscellany와『데머크래틱 리뷰』Democratic Review 등에 소로의 에세이가 게재되도록 주선했다. 이어서 1847년 3월에는 소로가 쓴 칼라일Carlyle 관련 에세이를『그래험스 매거진』Graham's Magazine에, 1848년 봄에는 소로의『카타딘과 메인 숲』Ktaadn and the Maine Woods을 또 다른 잡지에 각각 75달러의 거액으로 팔아주었으며, 마침내 1854년『월든』의 출판이 준비되었을 때는 출판사와의 계약을 주선하는 한편, 출판에 앞서서 그 일부를 발췌하여 여러 잡지에 게재하도록 주선하고, 그의『트리

---

5 Henry D. Thoreau. *I to Myself*, edit. Jeffrey S. Cramer, New Haven and London: Yale University Press, 2007, 'September 24. 1843. Staten Island,' p. 35. "Who can see these cities and say that there is any life in them? I walked through New York yesterday, and met no real and living person."

분』에서도 파격적으로 칭송하는 등, 소로 알리기에 적극적이었다.

이제, 에머슨의 그늘에서 벗어나 인기작가로 자립할 수 있는 길이 소로에게 열리고 있었다. 그러나 신문이나 잡지 편집자들이 물의를 일으키는 그의 견해들을 출판하기를 여전히 망설이는 상황에서, 그는 단순한 작가가 아닌 사회비평가이자 개혁가가 되기 위해서 자립自立의 노력을 게을리 하지 않았다. 그는 이런 노력의 일환으로 정의롭지 못한 정부와 법률에 대한 저항을 주제로, 그리고 월든 호수에서의 실험적 생활 등을 화두로 '콩코드 문화원'Concord Lyceum에서 자주 강연을 했고, 그의 강연이 외지로까지 알려지면서 포틀랜드Portland, 메인Maine, 필라델피아Philadelphia 등으로 초청 강연을 다니기도 했다. 순회강연자로서 에머슨에 비견할만한 국제적인 명성을 얻지는 못했지만, 그는 진보적인 사회비평가이자 거짓 없는 '괴짜'로서의 명성을 서서히 확립했다.

■ 월든 시절

1845년, 소로는 에머슨의 허락으로 에머슨 소유의 월든 호숫가에 작은 집을 직접 짓고, 미국 독립기념일인 7월 4일에 그곳으로 이주하여 2년여를 보냈다. 두 가지 큰 목적이 있었다. 첫째는『콩코드 강과 메리맥 강에서의 일주일』을 쓰는 것이었다. 둘째는 양키의 일상적 삶의 패턴을 더 단순한 것으로 뒤집는 것이었다. 그는 6일 일하고 하루 쉬는 패턴에 종사하기보다, 그 반대로 하루 일하고 나머지 6일을 초월주의적인 관심사에 바칠 수는 없을 것인지 실험하고자 했다.

소로는 1845년 7월부터 1847년 9월까지 2년여 동안 월든 호수에서 체류했다. 그곳에서의 스케줄은 그에게 철학적·문학적 관심에 전념할 많은 시간을 주었다. 그는 첫째 목적인 『콩코드 강과 메리맥 강에서의 일주일』(1849)을 이곳에서 다 썼다. 1839년 형 존과 함께 했던 잊지 못할 강상여행의 추억을 바탕으로 철학적 에세이를 쓴 것이다. 소로는 두 번째 목적 또한 실천적으로 실증하는 동시에 자연에 대한 연구도 게을리 하지 않았다. 많은 사람들이 그의 혁명적 생활방식에 대해서 호기심을 보였고, 이런 관심이 그의 창작열을 불태웠다. 소로는 『월든』(1854) 첫머리에서 이렇게 썼다, "마을 사람들이 내 생활 방식에 대해 꼬치꼬치 묻지 않았던들, 이렇게 독자 여러분에게 내 사생활을 불쑥 내미는 짓은 하지 말아야 할 것이다. … 어떤 이웃은 내가 무엇을 먹었는지, 외로움을 느끼지 않았는지, 두렵지는 않았는지 등등을 물었다,"(17~18). 그러기에 소로는 자신의 생활을 주제로 강연을 하는 한편, 예술적 단일성을 기하기 위해 2년의 경험을 1년으로 축소하여, 에세이 형식의 보고서를 쓰기 시작했다. 오늘의 『월든』이 바로 그것이다.

한편, 그는 매사추세츠의 법률과 정책에 맞서기도 했다. 월든 시절인 1846년 여름, '인두세'poll tax 납부를 거부했다는 이유로 감옥에서 하룻밤을 보낸 사건이 발생했다. 이 경험을 주제로 소로는 「시민 불복종」(1849)을 쓰게 되었다. 소로는 노예제도를 반대하는 강한 정치적 견해를 견지하면서, 노예제도 확산을 획책한다고 믿은 '멕시코-미국 전쟁'Mexican-American War(1846~1848)에 반대했다. 인두세 납부를 거부한 이유였다. 그는 법과 정부의 정책을 맹목적으로 따르지 말고, 개인적 양심에 따라 행동할 것을 강력히 주장했다. 그는 "내가 따라야 할 권리를 가진 유일한 의무는 어느 때건 내가 옳다고 생각하는 것을 하는 것이다,"[6]라고 썼다. 「시민 불복종」은 발표된 이후, 전 세계의 많은 정치적·사회적 저항 운동가들을 고무시켰다. 소로의 비폭력 저항은 미국의 흑인 시민권 운동가 마틴 루터 킹 주니어Martin Luther King Jr를 비롯해서 대영제국으로부터의 독립을 끌어낸 인도의 모한다스 간디Mohandas Gandhi 등에게 영향을 주었다.

 같은 해 9월, 소로는 월든 호수를 떠나 14일간 메인 주로 여행했다. 도보, 마차, 보트, 때로는 인디언 카누로 페놉스코트 강Penobscot River 서쪽 지류를 따라 올라갔다. 뉴잉글랜드에서 가장 높은 산의 하나인 해발 5,268피트의 카타딘Katahdin에 오르기 위해서였다. 콩코드 주변의 언덕보다 훨씬 더 거친 산이다. 주로 인디언들의 습관과 특성에 대한 강렬한 호기심과 관심을 충족시키기 위해서였다. 이 탐사의 기록이 1848년 『서튼스 유니언 매거진』Sartain's Union Magazine에 게재된 「카타딘과 메인 숲」Ktaadn and the Maine Woods이다. 소로는 1853년과 1857년에 각각 다른 루트로 카타딘에 재도전했다. 세 번의 여행 기록을 3부로 엮은 것이 사후에 간행된 『메인 숲』The Maine Woods(1864)이다. 1857년 11월 16일, 세 번째 여행을 마치고 친구 해리슨 블레이크Harrison Blake에게 쓴 편지에서 소로는 등산의 느낌을 이렇게 요약했다. "그곳에 올라 헉헉 숨 쉬는 것은 아무것도 아닙니다. 그곳에 있는 동안에는 결코 많이 오르는 것이 아니고, 마치 집에서처럼, 중식 등을 먹는 것이지요. 산을 넘는다 해도, 진짜로 산을 넘는 것은 귀가한 이후입니다. 산은 내게 무엇을 말했는가? 산은 내게 무엇을 했는가?"[7] 그러나 카타딘 산이 소로에게 무엇을 말했고

---

[6] Henry D. Thoreau. *Thoreau: Collected Essays and Poems*, New York: The Library of America, 2001, p. 204. "The only obligation which I have a right to assume, is to do at any time what I think right."

[7] "Going up there and being blown on is nothing. We never do much climbing while we are there, but we eat our luncheon, etc., very much as at home. It is after we get home that we really go over the mountain, if ever. What

무엇을 했는지는 그만이 알 것이다.

■ 『월든』 이후

1847년 9월 6일, 소로는 월든 호수를 떠났다. 에머슨이 순회강연 차 유럽으로 여행할 계획이 있었고, 집에 남은 에머슨의 아내와 자녀들을 돌볼 필요가 있었고, 소로 또한 숲을 떠날 때가 되었다고 느꼈기 때문이다. 소로는 『월든』에서 이렇게 썼다. "나는 숲에 갔을 때와 똑같이 그럴만한 이유로 숲을 떠났다. 아마도 내가 살아야 할 삶이 몇 가지 남아 있기에 숲속 생활에 더 이상의 시간을 할애할 수 없다고 생각했을 것이다."(443~444).

소로는 1837년 11월 21일 일기에서, "자신이 어떤 세계에 거주하는지 알려면 산에 오를 필요가 있다."[8]고 썼다. 소로는 월든 시절 이전인 1842년 여름, 콩코드 언덕에서 서쪽 지평선상에 보이는 매사추세츠의 와추세트 산Mount Wachusett(611m)에 오른 것을 시작으로 1844년에는 뉴햄프셔의 모나드노크 산Mount Monadnock(965m)과 콩코드 남서쪽 매사추세츠의 그레이락 산Mount Greylock(1,064m)에 이어서 뉴욕 주의 캐츠킬 산맥 Catskill Mountains(1,266m)을 연달아 올랐고, 월든 시절 중인 1846년 여름에는 앞서 말한 것처럼 메인 주의 카타딘 산Mount Katahdin(1,606m)에 올랐다. 월든 이후에도 소로는 모나드노크 산을 세 차례(1852, 1858, 1860년), 카타딘 산을 두 차례(1853, 1857년) 다시

---

[8] Henry D. Thoreau. *I to Myself*, edit. Jeffrey S. Cramer, New Haven and London: Yale University Press, 2007, 'November 21. 1837.' p. 35. "One must needs climb a hill to know what a world he inhabits. did the mountain say? What did the mountain do?"

올랐고, 1858년 7월에는 마지막으로 북부 뉴햄프셔의 화이트 산맥 White Mountains(1,917m)에 이어서 워싱턴 산Mount Washington(1,916m)으로 이어지는 긴 산행을 했다. 소로는 그 자신이 어떤 세계에 거주하는지 알게 되었을까? 아마, 그랬을 것이다.

"내가 숲으로 간 이유는 인생을 의도적으로 살아보기 위해서였다,"(138)는 소로 자신의 말처럼, 그는 여행도 의도적으로 했다. 어디든 갈 이유가 있기에 갔다. 그는 흔히 말하는 휴가를 가거나, 아무것도 하지 않고 즐기는 여행을 한 적이 없다. 항상 무엇인가를 관찰하고, 생각하고, 기록했다. 그는 『월든』에서 "나는 콩코드를 두루 돌아다녔다,"(19)고 썼다. 그렇다. 그는 콩코드의 풍경을 뼛속까지 흡수했다. 소로는 콩코드 지역의 생물계절학biophenology 차트, 즉 계절의 캘린더를 작성하고자 했지만 미완으로 끝났다. 그러나 「가을의 색조」 Autumnal Tints, 「숲의 연속」The Succession of Forest Trees, 그리고 「야생 사과」Wild Apples 같은 에세이들을 남겼다. 소로는 은둔자의 이미지에도 불구하고 많이 돌아다녔다. 앞에서 언급한 산행은 물론, 월든 이후 (1849~1861)에는 매사추세츠의 우스터Worcester시를 적어도 열두 차례, 케이프 코드Cape Cod 해변을 네 차례(1849, 1850, 1855, 1857년), 캐나다의 퀘백Quebec을 한 차례(1850년 9월) 기차 여행을 다녔다. 물론 단순한 여행이 아니라, 강연을 하고 답사를 하기 위한 여행이었다. 그의 사후에 출판된 『케이프 코드』Cape Cod(1865)와 『캐나다에서의 양키』A Yankee in Canada(1866) 등의 에세이들은 이런 여행에서 거둔 수확이다.

소로는 산책, 산행, 여행 등을 통해 모은 자료를 가지고 강독이나 강연을 통해서 청중들에게 먼저 시험한 다음에, 최종 에세이를 쓰고, 출판을 위해 수정하는 일을 거듭했다. 그의 노력이 처음 책의 형태로 나온 것이 바로 『콩코드 강과 메리맥 강에서의 일주일』(1849)이다. 『일주일』은 느슨한 구조, 설교 투의 문체 등 여러 문제점으로 인해 독자들의 흥미를 끌지 못하고, 판매가 형편없었다. 1,000부 대부분이 팔리지 않았다. 팔리지 않은 책은 4년 후 소로에게 돌아왔고, 소로는 출판업자에게 $290의 빚만 지게 되었다. 1853년 10월 27일 일기에서, 소로는 "나는 이제 거의 900권의 장서를 가졌는데, 그 중 700권 이상이 내가 쓴 것이다."[9]라고 썼다. 두 번째 책 『월든, 숲속의 생활』 Walden; or, Life in the Woods은 이런 실패를 예방하기 위해 대대적인 교정과 준비에 매달렸기 때문에 1854년 8월 9일에야 출판되었다. 『월든』은 2년여의 월든 생활을 1년으로 축소하여 사계절의 흐름으로 인생의 사이클을 상징화했다. 여름→가을→겨울→봄으로 이어지는 특이한 패턴을 설정한 것 역시 소로답다. 『월든』은 일부는 실체적 삶의 회고록이고, 일부는 정신적 탐구의 보고서이다. 소로는 "일반대중은 절망의 삶을 조용히 살고 있다."(25)면서 자연 친화적인 삶을 제창했다. 『월든』은 그의 첫 책과는 달리 다소의 성공을 거뒀다. 호평이 이어졌고, 판매도 비교적 만족스러웠다. 많지는 않았지만 열성 팬까지 생겼다. 그러나 더 많은 독자를 만나기에는 상당한 시간을 기다려야 했다. 20세기 이후, 『월든』은 미국의 고전으로 평가되어 왔고, 다른 많은 작가, 환경주의자, 혁명가, 박물학자들에게 영감과 정보의 보고가 되었다.

 월든 호수를 떠나 2년간 에머슨의 집에서 가사를 돌본 이후, 소로는 부모 집의 방 한 칸에서 여생을 보냈다. 대학 졸업 후 약 2년

---

[9] *Ibid.*, 'October 28. 1853,' p. 207. "I have now a library of nearly nine hundred volumes, over seven hundred of which I wrote myself."

(1837~1838), 월든 시절 이후 약 2년(1849~1850) 등 아버지의 연필 사업을 간간히 돕는 한편, 신문과 잡지에 에세이를 발표하는 동시에 문화원 강의와 포틀랜드, 메인, 필라델피아 등등에서의 강연으로 다소의 수입을 올렸지만, 생계를 유지하기에는 충분하지 않았다. 그러기에 그는 측량사가 되었다. 벌목꾼들에게 팔릴 땅의 경계를 측량해주는 등의 일로 이웃 도시까지 진출했고, 1856년에는 뉴저지의 퍼스 앰보이Perth Amboy 시에서 아주 큰 측량사업을 맡기도 했다. 측량 일 또한 방문 지역의 동식물을 연구할 기회로 삼은 것은 말할 필요가 없다.

소로는 자연의 역사와 여행 및 탐사에 점점 더 흥미를 느끼면서, 이런 주제 특히 식물학에 대한 책을 열심히 읽었다. 그리고 그는 읽는 책에서 많은 구절을 자신의 일기에 옮겨 적었다. 특히 윌리엄 바트람William Bartram의 『여행기』Bartram's Travels와 찰스 다윈의 『비글호의 여행기』The Voyage of the Beagle를 탐독했다. 생물과 환경에 대한 그의 관심은 작품과 일기에도 점점 명백히 드러났다. 야생화의 개화, 각종 열매가 익기까지의 과정, 월든 호수의 깊이 변화, 주변 호수와 강의 결빙과 해빙, 철새의 이동에 이르기까지 생태계의 모든 것을 세밀히 관찰하고, 매우 과학적으로 기록했다. 이런 힘든 일의 목적은 그저 자연을 예측하는 즐거움이었다. 이것이야 말로 '절망의 삶을 조용히 살아가는' 대중과 달리 자연과 함께 '희망의 삶'을 사는 소로 특유의 방법이었다.

소로의 과학적 관심과 업적은 대부분 아마추어 과학자의 잡기雜記 정도로 무시되어 왔지만, 최근 그의 후기後期 에세이들과 미완성 유고를 집대성한 『씨앗에 대한 믿음』Faith in a Seed (1993)이 출판되면서 그가 무엇인가 중요한 것을 성취했다는 것이 증명되었다. 그는 이 책에서 숲의 씨앗들이 어떻게 분산되며, 숲이 어떻게 세월 따라 변화하며, 화재나 인간이 파괴한 이후에 어떻게 되살아나는지를 관찰, 실험, 분석에 의해서 증명했다. 과학자들은 이러한 글들을 선구적 생태학, 즉 씨앗, 장소, 그리고 계절 간의 상호작용에 대한 연구로 여기고 높이 평가하기 시작했다.

소로는 생을 마감할 때까지 노예폐지운동에 헌신했다. 「시민불복종」을 써서 노예제도를 간접 지원하는 매사추세츠 정부에 반대하는 한편, 이른바 '지하철도' 운동에 가담하여 도망 노예들을 콩코드에서 하룻밤 재운 후 몰래 캐나다로 탈출시키는 안내자 노릇을 하기도 했다. 1854년 7월 4일, 매사추세츠 주 프레이밍햄Framingham에서 개최된 '도망노예법'Fugitive Slave Law 반대 집회에서는 「매사추세츠에서의 노예제도」Slavery in Massachusetts라는 연설로 청중을 감동시켰다. 그리고 1859년 10월, 존 브라운과 그의 지지자들은 노예들의 봉기를 선동할 목적으로 하퍼스 페리Harpers Ferry에 있는 연방 병기창을 습격했으나, 실패하는 사건이 발생했다. 노예폐지운동자들까지도 브라운을 무모하다고 비난하는 상황에서도, 소로는 콩코드에서 집회를 열고 「캡틴 존 브라운을 위한 탄원서」Plea for Captain John Brown라는 불같은 연설로 많은 주민을 반노예운동에 끌어들이는 데 성공했다. 소로는 이 연설에서 존 브라운을 "빛의 천사," "전국에서 가장 용감하고 가장 인간적인 사람"[10]이라고 옹호했다. 그러나 존 브라운은 반역죄로 곧 처형되었다.

1835년, 소로는 폐병에 감염되어 평생 간헐적으로 시달렸다. 1859

---

[10] Henry D. Thoreau. *Thoreau: Collected Essays and Poems*, New York: The Library of America, 2001. "A Pleas for Captain John Brown," p. 416. "Angel of Light," "the bravest and humanest man in all the country."

년, 폭풍우가 부는 날 나무그루터기의 나이테를 세기 위하여 늦은 밤 여행을 다녀온 이후, 병이 극도로 악화되었다. 그의 건강은 악화와 완화를 거듭하면서 점점 기울었고, 마침내 병상에 눕게 되었다. 소로는 자신의 병이 말기라는 것을 감지하고, 아직 출판되지 않은 작품들을 출판할 수 있도록 편집하고, 고쳐 쓰고, 체계화하는 일에 생의 마지막을 보냈다. 그는 또한 편지와 일기 쓰기도 계속했으며, 너무 힘이 없어서 직접 쓸 수 없게 되어서는 누이에게 받아쓰게 하였다. 그의 친구들은 죽음의 그림자가 시시각각 어른거리는 상황에서도 평온을 잃지 않는 소로를 놀라워했다. 그의 임종에, "목사가 말했다, '헨리, 당신은 하느님과 화해했습니까?' 소로는 답했다, '우리는 다툰 적이 없습니다.'"[11]

1862년, 소로는 조용히 죽었다. 그리고 콩코드의 슬리피홀로우 공동묘지Sleepy Hollow Cemetery에 묻혔다. 그의 장례식에서 친구 에머슨은 말했다, "조국은 얼마나 위대한 아들을 잃었는지 아직 모릅니다. 아니, 조금도 모릅니다. … 그의 영혼은 가장 숭고한 사회를 위해 창조되었습니다. 그는 짧은 생애에서 이 세상의 역량을 모두 소진했습니다. 지식이 있는 곳이면 어디서나, 덕이 있는 곳이면 어디서나, 미가 있는 곳이면 어디서나, 그는 안식처를 발견할 것입니다."[12]

그의 시대의 다른 작가들이 점점 잊히는 동안, 소로는 점점 유명해졌다. 그가 쓴 많은 것이 오늘날도 여전히 통하기 때문이다. 정부에

---

[11] "The minister said, 'Henry, have you made your peace with God?' Thoreau said, 'I didn't know we'd quarreled.'"

[12] "The country knows not yet, or in the least part, how great a son it has lost. … His soul was made for the noblest society; he had in a short life exhausted the capabilities of this world; wherever there is knowledge, wherever there is virtue, wherever there is beauty, he will find a home."

대한 그의 글들은 매우 혁명적이어서 어떤 이들은 그를 무정부주의자라고 부를 정도다. 소로는 단연코 작은 정부를 지향했다. 자연에 대한 소로의 연구 또한 똑같이 시대를 앞선 것이어서 그는 '환경주의의 아버지'라는 별명을 얻게 되었다. 그의 걸작 『월든』은 무한 경쟁을 질주하는 현대적 삶에 흥미 있는 해독제가 되었다.

WALDEN

소로와 그의 친구들

친구들 … 그들은 서로의 희망을 소중히 여긴다. 그들은 서로의 꿈에 친절하다.

— 소로, 『콩코드 강과 메리맥 강에서의 일주일』에서

최고의 호의와 화합과 실용적인 친절도 우정에는 충분하지 않다. 친구들은 어떤 사람들이 말하는 것처럼 그저 화합和合으로 사는 것이 아니라, 화음和音으로 산다. 우리 육체에 먹을 것과 입을 것을 제공하는 것은 친절한 이웃들로 충분하다. 우리는 친구들이 우리 정신에 그와 같이 할 것을 바란다.

— 소로, 『콩코드 강과 메리맥 강에서의 일주일』에서

■ 존 소로 주니어John Thoreau Jr. (1814~1842)

소년 시절의 헨리 소로Henry Thoreau와 그의 형 존 소로John Thoreau는 초·중등학교 시절 방과 후에는 언제나 함께 뛰놀았다. 콩코드 전체가 소로 형제의 운동장이었고, 가장 좋은 곳은 월든 호수와 콩코드 숲이었다. 형제는 '콩코드 아카데미'Concord Academy를 같이 다녔다. 1833년, 헨리는 하버드에 입학했고, 형 존은 아버지의 연필 제조업을 도우면서 틈틈이 아이들을 가르침으로써 동생의 학비를 도왔다. 헨리가 대학을 졸업한 1837년, 형 존은 매사추세츠 주 톤턴Taunton에서 초등학교 교직에 종사했다.

1838년, 형제는 모교인 '콩코드 아카데미'를 인수하여 함께 가르치기 시작했다. 1839년 8월 말, 형제는 직접 제작한 보트를 타고 2주간의 강상여행을 떠났다. 노를 저어서 콩코드 강을 완주하고, 이어지는 메리맥 강이 흐르는 북쪽의 뉴햄프셔로 들어섰다. 6일을 강상工上에서 보낸 다음 보트를 매놓고, 걸어서 때로는 마차로 화이트 산맥 White Mountains의 '마운트 워싱턴'Mount Washington 정상을 정복했다. 형제는 하이킹과 캠핑으로 며칠을 함께 보낸 후, 마차를 타고 매놓았던 보트로 돌아왔다. 이젠 거꾸로 메리맥 강을 거쳐, 9월 13일 콩코드로 돌아왔다. 형제 이상의 우의를 다진 잊지 못할 2주간의 여행이었다.

소로 형제가 경영하는 '콩코드 아카데미'는 수용능력 25명의 작은 학교였다. 형제는 작문, 문법, 지리, 기하, 대수, 자연과학, 희랍어, 그리고 라틴어를 나누어 가르쳤다. 방과 후에는 어린이들을 데리고 현장교육을 했다. 이웃의 동식물을 직접 견학시키고, 산딸기를 딸 수 있는 최고의 곳을 찾았다. 정원을 꾸미는 법과 보트를 손질하는 법도 배우고, 가르치고, 때로는 강과 호수에서 함께 노를 젓기도 했다. 선진 교육을 실천한 것이다. 그러나 1841년 4월 존 소로의 건강 악화로, 형제는 학교의 문을 닫을 수밖에 없었다. 3년이 채 못 되는 기간이지만, 형제에게는 가장 행복한 시절이자, 형제가 한 소녀를 동시에 사랑한 달고도 쓴 추억의 계절이기도 했다. 1839년 7월 20일, 17세의 소녀 엘렌 슈얼Ellen Sewall이 2주 예정으로 콩코드로 그녀의 친척들을 방문했다. 소로 형제는 그녀와 함께 긴 산책, 보트 놀이, 또는 좋아하는 책을 큰 소리로 읽으며 토론하는 등 많은 시간을 즐겁게 보냈다. 형제는 동시에 사랑에 빠졌다. 사랑의 라이벌이었지만, 형제는 행복했다.

형제의 불행은 예고 없이 찾아왔다. 1842년 1월 1일, 형 존은 면도를 하다가 손가락을 살짝 건드렸다. 아주 작은 상처였지만, 병균에 전염되었다. 파상풍이었다. 그 당시는 치료가 불가능한 병이었다. 그는 극심한 통증, 근육경련에 시달리고 턱이 굳어서 아무것도 삼킬 수가 없었다. 1월 11일, 27세의 존은 동생 헨리의 팔에 안긴 채 사망했다. 형이 아니라 가장 친한 친구를 잃는 순간이었다. 형의 충격적인 사망에, 헨리 또한 파상풍 증세를 보였다. 순전히 '공감통증'이었다. 동생 헨리도 죽을 것으로 보였지만, 다행히, 서서히 건강을 되찾았다.

"이웃의 시냇물 따라/ 그대의 목소리를 들을 수 있을까요?/ … 그대는 어떤 새를 고용하여/ 그대의 말을 제게 전할 건가요?"[13] 형 존이 사랑했던 새는 이제 동생 헨리에게 메신저가 되었다. 그러나 그 새들은 아직 조용했다. 살아서, 형 존은 수줍은 동생의 그늘이 되었다. 죽어서, 형 존은 동생의 뮤즈muse가 되었다. 이제껏 형 존의 그늘에서 벗어날 수 없었지만, 헨리는 그의 부재不在를 스스로 채워야 한다. 형의 목소리를 듣는 귀와 그것을 전하는 목소리를 가다듬고, 키워야 한다. 그것이 형을 잃은 슬픔을 극복하는 길이었다.

---

13   Henry D. Thoreau. *Thoreau: Collected Essays and Poems,* New York: The Library of America, 2001. pp. 595~596, "Along the neighboring brook/ May I thy voice still hear?/ … What bird wilt thou employ/ To bring me word of thee?"

존 소로가 사망한 지 3년 반이 흘렀다. 헨리 소로는 여전히 형이자 친구를 잃은 슬픔을 달래기 힘들었다. 1839년 형과 함께 뉴햄프셔까지 갔다 왔던 보트 여행에 대한 책을 쓰기로 결심했다. 그것을 쓰는 것이 형 존을 기리고 그들이 함께 했던 행복한 세월을 기억하는 길이 될 것이었다. 1845년 7월 4일, 헨리 소로는 월든 호숫가의 오두막으로 이사하여 2년 2개월 동안 머물렀다. 이 기간은 그의 생전에 출판된 『콩코드 강과 메리맥 강에서의 일주일』과 『월든』이 탄생의 산고産苦를 감내한 시절이었다.

■ 에머슨Ralph Waldo Emerson(1803~1882)

소로가 에머슨을 처음 만난 것은 하버드 대학 졸업을 앞둔 1837년 여름쯤으로 추정된다. 1837년 10월 22일 일기에서 소로는 이렇게 썼다. "'자네 지금 뭘 하고 있는가?' 그가 물었다. '일기는 쓰는가?' 그래서 나는 오늘 첫 일기를 쓴다."[14] 에머슨과의 조용한 이 대화를 시발점으로 해서 소로는 1861년 11월 3일까지 일기를 썼다.[15] 작가로 첫 발을 내딛는 역사적 순간이었다.

이렇게 시작된 두 사람의 관계는 곧 절친한 우정으로 발전하였고, 1862년 소로가 사망할 때까지 거의 변함없이 계속되었다. 두 사람의 관계는 14년 후배 소로에게는 물론 선배 에머슨에게도 생산적인 기

---

14 주석 2) 참조
15 대략 7,000쪽, 2백만 단어에 달하는 일기를 남겼다. 그의 일기는 단순한 일기가 아니다. 하루하루의 산책을 기록한 일기이자, 그의 책과 에세이를 발전시키는 일종의 작업장이고, 그 자체로 하나의 계획이었다. 순환하는 계절, 일상 환경, 변화하는 자아에 대한 집중적 탐구의 산물이다. 그의 다채로운 글은 최고 수준의 산문으로서 이를 아는 사람들에게 최면술 같은 매력을 가진다.

뿜과 이익을 제공했다. 에머슨은 1838년 "나는 나의 젊은 친구를 많이 좋아한다. 내가 일찍이 만나본 사람 가운데서 가장 자유롭고 곧은 마음을 소유하고 있는 듯하다."[16]라고 썼다.

에머슨은 1826년에 하버드 대학을 졸업하고, '보스턴 제2교회'의 목사가 되었다. 그러나 점차로 당대의 종교적·사회적 신조로부터 일탈하였다. 마침내 9대째 이어온 성직을 그만두고, 1835년 콩코드로 왔다. 1836년 「자연」Nature이란 에세이를 발표하여 초월주의 철학을 설파함으로써 뉴잉글랜드의 지성세계를 뒤흔들었고, 이후 그는 '콩코드의 철학자'로 불렸다. 에머슨의 명성은 널리 퍼졌고, 그의 집은 국내는 물론 해외 각지에서 찾아오는 팬들의 메카가 되었다. 에머슨은 손님들에게 젊은 소로를 자랑스럽게 소개하였다.

1837년, 소로가 '에머슨 서클'의 멤버가 된 것은 천우신조라 할 것이다. 바로 이 서클에서 최고의 격려와 이익을 받았기 때문이다. 소로는 거기서 자신의 잠재적 에너지를 십분 발휘했을 뿐만 아니라, 그의 생각들을 표현하고 발표하는 기회를 가졌다. 1840년 창간된 초월주의 잡지 『다이얼』이 4년간 간행되는 동안 30편 이상의 시, 수필 등을 발표했고, 엘러리 채닝을 비롯해서 보론슨 올컷, 마가렛 풀러, 조지 리플리, 제임스 러셀 로웰 등 당대의 명사들을 만나게 되었다.

소로는 1837년 10월 22일 첫 일기에서, "나는 다락방을 찾는다. 나는 거미들에 폐가 되어도 안 되고, 마루를 쓸어도 안 되고, 재목을

---

[16] Ralph Waldo Emerson, *Journal*, February 11, 1838, "I delight much in my young friend, who seems to have as free & erect a mind as any I have ever met."

정리해도 안 된다."[17]고 썼다. 당시 소로의 어머니가 하숙을 치고 있었기 때문에, 혼자만의 공간이 절실한 속사정을 토로한 것이다. 1841년 4월, 소로가 '콩코드 아카데미'의 교문을 닫고 집으로 돌아오게 되었을 때, 에머슨은 그를 자신의 집에 입주시킴으로써 '가족의 한 사람'으로 만들었다. 이후 2년간 소로는 에머슨이란 '친구'의 지붕 밑에서 살았다. 소로는 각종 연장을 다루는 솜씨가 능숙하여 집과 정원을 잘 관리하고, 아이들과 잘 놀아주는 등, 에머슨 부부의 가사를 도왔고, 에머슨은 소로에게 독자적인 공간을 제공하고, 그의 장서들을 마음대로 읽을 수 있게 하였다.

1843년 12월, 소로는 자신의 집으로 돌아왔다. 소로의 집은 여전히 매우 부산했다. 하숙생들, 미혼의 이모들, 그리고 그의 어머니와 이모들이 관련된 노예제반대 운동가들로 붐볐다. 소로는 어찌할지 난감했다. 이 때 오두막을 짓고 혼자 살 것을 권유한 것은 친구 채닝이었지만, 월든 호숫가의 땅을 제공한 것은 에머슨이었다. 소로는 올컷으로부터 도끼 하나를 빌려서, 나무를 베어서, 목재와 서까래로 다듬었다. 인근 철도 노동자의 헌 판잣집을 사들여 재활용했다. 언덕바지에 지하실을 파고, 굴뚝의 기초를 놓았다. 마침내, 높이 10피트 너비 15피트의 오두막이 완성되었다. 1845년 7월에서 1847년 9월까지 2년여의 월든 호숫가 삶은 소로가 작가의 길을 단단히 다진 기간이었다.

1847년 9월 초, 소로는 월든을 떠나기로 결심했다. 에머슨이 유럽으로 강연 여행을 계획하면서, 그의 아내와 자녀들만 남게 되었다.

---

[17] "I seek a garret. The spiders must not be disturbed, nor the floor swept, nor the lumber arranged."

에머슨은 소로에게 그의 집으로 들어와서 임시 가장이 될 것을 부탁했다. 마침 소로도 월든을 떠날 때가 됐다고 생각할 때였다. "나는 숲에 갔을 때와 똑같이 그럴만한 이유로 숲을 떠났다. 아마도 내가 살아야 할 삶이 몇 개 남아있기에, 숲속의 생활에 더 이상의 시간을 할애할 수 없다고 생각했을 것이다."(443~444).

1846년 7월 어느 날 소로가 인두세 납부 거부로 하룻밤 구치소에 수감됐을 때의 에피소드에 의하면, 에머슨이 구치소로 소로를 방문하여 물었다. "헨리, 자네 그곳에서 지금 뭘 하고 있는 게야?" 소로가 조용히 대답했다. "왈도, 귀하는 밖에서 뭘 하고 계십니까?"[18] 소로가 보기에 에머슨이 지금 구치소 밖에 있는 것은 사회가 부족한 것은 영성靈性의 완전한 부활이기에, 노예제 같은 사회적 악惡에 저항해서 납세를 거부하는 행위는 근시안적이라고 믿고, 납세의무를 다했기 때문일 테지만, 소로는 아마도 에머슨의 이런 소극적인 태도를 마뜩찮게 여겼을 것이다.

이 에피소드는 물론 꾸며낸 허구이지만, 소로와 에머슨의 차이를 상징적으로 드러낸다. 두 사람 간의 유대는 강했지만, 각자의 생각과 행동은 때때로 묘한 차이가 있었다. 이로 인해 그들 간의 관계가 한동안 서먹할 때도 있었지만, 그들의 관계는 화합의 우정으로 다시 영글곤 하였다. 소로와 에머슨의 우정은 그 중요성을 아무리 강조해도 부족할 것이다. 그들의 우정이 없었더라면, 오늘의 소로와 에머슨도 없을 것이다.

1862년 5월 6일, 소로 장례식에서 에머슨이 읽은 송덕문은 이렇게

---

[18] Emerson said, 'Henry, what are you doing in there?' Thoreau quietly replied, 'Ralph, what are you doing out there?'

끝난다, "국가는 얼마나 위대한 아들을 잃었는지 아직 모릅니다. 아니, 조금도 모릅니다. 그가 그의 과업을 중간에 중단하고 떠난 것은 상처로 남을 것이니, 다른 아무도 그것을 완성할 수 없기 때문입니다. 그의 인격을 동지들에게 확실히 보여주기도 전에, 그가 자연을 떠나는 것은 그토록 고귀한 혼에게는 일종의 모욕입니다. 그러나 그는, 그런대로, 만족합니다. 그의 혼은 가장 고귀한 사회를 위해 태어났습니다. 그는 짧은 생애에 이 세상의 역량을 다 소진했습니다. 지식이 있는 곳이면 어디나, 덕이 있는 곳이면 어디나, 미가 있는 곳이면 어디나, 그는 집을 발견할 것입니다."[19]

■ 브론슨 올컷 Bronson Alcott(1799~1888)

1840년 3월 브론손 올컷 가족은 보스턴에서 콩코드로 이사했다. 올컷과 소로는 콩코드에서 시작된 '초월주의 운동'Transcendental Movement을 포함해서 노예제도 반대, 교육개혁 및 체벌반대 등에 뜻을 같이하면서, 이후 소로와 올컷 가족은 오랫동안 친구가 되었다. 소로가 2년 2개월간 월든 호숫가에서 체류할 때도 올컷은 소로를 가장 자주 찾아오는 친구의 하나였다. 어느 날은 소로를 삼촌처럼 따르는 올컷의 둘째 딸 루이자Louisa가 따라왔다. 올컷 부녀와 함께

---

[19] "The country knows not yet, or in the least part, how great a son it has lost. It seems an injury that he should leave in the midst his broken task, which none else can finish, — a kind of indignity to so noble a soul, that it should depart out of Nature before yet he has been really shown to his peers for what he is. But he, at least, is content. His soul was made for the noblest society; he had in a short life exhausted the capabilities of this world; wherever there is knowledge, wherever there is virtue, wherever there is beauty, he will find a home."

산책에 나선 소로는 거미줄이 늘어진 작은 식물을 가리키면서, "여기 보이는 게 무엇이냐?"고 물었다. 그녀가 대답했다, "뭐긴 뭐예요, 거미줄이잖아요." 소로가 대답했다, "아니다, 아냐, 그건 요정의 손수건이야!"[20] 루이자 올컷은 『작은 아씨들』 Little Women(1868)이라는 명작을 남긴 소설가로 성장했다.

올컷과 소로는 서로 존경하는 친구였다. 소로는 『월든』에서 올컷에 대해 이렇게 말한다, "그는 코네티컷 주가 세계에 배출한, 마지막 남은 철학자들 중의 한 사람이었다. … 나는 그가 살아있는 사람 가운데서 가장 굳은 신념을 가졌을 것이라고 확신한다. … 그는 세월이 흐르고 흘러도 결코 실망하지 않을 사람이다. 그는 현재에 목매달지 않는다. … 옛날 우리는 함께 산책하고 이야기하면서, 효과적으로 속세를 뒤로 했다. 그는 세상 어떤 제도에도 저당 잡히지 않은, '타고난 자유인'이었다."(372~374).

1850년대 말, 올컷과 소로는 급진 노예폐지론자 존 브라운John Brown을 존경했다. 존 브라운은 1857년과 1859년 콩코드에 와서 연설했다. 소로가 브라운을 만난 것은 1859년 5월 두 번째 연설 때였다. 같은 해 10월, 소로는 「캡틴 존 브라운의 인물과 행동들」 The Character and Actions of Capt. John Brown이란 제하의 강연에서, "지난 번 그가 여기서 치렁치렁한 턱수염에, 군인다운 풍채와 선구자의 모습을 보인 이후, 60세의 나이에도, 그는 민첩하고 날쌔고, 꿋꿋하며, 어느 위기에서건 망설임 없이 대담무쌍했습니다. 그는 내가 일찍이 보았던 가장 남성적인 사람, '정의'의 본보기이자 동의어라고 생각합니

---

[20] Thoreau asked her, "What do you see here?" And she replied, "Why, I see a cobweb." "No, no, no," Thoreau answered, "That's the handkerchief of a fairy!"

다."²¹라며 브라운을 칭송했다. 동년 10월 17일 새벽, 존 브라운은 노예제 폐지를 위한 민중봉기를 목적으로 하퍼즈페리Harpers Ferry의 연방 병기창을 공격했으나 실패하고, 12월 2일 국가반역죄로 처형되었다. 브라운의 처형 당일, 소로는 "약 1800여 년 전 그리스도는 십자가에 못 박혔습니다. 오늘 아침, 아마도, 브라운은 교수형에 처해졌습니다."²²라면서, 브라운의 삶과 죽음을 예수 그리스도의 그것에 비유했고, 루이자 올컷은 그녀의 일기에서 브라운을 '의인 성도 요한'St. John the Just으로 칭하면서 이렇게 썼다, "살아서, 그는 삶을 아름답게 했다. 죽어서, 그는 죽음을 성스럽게 했다."²³

1861년 말, 소로는 폐병으로 사경을 헤매고 있었다. 12월 2일, 브론슨 올컷은 마지막 문병을 하고 나오면서, 허리를 굽혀 소로의 이마에 부드럽게 키스했다. 그는 일기에서 이렇게 썼다, "소로는 쇠하고 있으며 기력이 없지만, 활기차고, 유쾌하다. 그는 현 정부가 자유 북부의 기운氣運에 영광과 정의를 세우지 않고 꾸물거리는 태도에 안타까움을 감추지 않았다."²⁴ 1862년 5월 9일, 소로의 장례식에서 올컷은 소로의 일기 몇 구절을 읽었고, 그의 딸 루이자 또한 깊은 애도를 표했다, "그분은 살아있는 동안에는 별로 존중받지 않았지만, 죽음에 이르

---

[21] "Since here last he has added a flowing beard, which gives the soldierly air, and port of an apostle. Though sixty years of age, he is agile and alert, resolute, and ready for any audacity in any crisis. I think him about the manliest man I have ever seen, the type and synonym of the Just."

[22] "Some eighteen hundred years ago Christ was crucified; this morning, perchance, Captain Brown was hung."

[23] "Living, he made life beautiful. Dying, he made death divine."

[24] "Thoreau is lively and entertaining, though feeble and failing. He does not conceal his impatience with the slowness of the present Administration and its disregard of honor and justice to the free sentiment of the North."

러 명예로우십니다."²⁵

■ **윌리엄 엘러리 채닝**William Ellery Channing(1817~1901)

　채닝은 1817년 11월 29일, 매사추세츠 주 보스턴에서 출생했다. 1834년 하버드에 입학했으나 적성이 맞지 않아 곧 그만두었다. 집안의 '두통거리'black sheep이었다. 대학을 그만둔 그는 1839년 일리노이 주 우드스톡Woodstock 대초원에서 오두막을 짓고 몇 달간 원시적인 삶을 살았다. 그러나 문학적으로 별다른 소득을 얻지 못하고, 1840년 신시내티Cincinnati로 거처를 옮겼다. 1842년 가을에는 초월주의자 마가레트 풀러의 동생 엘렌 풀러Ellen Fuller를 만나 곧 결혼했다.

　채닝은 1843년 초 콩코드에서 신혼살림을 차렸고, 첫 시집을 내기도 했다. 그러나 1844년 첫 아이를 생산하고, 다시 방랑의 길에 나섰다. 처음엔 뉴욕 시에서 몇 달간 일하고, 그 다음엔 유럽으로 여행을 떠났다가, 1846년 마침내 콩코드의 집으로 돌아왔다. 그러나 여전히 무책임한 가장이었다. 가족을 사랑하는 은둔형의 소로가 이런 방랑자와 평생 친구였다는 사실은 아이러니컬하다. 절친한 친구인 두 사람은 자주 콩코드의 숲과 들을 함께 걸었지만, 두 사람 모두 글쓰기 이외의 일정한 직업이 없었기 때문에, 동네 사람들 눈에는 실패자, 무책임한 게으름뱅이로 보이기도 했다. 소로는 본래 고독과의 산책을 좋아했지만, 채닝과의 동행은 언제든 마다하지 않았다. 콩코드를 벗어난 하이킹이나 여행에서도 소로는 자주 채닝과 동행했다. 1844년 7월, 뉴햄프셔의 모나드노크 산Mount Monadnock 하이킹, 1849년

---

[25] "Though he wasn't made much of while living, he was honored at his death."

10월 케이프 코드Cape Cod로의 첫 번째 여행, 1850년 캐나다 퀘벡 Quebec으로의 여행, 1852년 9월 모나드노크 산으로의 두 번째 하이킹, 그리고 1855년 7월 케이프 코드로의 세 번째 여행에 각각 동행했다.

일리노이 숲속에서 혼자 살았던 자신의 경험을 떠올렸는지, 채닝은 1845년 3월 5일 소로에게 보낸 편지에서 이렇게 썼다, "이 지구상에서 네게 가장 적합한 곳은 내가 언젠가 '찔레'라고 명명했던 그 땅이라고 본다. 네가 직접 오두막을 짓고, 그곳에서 너 자신을 산채로 먹어치우는 원대한 과정을 시작해라. 너를 위한 다른 대안, 다른 희망은 없다."[26] 채닝은 독자적인 작가의 첫 걸음은 '고독'과 친구가 되는 것임을 알고 있었던 것이다. 소로는 채닝의 솔직한 충고를 받아들이고, 곧바로 월든 호숫가에 오두막을 짓고, 1845년 7월 4일 그곳으로 거처를 옮겼다. 오늘의 소로를 탄생시킨 산파는 바로 친구인 채닝이었다.

『월든』에서, 소로는 시인 채닝에 대해 "깊이 쌓인 눈과 험한 폭풍을 헤치고, 가장 먼 곳에서 내 집을 찾은 사람은 시인이었다. 농부, 사냥꾼, 군인, 기자, 심지어 철학자까지도 이런 눈보라에는 겁을 먹을 수 있지만, 시인의 발걸음을 막을 수 있는 것은 아무것도 없었다. 그의 동기는 순수한 사랑이기 때문이다. 누가 시인의 오고 감을 예측할 수 있겠는가? 시인은 할 일이 있으면, 어느 때라도, 심지어 의사가 잠을 자고 있는 시각에도, 밖으로 나간다,"(372)라고 말했다.

---

[26] "I see nothing for you on this earth but that field which I once christened 'Briars;' go out upon that, build yourself a hut, and there begin the grand process of devouring yourself alive. I see no alternative, no other hope for you."

1862년 5월 6일, 소로는 사망했다. 채닝은 친구 소로의 장례식을 위한 특별 찬송가를 썼다. "월든의 물이 흐르는 한 …/ 그의 완전한 신뢰가 불을 지킬 것이며,/ 그의 찬란한 평화가 온갖 상실을 무장해제하리라."[27] 소로가 사망한 후 여러 해가 지난 뒤, 채닝은 여류시인 엠마 라자루스Emma Lazarus에게 "내가 소로 씨를 잃었을 때 세상의 반쪽이 죽었다. 세상의 누구도 내가 그와 함께 바라봤을 때와 똑 같이 보이지 않는다."[28]라고 말했다. 채닝은 이렇게 한동안 친구 소로의 '죽음'을 말하지 않고, '내가 소로 씨를 잃었을 때,' 또는 '소로 씨가 콩코드를 떠났을 때'라고 말했다. 소로는 여전히 그와 함께 있고, 그를 떠난 적이 없다고 느꼈기 때문이다. 채닝은 소로가 죽은 지 11년 후인 1873년에야 소로의 첫 전기, 『소로: 시인·박물학자』 *Thoreau: The Poet-Naturalist, with Memorial Verses*를 출판함으로써 그들의 우정 20년을 갈무리했다.

■ 호손Nathaniel Hawthorne(1804~1864)

1842년 7월 9일, 호손은 콩코드의 'Old Manse'[29]에서 신혼생활을 시작했다. 1836년 콩코드의 에머슨 가를 방문한 적이 있는 그의 예비

---

27 "As long as Walden's waters roll …/ His perfect trust shall keep the fire,/ His glorious peace disarm all loss!"
28 "Half the world died for me when I lost Mr. Thoreau. None of it looks the same as when I looked at it with him."
29 'Old Manse'는 에머슨의 조부 윌리엄 에머슨 목사가 1770년 지은 목사관이다. 집 뒤로 콩코드 강이 흐르는 아름다운 집이다. 초월주의자 에머슨이 1834년 보스턴에서 목사 생활을 그만두고 이사한 것이 바로 이 집이다. 에머슨은 이 집에 사는 동안에 「자연」의 초고를 쓰는 등 초월주의운동의 기초를 다졌다. 이 집은 1842~1847년 호손이 작가생활을 하는 등으로 미국의 문화적 명소가 되었다.

신부 소피아 피바디Sophia Peabody의 뜻에 따른 선택이었다. 호손 부부가 콩코드에 정착한 것은 소로가 에머슨 가족과 함께 살던 시기였다. 이들이 도착하기 전, 소로는 호손 부부를 위해 남새밭에 완두, 양배추, 호박, 수박 등을 심어주었다. 소로와 호손의 인연은 여기서부터 시작되었다.

에머슨과 소로는 곧 호손 부부를 정식으로 방문했다. 위대한 세 작가들이 각자 심오한 '무엇'something으로 침묵을 깨려고 바둥거리며, 똑바로 앉아 있었으니, 이들의 첫 만남은 어색했다. 1842년 9월 1일, 소로 혼자 재방문했을 때는 두 사람의 우정은 뿌리를 깊이 내리고 있었다. 호손은 이날의 일기에서 이렇게 말한다. "식사 후 (식사 때 우리는 우리 남새밭이 키운 첫 수박과 머스크멜론을 쪼갰다), 미스터 소로와 나는 강변을 걸어서 올라갔다. 어느 지점에서, 그는 그의 보트를 소리쳐 불렀다. 곧 한 젊은이가 노를 저어 건너왔고, 미스터 소로와 나는 더 멀리까지 노를 저어 흐르는 강물을 올라갔다. 곧 어느 그림보다도 아름다운 장경이 펼쳐졌다. 높고 나무가 우거진 강둑 사이에서, 강은 반은 그늘지고, 반은 밝게 반영反影하는 가운데, 은밀하고 조용한 물바다를 이루었다."[30]

이후, 호손은 에머슨, 소로, 마가레트 풀러, 엘러리 채닝 등 초월주의자들이 에머슨 집에서 회동할 때면 이들과 많은 대화를 나눴다.

---

[30] Nathaniel Hawthorne, *The American Note-Books*. Boston: Houghton-Mifflin, 1896, pp. 353~354. "After dinner (at which we cut the first watermelon and muskmelon that our garden has grown), Mr. Thoreau and I walked up the bank of the river, and at a certain point he shouted for his boat. Forthwith a young man paddled it across, and Mr. Thoreau and I voyaged farther up the stream, which soon became more beautiful than any picture, with its dark and quiet sheet of water, half shaded, half sunny, between high and wooded banks."

초월주의는 인간의 신성神性과 무한한 자기발전 능력을 강조하지만, 호손은 초월주의자들의 철학이 어리석고 순진하다고 생각했기에, 그들과 대화를 나눌 때마다 다소 언짢은 기분이 들었다. 그러나 호손은 초월주의자 소로에게는 남다른 친밀감을 보였다. "그소로는 생각하고 느끼기에 어리석지 않으며, 나는 그가 교제하기에 건강하고 건전한 사람이라는 것을 발견한다."[31]

그러나 소로와 호손은 서로 다른 인물이었다. 소로는 누구나 자신의 북소리에 맞춰 행진해야 한다는 소신에 따라, 결혼도 하지 않고, 그만의 페이스대로 살았다. 반면에 호손은 결혼을 했고, 사회와 보조를 맞추어 생활인의 삶을 살았다. 소로는 못생긴 남자였고, 호손은 핸섬한 남자였다. 호손은 내적으로 우울한, 어두운 낭만주의자인 반면에, 소로는 낙관적인 초월주의 신봉자였다. 이런 차이에도 불구하고 이들은 평생 친구로 남았다. 호손은 허세부리지 않는 소로가 좋았다. 'Old Manse'의 생활이 너무 부산할 때면, 호손은 소로와 함께 콩코드 강으로 보트 놀이를 가거나 월든 숲으로 산책을 갔다.

호손은 다른 기회에서도 소로와 많은 대화를 이어갔다. 호손은 소로의 문학적 재능과 심오한 생각에 감탄했고, 『다이얼』지에 게재된 「매사추세츠의 자연의 역사」Natural History of Massachusetts(1842) 등 소로의 작품을 읽으면서, 그의 팬이 되었고, 그의 생각과 인격에 직간접으로 영향을 받았다. 호손의 작품에는 소로의 생각과 인격이 상당 부분 녹아들었다. 예컨대, 『주홍글씨』The Scarlet Letter(1850)의 마지막 장에서 호손은 "우리는 모두 똑같이 죄인들이다"[32]는 정통기독교의

---

31 Ibid., "He is not unwise to think and feel, and I find him a healthy and wholesome man to know."

원죄설을 확인하지만, 헤스터 프린Hester Prynne, 펄Pearl 그리고 딤즈데일Dimmesdale이 회동하는 숲속의 장면에서는 소로의 『월든』에서 보는 자연과 인간의 합일合一과 자연의 자애慈愛를 상기시킨다. 호손은 또한 『옛 목사관의 이끼』*Mosses from an Old Manse*(1846)의 첫 이야기 「옛 목사관」The Old Manse에서 그곳의 목가적인 풍경을 찬미하면서 소로를 언급한다, "물가를 따라 수련이 풍성하게 자란다, ─ 그 향기로운 꽃은, 소로가 내게 말하듯이, 아침의 광선에 처녀의 가슴을 열고, 예의 다정한 키스의 마법을 통해서, 그 존재를 완성한다. 그는 광선이 꽃에서 꽃으로 살며시 순차적으로 키스함에 따라, 화단이 때맞춰 꽃봉오리를 연속으로 펼치는 모습을 지켜보았으니, ─ 시인이 육체적 기관器官으로 그의 정신적 눈의 초점을 적절히 맞출 때가 아니면 희망할 수 없는 풍경 아닌가."[33]

호손은, 그러나, 소로의 용모와 인물에 대해 숨김없이 평가한다, "소로 씨는 어제 우리와 저녁식사를 했다 … 몹시 못생기고, 코가 길고, 입은 괴상하며, 메부수수하고 시골뜨기 같지만, 예의는 바르다," 소로의 외모를 여지없이 조롱하는 언사이다. 그러나 같은 글에서, "소로 씨는 예리하고 섬세한 자연 관찰자─ 순수한 관찰자─로서, 독창적인 시인에 비견될 정도로 진기한 인물이라고 생각한다. 그리고 자연은 그의 사랑의 답례로 그를 특별한 양아들로 맞아서

---

32 "We are sinners all alike."

33 "The pond-lily grows abundantly along the margin, ─ that delicious flower which, as Thoreau tells me, opens its virgin bosom to the first sunlight and perfects its being through the magic of that genial kiss. He has beheld beds of them unfolding in due succession as the sunrise stole gradually from flower to flower, ─ a sight not to be hoped for unless when a poet adjusts his inward eye to a proper focus with the outward organ."

다른 사람들에게는 별로 허락하지 않는 비밀을 그에게는 보여준다."[34] 라며 소로의 시적 재능을 높이 평가한다.

호손에게 소로는 예의 바르지만 세련되지 못하며, 칭찬할만하지만 촌스러우며, 청렴하지만 외고집인 이웃이었다. 호손은 소로의 초월주의는 그 실용성에서 그런대로 참을 수 있다고 생각하면서도, 글쓰기에 있어서는 소로의 글은 대중성이 현저히 떨어진다고 생각했다. 소로가 월든 호숫가의 오두막으로 이사하기 3일 전인 1845년 7월 1일, 호손은 당시 『미국의 책들』*American Books* 시리즈를 편집·출판하던 에버트 A. 다이킹크Evert A. Duykinck에게 보낸 편지에 이렇게 썼다, "소로로 말하면, 그가 읽기 쉬운 우수한 책을 쓸 수 있을 것이라는 것은 천에 하나 쯤의 가능성이 있습니다만, 귀하 또는 그를 생각하여, 죄송하지만 시리즈에 무엇이든 쓰도록 그의 욕망을 북돋울 책임을 지겠습니다. 그는 살아있는 아주 완고한 자 — 아주 지루하고, 싫증나며, 용납할 수 없는 자, 즉 아주 편협하고 관념적인 인간 — 이지만, 그럼에도 이 모든 것이 진실이듯이, 그는 위대한 특질의 지성과 개성을 가지고 있습니다. 그가 일찍이 대중의 마음에 접근할 수 있는 유일한 길은, 그러나, 자연에 대한 단순한 관찰을 담은 책을 쓰는 것일 것입니다."[35] 호손은 소로의 「매사추세츠 자연의 역사」를 읽고

---

[34] Nathaniel Hawthorne, *The American Note-Books*. Boston: Houghton-Mifflin, 1896, pp. 353~354. "Mr. Thoreau dined with us yesterday. … He is as ugly as sin, long-nosed, queer-mouthed, and with uncouth and rustic, though courteous manners." … "Mr. Thoreau is a keen and delicate observer of nature — a genuine observer — which, I suspect, is almost as rare a character as even an original poet; and Nature, in return for his love, seems to adopt him as her especial child, and shows him secrets which few others are allowed to witness."

[35] "As for Thoreau, there is one chance in a thousand that he might write

그가 그 수준의 작가로 머물 것이라고 판단한 듯하다. 소로의 『월든』(1854)이 세상에 나온 것은 9년 후였다. 『월든』은 '우수한 책'이지만, 일반 대중이 '읽기 쉬운' 책이 아닌 것은 주지의 사실이다.

소로와 호손은 서로 다른 길을 걸었지만, 다르기에 가까운 이웃이자 친구가 된 것으로 보인다. 두 사람은 콩코드 주변을 누비면서 작은 모험을 자주 나눴다. 이런 모험의 하나가 바로 소로가 호손에게 자신의 보트를 7달러에 판 사건이었다. 1842년 9월 1일, 'Old Manse'로 호손을 방문한 소로는 호손을 자신의 보트에 태우고 콩코드 강을 달리면서, 능숙한 노 젓기 솜씨를 자랑했다. 몇 년 전 노 젓는 인디언들의 모습을 어깨너머로 눈여겨보면서 습득한 테크닉이라는 것이었다. 바로 이 날 소로는 호손에게 자신의 보트를 팔았다. 호손은 '돈이 필요한가 보다'라고 생각했다. 그러나 소로는 자신의 '슬픔을 지우기 위해서' 정든 보트를 처분하기로 결심한 것이었다. '콩코드 아카데미'를 연 1839년 봄, 소로 형제는 보트를 직접 제조하여, '머스키타퀴드'Musketquid라는 이름 — 인디언어로 '바닥이 풀인 강'grass-ground river이란 뜻이다 — 을 붙였다. 그 해 8~9월 형제는 함께 노를 저어 콩코드와 메리맥 강을 왕복하는 위대한 추억을 남겼다. 그러나 1842년 1월, 형 존John이 파상풍으로 사망하면서, 그 슬픔을 감내하기 어려웠다. 소로는 보트를 처분하기로 결심했다. 보트를 판 다음날,

> an excellent and readable book; but I should be sorry to take the responsibility, either towards you or him, of stirring him up to write anything for the series. He is the most unmalleable fellow alive — the most tedious, tiresome, and intolerable — and yet, true as all this is, he has great qualities of intellect and character. The only way, however, in which he could ever approach the popular mind, would be by writing a book of simple observation of nature."

호손과 함께 다시 노를 저어 나갔다. 두 개의 노가 아닌 한 개의 노로 조종하는 방법까지 전수하기 위해서였다. 배와 헤어지기 전, 소로는 이름을 '수련'Pond-Lily으로 바꾸자는 호손의 제안에 흔쾌히 동의했다.

겨울이면, 호손과 소로는 에머슨과 함께 강에서 스케이트를 즐겼다. 1842년 12월 콩코드의 어느 활기찬 오후, 25세의 젊은 소로는 콩코드 강에서 에머슨, 그리고 새 신랑 호손과 함께 스케이트를 탔다. 호손의 아내 소피아는 세 남자의 스케이트 지치는 모습을 이렇게 전했다, "소로는 '빙상에서 주신酒神의 춤[36]과 바커스의 도약Bacchic leaps'을 선보인 반면에, 호손은 '자칭 그리스 신상神像처럼. 품위 있고 근엄하게 움직였으며,' 에머슨은 '분명 일어설 수 없을 정도로 지쳤는지, 반쯤은 공중에 누운 듯이, 곤두박이를 치면서, 진로를 방해했다.'"[37] 세 남자의 성격의 차이를 흥미롭게 드러내는 모습으로 보인다.

1847년, 호손은 세관원이 되어 콩코드를 떠나 세일럼Salem으로 갔으며, 1848년 '세일럼 문화관'Salem Lyceum의 매니저가 되어서 에머슨과 소로를 연사로 초대했다. 소로는 1848년 11월 22일 「뉴잉글랜드의 학생 생활, 그것의 경제」Student life in New England, Its Economy라는 제목으로 세일럼에서 강연을 마치고, 호손과 함께 하버드로 롱펠로우Henry Wadsworth Longfellow를 방문하여 식사를 같이 했다.

---

36 '주신의 춤' 고대 그리스에서 특히 주신酒神 바커스에게 바친 격렬한 찬가와 춤이었다.

37 Walter Harding, *The Days of Henry Thoreau*, New York: Dover Publications, Inc., 1962, p. 139. "Thoreau did 'dithyrambic dances and Bacchic leaps on the ice' while Hawthorne 'moved like a self-imposed Greek statue, stately and grave,' and Emerson 'closed the line evidently too weary to hold himself erect, pitching head-foremost, half lying on the air.'"

1852년 2월, 호손 부부는 본래 브론슨 올컷과 그의 가족이 살던 '힐사이드'The Hillside로 명명된 집에 살기로 계약하고, 손질하여, 이름을 '웨이사이드'The Wayside로 바꾸고, 5월 콩코드로 다시 이사를 와서, 1853년 7월까지 살았다. 이렇게 호손은 또다시 소로의 이웃이 되었다. 여기서 호손은 『프랭클린 피어스의 삶』*The Life of Franklin Pierce*(1852)을 집필함으로써 피어스의 대통령 당선을 도왔다. 그 보답으로 그는 1853년 리버풀 주재 미국 영사가 되었고, 콩코드를 두 번째 떠나게 되었다. 그러나 소로와 호손의 우정은 이미 여물었기에, 그들이 함께 웃을 때면 "그 효과가 주전자를 쪼개기에 충분했다,"[38]고 채닝은 회고했다.

『월든』이 출판된 1854년 8월, 호손은 영국 리버풀에서 『월든』을 읽으면서, 끝까지 다 읽을 독자가 많지 않을 것이라며 신음했다. 그러나 『월든』은 소로가 마침내 문학적으로 홀로 섰다는 희망 또는 두려움을 갖기에 충분한 걸작이었다. 호손은 영향력 있는 런던의 비평가들에게 소로의 『콩코드 강과 메리맥 강에서의 일주일』과 『월든』을 구입하여 선물하는 등의 행위로 영국에서의 소로의 명성을 높이려는 노력을 게을리 하지 않았다. 호손은 『월든』을 읽고 감명 받았다는 당대의 거물 평론가 리처드 M. 밀른스Richard M. Milnes에게 보낸 편지에서, "여전히 그[소로]는 호감 가는 사람이 아니고, 그의 앞에서 우리는 하등의 돈, 또는 살 집, 또는 두 벌 정도의 입을 코트를 소유하거나, 대중이 읽을 책을 쓴 것에 부끄러움을 느낍니다. 그의 생활 방식은 세상이 승인하는 모든 다른 방식에 대한 아주 엄한 비판입니다,"[39]라

---

[38] William Ellery Channing, *Thoreau: The Poet-Naturalist*, Boston: Roberts Brothers, 1873. p. 257. "The operation was sufficient to split a pitcher."

면서 소로의 인품을 높이 평가한 다음, "그의 책이 영국 대중들에게 알려지도록 할 수 있는 모든 일을 할 수 있기를 소망합니다. 그의 책들이 분명 그럴만한 가치가 있기는 진실한 사람의 작품이고 참된 생각이 가득한 작품이기 때문입니다."[40]라고 덧붙였다.

1857년, 피어스 정부가 끝나면서 호손의 외교관 생활도 끝났다. 호손은 프랑스를 여행하고 이탈리아에서 체류하다가 1860년 콩코드의 '웨이사이드'로 다시 귀환했다. 6월 29일, 소로는 에머슨의 집에서 열린 호손 부부를 위한 '딸기파티'strawberry party[41]에 참석하였다. 소로는 호손의 모습이 "여행으로 매우 그을렸고, 변함없이 소박하고 어린애 같다,"[42]고 생각했다. 소로와 호손은 곧 옛 우정을 회복하고, 절친한 친구로 호손의 집을 들락거렸다. 이제 콩코드는 노예폐지론자들의 중심지가 되었고, 미국은 남북전쟁의 기운이 무르익고 있었다.

남북전쟁이 한창이던 1862년 봄, 노예폐지운동의 중심에 섰던 소로는 폐렴으로 사경을 헤매고 있었다. 호손은 20년 전 콩코드에 처음

---

39 "Still he is not an agreeable person; and in his presence one feels ashamed of having any money, or a house to live in, or so much as two coats to wear, or having written a book that the public will read — his own mode of life being so unsparing a criticism on all other modes, such as the world approves."

40 "I wish anything could be done to make his books known to the English public; for certainly they deserve it, being the work of a true man and full of true thought,"

41 19세기에 잔디밭에서 왈츠를 추다가 어두워지면 집안에서 거의 자정까지 춤췄던 파티로 딸기, 파인애플, 아이스크림, 샴페인 등을 먹고 마셨다.

42 Thoreau … thought Hawthorne looked "pretty brown after his voyage" and "as simple & childlike as ever." Walter Harding, *The Days of Henry David Thoreau*. New York: Dover Publications, 1982, p. 431.

왔을 때, 소로가 자신의 '주크박스'jukebox를 좋아했던 기억이 나서, 소로의 병실로 그것을 가져와서 함께 음악을 감상했다. 그해 5월 6일, 소로는 노예해방의 실현을 목전에 두고 45년의 짧은 생을 마감했다. 그는 콩코드의 조용한 묘지 '슬리피 할로우'Sleepy Hollow에 이미 묻힌 자신의 형과 누나의 무덤 근처에 매장되었다. 호손과 그의 가족은 소로의 장례식에 참석했다. 2년 후 호손 또한 소로와 같은 묘지의 '작가묘역'Author's Ridge에 묻혔다.

■ 블레이크Harrison G. O. Blake(1818~1876)

소로가 그의 진정한 첫 팬인 블레이크와 편지를 교환한 것은 대략 1848년부터였다. 블레이크는 1838년 하버드 신학교를 졸업하고, 매사추세츠 주 우스터Worcester에서 목사 생활을 하다가 교직에 종사하고 있었다. 1848년 3월, 그는 『다이얼』지에 게재된 소로의 에세이 「아울루스 페르시우스 플라쿠스」Aulus Persius Falccus를 읽고 감명을 받아 소로에게 팬레터를 썼다. "'나는 아무것도 아니다'라고 말할 수 있는 그 영혼에 대해 알고 싶습니다. 그 말씀에 의해 더 진실하고 더 순수한 삶으로 깨어나고 싶습니다."[43]

이 때는 소로가 영국으로 순회강연을 떠난 에머슨의 부탁으로, 월든을 떠나서, 에머슨의 집에 들어가 집안일을 돌보던 때였다. 팬레터에 감동한 소로는 에머슨이 쓰는 방의 녹색 책상에 앉아서, 그의 충정을 토로했다. "나의 말들이 … 당신에게 도달했다는 소리를 들으니

---

[43] "I would know of that soul which can say 'I am nothing.' I would be roused by its words to a truer and purer life."

기쁩니다. 내가 기쁜 것은 내가 사람들의 관심을 끄는 문제를 언급했고, 사람이 사람에게 말하는 것이 헛되지 않다고 생각할 수 있는 이유가 있기 때문입니다. 이것이 문학의 가치입니다." 이어서 소로는 "나는 이렇게 멋대로 씁니다. 나의 잘못된 생각들을 고치기 위해서 당신을 만날 필요가 있고, 만나게 될 것으로 믿습니다. 아마 당신은 당신의 '신탁의 말씀들'oracles을 주실 것입니다."[44]로 첫 편지를 끝냈다.

이후, 블레이크는 소로에게 '신탁의 말씀들'을 주었고, 소로는 바로바로 답신을 보냈다. 두 사람은 평생 친구가 되어, 자주 서로 방문하고, 여행을 같이 했다. 블레이크는 여러 번 소로를 우스터로 초청하여 자신의 거실에서 강연을 들었고, 블레이크 부부는 이 자리에 친구들을 불러들여, 같이 듣고 이야기를 나누었다. 이로써 블레이크의 우스터는 소로에게 콩코드 다음으로 중요한 시험장試驗場이 되었다. 자신의 말이 살아있는 독자들에게 먹히는지 안 먹히는지 시험하는 소로의 습성은 이렇게 형성되었다.

1850년 7월 19일, 소로의 초월주의 동지인 마가레트 풀러가 그녀의 남편, 아들과 함께 롱아일랜드Long Island 해안에서 해난 사고로 실종되었고, 시신도 찾지 못했다. 소로는 그들의 시신과 유품을 수습하기 위해 현장에 달려갔지만, 7월 29일 거의 빈손으로 콩코드로 돌아왔다. 그해 8월 9일 소로는 블레이크에게 보낸 편지에서, "그것들, 즉 우리가 흔히 삶과 죽음이라고 부르는 것은 실로 환상이며 무가

---

44 "I am glad to hear that any words of mine … have reached you. It gives me pleasure, because I have therefore reason to suppose that I have uttered what concerns men, and that it is not in vain that man speaks to man. This is the value of literature. … Thus I write at random. I need to see you, and I trust I shall, to correct my mistakes. Perhaps you have some oracles for me."

치하고, 나의 꿈들보다도 내게 덜 영향을 줍니다. … 우리의 생각들이 말로 우리의 삶에서 신기원新紀元들입니다. 다른 모든 것은 우리가 여기에 있는 동안 부는 바람들의 일기에 지나지 않습니다."[45]고 썼다.

소로는 블레이크에게 50통이 넘는 편지를 보냈고, 마지막 편지는 1861년 5월 3일 그의 병상에서 보낸 것이었다.[46] 새 편지가 도착할 때마다, 블레이크는 그의 무리를 불러서 소로의 말을 읽고 새겼다. 이처럼 블레이크는 소로에게 가장 절실한 것을 제공했다. 무엇인가 할 말이 있으며, 그것을 들어주는 독자가 있다는 확신을 소로에게 심어준 사람은 바로 블레이크였다.

소로 사후, 블레이크는 소로의 유작대리인이 되었지만, 유감스럽게도 두 사람이 교환한 편지 가운데서 블레이크의 것은 누군가가 절반이나 파괴하고 없다. 그러나 블레이크는 소로의 일기를 편집하여 『헨리 데이비드 소로: 초봄, 여름, 겨울, 그리고 가을』*Thoreau, Henry David: Early Spring, Summer, Fall, and Winter* 라는 제목으로 4권의 일기를 간행했다. 이로써 블레이크는 소로의 첫 현대적 독자층을 형성하는 테이프를 끊었다. 오늘의 소로 독자층은 블레이크가 씨앗이 되어 자랐다고 말할 수 있을 것이다. 소로의 말대로, 독자와의 소통이 곧 '문학의 가치'라고 하겠다.

---

45 "They are truly visionary and insignificant — all that we commonly call life & death — and affect me less than my dreams. … Our thoughts are the epochs in our lives, all else is but a journal of the winds that blew while we were here."

46 블레이크의 첫 편지를 필두로 소로가 블레이크에게 보낸 49통의 편지를 묶어서 『헨리 데이비드 소로: 한 정신적 구도자에게 보낸 편지들』*Henry David Thoreau: Letters to a Spiritual Seeker*이 2004년 브래들리 P. 딘Bradley P. Dean의 편집으로 뉴욕과 런던에서 출판되었다.

1889년 11월 25일자 편지에서, 블레이크는 소로와의 교제를 회고했다. 그의 회고는 오늘의 소로와 그 독자들의 관계에도 딱 어울리는 회고일 것이다. "돌아보건대, 우리의 관계는 거의 비개인적 관계인 듯하다. 우리의 관계는 '우리의 생각들이말로 우리의 삶에서 신기원新紀元들이다. 다른 모든 것은 우리가 여기에 있는 동안 부는 바람들의 일기에 지나지 않는다,'는 그의 말씀을 잘 예시한다. 그의 개인적 용모는 그의 정신과 한패라는 것 이외에, 내게 특별한 관심사가 아니었다. 그러나 나는 그들 간에 아무런 불일치를 느끼지 않았다. 함께 있을 때, 우리는 사적인 문제는 거의 이야기하지 않는 경향이었다. 그의 목적은 우리의 경험에서 본질적인 것에 아주 꾸준히 그리고 진심으로 초점을 맞추었기 때문에, 그는 내가 알고 지내는 어느 누구보다도 먼저 나에게 아주 또렷한 인상을 주었다. 물론, 우리 주변 사람들에게는 다정한 표정, 다재다능함, 개인적 친숙이 호감을 주고, 인간관계에서 필요한 듯하다. 그러나 나는 소로에게 그런 것들을 아쉬워하지 않았다. 그는 생전에 나의 기억 속에 그리고 그가 우리에게 남긴 것 속에 살아 있었고, 지금도 살아있다. 그는 우리의 삶에서 가장 높고 가장 귀중한 것을 아주 효과적으로 증언한다."[47]

---

47 Salt, Henry. *Life of Henry David Thoreau* ed. George Hendrick, Willene Hendrick, and Fritz Oehlschlaeger, Urbana and Chicago: University of Illinois Press, 2000, p. 70. "Our relation, as I look back on it, seems almost an impersonal one, and illustrates well his remark that 'our thoughts are the epochs in our lives: all else is but as a journal of the winds that blew while we were here.' His personal appearance did not interest me particularly, except as the associate of his spirit, though I felt no discord between them. When together, we had little inclination to talk of personal matters. His aim was directed so steadily and earnestly towards what is essential in our experience, that beyond all others of whom I have known, he made but a single impression on me. Geniality, versatility, personal familiarity are, of course, agreeable in those about us, and seem necessary in human

말년의 브레이크는 여러 가지 건강문제에 시달렸다. 1898년, 그는 뇌졸중으로 사망했다. 그는 매사추세츠 주 우스터Worcester에 매장되었다.

---

intercourse, but I did not miss them in Thoreau, who was, while living, and is still in my recollection and in what he has left to us, such an effectual witness to what is highest and most precious in life."

WALDEN

소로의 콩코드 로맨스

"대지에 이토록 굳건한 뿌리를 내렸으니 그만큼 하늘로 치솟지 못할 이유가 있겠는가?"

— 소로, 『월든』

■ '콩코드의 사나이' 소로

콩코드는 보스턴 북동쪽 20마일, 콩코드 강변에 위치한다. 1635년 소수의 청교도들이 정착하여 매사추세츠에 합병된 식민지로 출발했다. 1636년, 본래 그곳에 거주하는 아메리칸 인디언으로부터 합법적으로 땅을 구입하고, '평화적으로' 사는 땅이라는 뜻으로 '콩코드'Concord라는 이름을 붙이고 오늘에 이르렀다.

1775년 4월 19일, 영국 군대가 독립을 꾀하는 이곳의 주민들이 비축한 무기, 탄약 및 기타 군수물자를 파괴하기 위해서 콩코드로 진격했다. 콩코드의 노스 브리지North Bridge에서 민병대의 발사 명령이 떨어졌고, 민병대가 발사한 총성이 '만방에 울렸더니,' 미국의 독립

혁명이 시작되었다. '화합'을 뜻하는 '콩코드'라는 이름만 가지고는 평화와 자유를 누릴 수 없었던 것이다.

> 넘치는 강물 위 튼실한 아치형 다리 곁에서,
> 그들의 깃발이 사월의 산들바람에 펄럭이니,
> 이곳에서 언젠가 전투태세의 농부들이 서서,
> 발사한 총성이 만방에 울렸더니라.[48]
> — 에머슨, 「콩코드 찬가」Concord Hymn 중에서

19세기 중엽, 콩코드는 또 다시 미국 '독립혁명'의 역사적 산실이 되었다. 이번에는 미국의 '문화혁명'이었다. 1837년, 에머슨은 「미국의 학자」The American Scholar라는 연설로 미국의 문화적 독립을 역설했다. 에머슨은 1834년에 조부가 독립혁명기에 목사로 봉직했던 콩코드로 이주하여 살고 있었고, 많은 지식인들이 에머슨을 좇아 모여들었다. 이른바 '뉴잉글랜드 르네상스'New England Renaissance가 콩코드에서 개화하게 되었다. 에머슨이 명명한 '콩코드의 사나이' 소로가 미국 문화혁명의 전사戰士가 된 것은 숙명이었다.

■ **소로는 왜 감옥에 갔는가?**

소로는 월든 호숫가에서 살던 1846년 7월 어느 날, 구둣방에 수선을 맡긴 구두를 찾으러 콩코드 시내에 나갔다. 낯익은 세금 징수원

---

[48] "By the rude bridge that arched the flood,/ Their flag to April's breeze unfurled,/ Here once the embattled farmers stood/ And fired the shot heard round the world."

샘 스테이플스Sam Staples가 그를 불러 세우고, 세금 납부를 재촉했다. 투표권이 있는 성인은 누구나 매년 '인두세'poll tax라 불리는 세금을 납부할 의무가 있었다. 29세인 소로는 수년간 납부하지 않았고, 투표도 하지 않았다. 금년에도 $1.50을 납부해야 했다. 소로는 거부했다. 샘은 '힘들면, 내가 대신 납부하겠다,'라고 말했다. 소로는 거절했다. 부당한 세금이라고 생각했기 때문이다. 세금 징수원은 마지못해 체포했고, 소로는 조용히 감옥으로 향했다.

교육세나 교통세는 긴요하게 쓰이겠지만, 인두세는 연방정부로 보내져서 그가 반대하는 '멕시코-미국 전쟁'Mexico-American War에 쓰이고, 결국 노예제도 확장을 도울 것이다. 그게 아니면 주州 정부가 남부에서 도망친 노예들을 전 주인에게 송환하는 비용으로 쓰일 것이다. 소로는 그런 부당한 행위에 참여하는 정부에게 한 푼이라도 보태주고 싶지 않았다. 소로는 양심의 명령에 따라 감옥행도 마다하지 않았다.

한편, 소로의 체포 소식이 동네에 퍼졌다. 그날 저녁 누군가가 샘의 집을 찾아와서, 소로의 세금을 대신 납부했다. 아마도 그의 숙모였을 것이다. 샘은 시간이 너무 늦었다고 판단하고, 다음날 아침까지 기다렸다. 소로는 이렇게 하룻밤을 감옥에서 보내게 되었다. 그는 세금이 대납된 사실을 알고, 크게 화를 냈다고 한다. 부당한 정부에 경고를 주고 싶었지만, 그마저도 여의치 않았기 때문이다. 소로는 『월든』에서 "첫 여름이 거의 끝나가던 어느 오후, 나는 구둣방에 맡긴 구두를 찾으려고 마을에 갔다가 체포되어 투옥되었다. … 하지만 나는 그다음 날 석방되었고, 수선된 구두를 찾아 숲으로 돌아오다가 페어헤이븐 언덕에서 마침 잘 익은 월귤로 점심을 먹었다,"(247~248)고 담담하게 썼다.

1969년, 『소로가 감옥에서 보낸 밤』 *The Night Thoreau Spent in Jail*이라는 연극이 이 사건을 재구성했다. 각본에는 에머슨이 감옥으로 소로를 방문하는 장면이 있다. "헨리, 자네 그곳에서 뭘 하고 있는 게야?" 에머슨이 물었다. 소로의 대답은 "왈도, '귀하는 밖에서 뭘 하고 계신지'가 문제 아닌가요?'이었다."[49] 에머슨은 사실 소로에게 인두세를 납부해야 한다고 말했었다. 물론, 이 대사는 연극에 나오는 가상의 대화이다.

■ 자연은 모두 내 신부다

1839년 6월, 소로 형제는 열한 살의 소년 에드먼드 슈얼Edmund Sewall을 그들이 가르치는 '콩코드 아카데미'의 학생으로 만났다. 소년은 소로의 집에 하숙하던 워드 부인Mrs. Ward의 외손자였다. 소년의 누나인 17세의 아름다운 소녀 엘렌 슈얼이 외할머니, 이모, 그리고 동생을 만나기 위해 소로의 집을 방문했다. 그녀는 자연히 소로의 네 형제자매와 어울려서 많은 시간을 같이 보냈다. 산책을 하거나 보트를 타며 즐거운 시간을 보내기도 하고, 좋아하는 책을 소리 내어 읽으면서 토론을 즐기기도 했다.

엘렌 슈얼은 불과 2주 동안 머물렀지만, 소로 형제는 동시에 그녀에게 홀딱 반했다. 1839년 7월 25일자 일기에서, 소로는 "사랑에는 더욱 사랑하는 것 말고는 다른 약이 없다,"[50]며 엘렌에 대한 사랑의

---

49 "Henry, what are you doing there?" Emerson asked. Thoreau's response was, "Waldo, the question is, 'What are you doing out there?'"
50 "There is no remedy for love but to love more."

감정을 불태웠으나, 형과의 경쟁을 피하기 위해서 사랑 고백을 애써 자제하는 희생정신을 보였다. 엘렌이 소로 형제에 대해 우정 이상의 감정을 느꼈다는 증거는 없지만, 그녀 또한 형제를 좋아하는 것이 분명했다. 엘렌은 시추에이트Scituate에 있는 자기 집으로 돌아갔다.

1839년 9월, 형제는 2주일간 잊지 못할 보트 여행을 떠났다. 형제는 저마다 엘렌의 모습을 떠올리곤 했다. 여행에서 돌아온 형 존John은 즉시 시추에이트로 엘렌을 방문했다. 동생 헨리Henry는 형의 사랑을 감지하고, 비켜섰다. 다음해인 1840년 7월, 존은 시추에이트로 엘렌을 재방문하고, 정식으로 청혼했다. 엘렌의 부모는 딸이 열성 초월주의자와 엮이는 것에 강력 반대했고, 엘렌은 부모의 뜻을 따랐다. 형의 실연을 직감한 헨리는 7월 19일 일기에서 밤하늘에 "샛별들이 총총 빛난다."[51]고 썼다. 이 무렵 헨리는 엘렌에게 구혼편지를 보냈지만, 지금 남아있지 않다. 그러나 11월 10일, 그녀는 아버지의 강요대로 소로의 구혼을 편지로 거절했다. 소로는 엘렌의 거절을 직감한 듯, 11월 7일 일기에 한 편의 시를 썼다. "나는 그런 진솔한 연극에/ 내가 그런 슬픈 곤경에 빠지리라 생각하지 않았으니/ 처음으로 가장 순진했을 때/ 그리도 몹시 기진氣盡하는가.// 내 사랑이 넓다는 것을 무엇보다 사랑함으로써 증명하고,/ 높이 띄운 의식儀式으로/ 특별한 내 사랑을 보이려고 생각했거늘."[52] 소로는 엘렌의 거절을 미리 담담하게 받아들였다. 그들의 로맨스도 이렇게 막을 내렸다. 11월 18일,

---

51 "Night is spangled with fresh stars."

52 "I did not think such a sober play/ Would leave me in so sad a plight,/ And I should be most sorely spent/ When first I was most innocent.// I thought by loving all beside/ To prove to you my love was wide,/ And by the rites I soared above/ To show you my peculiar love."

엘렌 또한 콩코드의 이모에게 안타까운 심정을 토로함으로써 마음을 달랬다. "평생 편지를 보내면서 이토록 가슴 아픈 적이 없었습니다. 그토록 자유롭고 즐거운 시간을 함께 보냈던 두 친구들이 더 이상 우리와 즐거운 교제를 이전처럼 가질 수 없으리라 생각하니 견딜 수가 없습니다."[53]

1842년 1월, 존의 비극적인 죽음이 있었다. 1842년 10월, 엘렌은 목사인 조셉 오스굿Joseph Osgood의 청혼을 수락하고, 1844년 그와 결혼했다. 그녀의 결혼은 행복했다. 이후에도 소로와 엘렌은 서로 잊지 않았다. 1849년, 소로는 케이프 코드를 첫 여행하는 길에, 손수 만든 작은 상자를 들고 엘렌 부부의 집에 잠시 들려 남편과 함께 해변을 산책하기도 했다. 소로는 그녀에 대한 추억을 죽을 때까지 간직했다. 1862년, 죽음의 자리에서 누이 소피아가 엘렌의 이름을 언급하자, 소로는 "나는 항상 그녀를 사랑했다. 나는 항상 그녀를 사랑했다."[54]고 조용히 답했다고 한다.

소로는 다시 이런 로맨스를 발견하지 못했다. 대신, 그는 야외답사, 자연연구, 그리고 글쓰기에 에너지를 쏟았다. 1857년 4월 23일, 소로는 일기에서 이렇게 썼다. "어느 사람의 자연 사랑이 그에게 지배적인 원칙이 되는 경우가 얼마나 드문가. 처녀에 대한 젊은이의 애정과 같지만, 훨씬 더 영구적이지 않은가! 모든 자연이 나의 신부다."[55] 자

---

53 "I never felt so badly at sending a letter in all my life. I could not bear to think that both those friends whom I have enjoyed with so much would no longer be able to have free pleasant intercourse with us as formerly."
54 "I have always loved her. I have always loved her."
55 Walter Harding, *The Days of Henry Thoreau*, New York: Dover Publications, Inc., 1962. p. 228. "How rarely a man's love for nature becomes a ruling principle with him, like a youth's affection for a maiden, but more

연은 어느 사람에게는 삭막하고 섬뜩한 '고립'loneliness이지만, 또 다른 사람에게는 향기롭고, 상냥하고, 다정한 '사회'society이다. 소로의 특별한 사랑은 '이성'異性이 아니라 '자연'으로 예정되었는지 모른다.

■ 스토킹stalking을 경험한 소로

소로는 작가, 시인, 철학자, 사회운동가 등 여러 호칭이 붙었지만, 그를 '숙녀들의 남자'ladies' man라고 비난하는 사람은 없을 것이다. 1939년의 어느 화창한 날, 소로 형제는 목사의 딸 엘렌 슈얼과 뱃놀이를 즐겼다. 동시에 한 여자에게 반하면서, 형제는 사랑의 라이벌이 되었다. 형제는 차례로 구혼했다. 그러나 모두 삼위일체를 부정하는 초월주의자transcendentalist였기에, 형제의 구혼 또한 목사인 슈얼의 아버지 및 어머니의 강력한 반대에 부딪혀 차례로 거절되었다. 실연失戀을 당한 이후, 소로는 여자에 대한 관심을 거의 보이지 않았기에, 주위 사람들은 그가 고자鼓子가 아닌지 의심하기도 했다. 그러나 소로가 성적으로 여성에게 전혀 끌리지 않았다는 증거는 없다.

1845년, 노예폐지론자이자 교사인 소피아 포드Sophia Foord(1802~1885)가 콩코드에 왔다. 브론슨 올컷의 권유로 신설 학교에서 교사로 취업할 목적이었다. 그러나 그녀는 목적을 이루지 못하고, 결국 올컷 가족과 함께 살면서 에머슨Emerson과 올컷Alcott의 자녀들을 가르치는 '가정교사'tutor로 일했다. 소피아가 소로를 만난 것은 소로와 함께 아이들을 데리고 '자연학습'을 할 때였다. 그녀는 아이들과 잘 어울리고, 친절하며, 익살맞은 여자였다. 소로보다 15살 연상이었지만, 그녀

enduring! All nature is my bride."

는 소로에게 홀딱 반했다. 1847년, 45세의 소피아는 자신과 소로는 '쌍둥이 영혼'twin souls이라면서, 30세의 소로에게 계속해서 청혼했다. 거절하는 경우, 자살을 불사한다는 공세에도 불구하고, 소로는 그녀의 청혼을 끝내 거절했다. 이후에도 그녀는 소로에 대한 연정을 여러 해 동안 간직하면서, 자신의 간절한 심정을 올컷의 딸이자 제자인 루이자Louisa에게 편지로 토로했다. 무뚝뚝한 소로와 결혼하는 것이 소피아의 유일한 소망이었으나, 소로는 그녀와 아무런 관계도 원치 않았다. 소피아는 소로의 거절에 망연자실하여 콩코드를 떠났고, 말년의 그녀는 콩코드에서 약 18마일 거리의 데드햄Dedham 시에서 자신의 여형제와 함께 살았다.

1852년 9월 23일, 소로는 친구 해리슨 블레이크Harrison Blake에게 보낸 편지에서 남녀관계에 대해서 이렇게 썼다. "남자와 여자가 이처럼 마음이 서로 끌린다는데, 아무도 그들 사이에 무슨 본질적인 차이가 있는지 만족스럽게 답하지 않았다. 아마도 남녀 모두 어느 한 '불꽃'spark에 배타적으로 속하지는 않지만, 남자에게는 지혜의 불꽃, 여자에게는 사랑의 불꽃을 배당하는 구별 짓기의 정당성을 인정해야 될 것 같다. 남자는 부단히 여자에게 '당신은 왜 더 현명하지 않는가?'라고 말하고, 여자는 부단히 남자에게 '당신은 왜 더 사랑하지 않는가?'라고 말한다. '현명한지' 또는 '사랑하는지'는 그들의 본질이 아니지만, 각자 현명한 동시에 사랑하지 않으면, 지혜도 사랑도 있을 수 없다. 서로 다른 길이나 다른 감각으로 인식될지라도, 모든 '초월적인 선'은 하나이다."[56] 첫 사랑에 실패한 소로는 자연과 결혼하여 '지혜'와

---

56 "What the essential difference between man and woman is that they should be thus attracted to one another, no one has satisfactorily answered. Perhaps we must acknowledge the justness of the distinction which assigns to man

'사랑'의 불꽃을 하나로 태움으로써 '초월적인 선'을 추구하기로 결심한 것 같다. 소피아에게는 냉혹한 결심이 아닐 수 없었을 것이다.

저승에서 소로와 재결합하리라 믿는 소피아는, 소로가 폐병으로 사경을 헤맨다는 소식을 듣고, 그가 죽거든 알려달라는 편지를 루이자 올컷에게 썼다. 1862년, 루이자는 소피아에게 소로의 죽음을 알렸다. 소로가 사망한 지 23년 후인 1885년, 소피아는 83세의 나이에 미혼으로 사망했다. 소로의 절친한 친구 올컷은 그녀를 이렇게 칭송했다, "그녀의 따뜻하고 활기찬 성품은 가장 매력적이었고, 그녀의 성실은 그녀의 우정을 가질만한 것으로 만들었으며, 그녀의 높은 생각과 경건한 삶은 존경할만한 많은 사람들의 주목을 받았다. 그러나 그녀는 그것을 뽐내기에는 너무나 겸손했다."[57]

---

the spark of wisdom, and to woman that of love, though neither belongs exclusively to either. Man is continually saying to woman — Why will you not be more wise? Woman is continually saying to man — Why will you not be more loving? It is not in their wit to be wise or to be loving, but unless each is both wise and loving, there can neither be wisdom nor love. All transcendent goodness is one, though appreciated in different ways or by different senses."

[57] "The warmth and vigor of her own nature were most attractive, and sincerity made her friendship worth having and her life-long desire for high thinking and holy living won her the regard of many admirable persons, of which she was too modest to boast."

WALDEN

『월든』을 읽는 키워드

■ **초월주의**transcendentalism

초월주의는 19세기 중엽 뉴잉글랜드를 휩쓸었던 미국 판版 이상주의로, 특히 자연을 사랑하고 인간의 신성을 믿는 사상이다. 초월주의는 1836년에 출판된 에머슨의 『자연』 Nature이 그 시발점이다. 에머슨은 "가장 행복한 사람은 자연에서 예배의 교훈을 학습하는 자다."[58]라고 썼다. 초월주의자들은 교회가 아닌 자연과의 교감에서 살아 있는 신을 직접 만날 수 있다고 생각했다. 이들에게 설교나 성경을 통해서 만나는 신은 과거의 신에 지나지 않으며, 그런 신을 섬기는 예배는 형식일 뿐이었다. 초월주의자들의 종교관은 당대 많은 사람에게 범신론적 이단이라는 비판을 받았다. 소로는 에머슨의 '초월주의 클럽'Transcendental Club에 모인 다른 멤버들과 함께 뼛속까지 초월주의

---

58   Ralph Waldo Emerson, *Essays & Lectures,* New York: The Library of America. 1983. *Nature*, Chapt. VII, "Spirit," p. 40. "The happiest man is he who learns from nature the lesson of worship."

신봉자였다.

■ 자연 nature

초월주의는 인간과 자연의 합일合一, 물질과 정신의 교섭交涉을 믿는다. 초월주의자들은 전통에서 자연으로, 인공에서 간소簡素로의 복귀를 겨냥했다. 또한 이들은 각자가 스스로 생각해야 할 뿐만 아니라 제 손으로 일해야 한다고 생각했다. 초월주의는 개인의 고양高揚을 최고의 덕목으로 삼았다. 소로도 자연은 형이상학적 존재를 확인하는 증거이며, 도덕과 윤리의 기준을 제공하는 자비로운 스승이라고 믿었다. 그는 자연과의 가장 잔혹한 만남에서조차 여전히 긍정적인 도덕을 끌어낸다. 그와 자연과의 만남은 편의성을 앞세우는 정신적 나태, 사회적 순응주의, 정치적 보신주의 따위의 타락한 세태에 강력 저항하는 실천적 동력이었다.

■ 교감 또는 상응 communion or correspondence

소로가 기록하는 자연의 외적 사실들은 그와 자연과의 내적 교감과 분리하여 생각할 수 없다. 다시 말해서, 소로는 자연 세계뿐만 아니라 그것이 인간의 정신 상태에 미치는 영향까지 살폈다. 소로는 인간은 자연의 일부로서 육체와 정신뿐만 아니라 정서적으로도 다소간 자연에 연결되었다고 생각한다. "봄의 첫 참새! 어느 해보다 더 젊은 희망으로 출발하는 한 해다! 파랑새, 멧종다리, 개똥지빠귀가 지저귀는 소리가 눈옷을 반쯤 벗은 촉촉한 들판 너머에서 어렴풋이 들려오니, 겨울의 마지막 눈송이가 떨어지면서 딸랑딸랑 은방울 소리를 내는 것 같구나!"(426~427). 인간은 물론 새들도 새봄을 희망으로 맞이한다. 소로는 특히 머나먼 남쪽에서 온 파랑새를 사랑했다. "파랑새는 하늘을 등에 업고 나른다."[59] "파랑새는 머나먼 남쪽에서/ 포플러 나무에 있는 그의 집에 왔고,/ 일부러 내게 노래하려고,/ 가냘픈 입을 한껏 벌렸다."[60] 소로에게 파랑새는 하늘의 메시지를 전하는 시인이다. 소로는 스승 에머슨처럼 자연의 소리를 들으면 정신과 상상력이 고양되어 시적 비전을 가질 수 있다고 생각했다.

겨울 호수의 "모랫바닥은 여름철과 똑같이 눈부시다. 파도 없는 영원한 평온이 황혼의 호박색 하늘에서처럼 호수를 지배하니, 주민들의 침착하고 평온한 기질에 상응한다."(392). '환경'과 '기질'은 서로 상응한다. 평온한 호수의 '주민들'inhabitants은 물론 물고기이지만, 평온한 땅에서 '거주하는' 사람들 또한 '침착하고'cool '평온한'even '주민들'이 될 터이다.

자연과 주민뿐만 아니라 자연과 자연도 상응한다. 소로는 월든 호수의 수심을 측정하면서 놀라운 사실을 발견했다. "호수 바닥이 아주 고르고, 바닥의 형세가 이쪽의 호숫가와 낮은 산들의 형세와 완전히 일치하기 때문에, 저쪽의 갑岬은 저쪽 호숫가의 수심을 드러내었다. 따라서 저쪽 호숫가를 관찰하면, 저쪽 갑의 방향도 가늠할 수 있었다. 갑은 모래톱에 상응하고, 평원은 여울목에 상응하며, 주변의 계곡과

---

[59] Henry D. Thoreau. *I to Myself*, edit. Jeffrey S. Cramer, New Haven and London: Yale University Press, 2007, 'April 3. 1852.' p. 137. "The bluebird carries the sky on its back."

[60] Henry D. Thoreau, *Thoreau: Collected Essays and Poems*, edit. Elizabeth H. Witherell, New York: The Library of America, 2001, "The Bluebirds," pp. 511~515. "The bluebird had come from the distant South/ To his box in the poplar tree,/ And he opened wide his slender mouth,/ On purpose to sing to me." 1838년 4월 26일에 쓴 시다.

협곡은 물과 수로의 깊이에 상응한다,"(398~399).

인간은 계절 따라서, 그 공기를 호흡하고, 그 물을 마시고, 그 열매를 먹고, 땅의 영향에 자신을 맡긴다. 소로는 『월든』에서 이렇게 외친다, "삶이 아무리 비천하더라도, 외면하고 욕하지 말고, 받아들이며 살아야 한다. 나쁜 것은 당신의 삶이 아니라 바로 당신이다. 당신이 가장 부자일 때, 당신의 삶은 가장 가난해 보인다. 매사 흠을 잡는 자는 천국에 가서도 흠을 잡는다. 비록 당신의 삶이 가난해도, 그 삶을 사랑하라,"(450).

소로가 "간소화하라, 간소화하라, 간소화하라!"(139)고 외친 것은 삶의 간소화가 바로 인간과 자연의 태생적 관계를 회복할 수 있는 주요 조건의 하나이기 때문이다.

■ **대우주와 소우주**macrocosm & microcosm

대우주는 전체로서의 세계이고, 소우주는 대우주의 작은 부분이다. 인간은 흔히 전형적인 소우주로 여겨진다. 소우주와 대우주 간의 유사성은 소우주인 인간과 대우주인 '대자연'Nature과의 구조적 유사성을 상정한다. 우주는 살아있는 커다란 유기체로 여겨진다. 이런 생각은 그리스의 플라톤주의Platonism와 신플라톤주의Neoplatonism에서 비롯하여, 19세기 미국 초월주의Transcendentalism의 중심적 사상이 되었다.

초월주의자 소로에게 인간은 모두 소우주이다. 어떤 사람이 자신을 향상시키면 어느 자선적인 단체나 계획보다도 세상을 더 효율적으로 개혁한다. 소로는 교회나 정부 같은 외부 기관들이 무엇보다 중요한 개인과 자연의 합일슴一을 저해하는 경우, 단연코 사회적 '순응'conformity보다는 개인적 '성실'integrity을 지향하고자 했다.

소로는 초월주의적인 소우주와 대자연의 객관적이고, 감각적이며, 과학적인 사실들을 하나의 독특한 표현기법으로 증류함으로써 자아와 자연, 자아와 문화, 그리고 문화와 자연의 통합을 지향한다. 그는 '개체로서의 나'self-unity를 실현하고 개인적 '자아'에 충실함으로써 자연 속의 세계, 즉 '대우주'와의 유기적 관계를 맺고 있는 '소우주'로서 진정한 '자아'를 실현하고자 했다.

■ **도덕률**higher laws

소로는 자연의 소박한 삶과 인간의 숭고한 정신적 삶을 결합하고자 한다. 소로는 인간이 동물적 존재라는 사실을 잊지 않는다. 숭고한 정신적 삶을 지향하는 영성靈性과 동물적 삶을 지향하는 야성野性은 인간성의 양면이다. 야성은 극복 대상이다. 야성이 극복되면 청결의 수로가 열린다. "인간은 청결의 물길이 열릴 때 곧장 흘러서 신神에 이른다. 차례로 우리의 청결은 영감을 주고 불결은 낙담을 준다. 동물적 본성이 매일매일 죽어가고 신성이 확립되고 있다고 확신하는 자는 축복받은 사람이다,"(308~309). 이런 의미에서 소로는 인간이 동물적 생존을 지탱하기 위해서는 먹어야 하지만, 미식을 탐하는 것은 영성에서 빗나가는 행위라고 생각한다. 소로가 채식에 기운 까닭은 이 때문이다. 소로는 말한다, "젊은이는 결국 감각이 무뎌지지만, 우주의 법칙은 결코 무뎌지지 않고, 언제나 가장 민감한 사람의 편에 선다. 미풍이 꾸짖고 있는지 귀를 기울여보라. 그 소리가 분명 들릴 터인데, 그것을 듣지 못하는 자는 불행하다,"(307). 소로의 '도덕률'은 다름 아닌 '우주의 법칙'이다. 이것은 우리의 양심에서 진眞이며 정正

이라고 알고 있는 것을 행한다는 뜻이다. 인간이 정하는 실정법이나 관습법은 '도덕률'에 반하는 경우가 많다.

■ **일탈**extravagance

소로는 『월든』의 「맺는 말」에서 말한다, "나는 혹시라도 내 표현이 충분히 '일탈적이지'extra-vagant 않을까봐 걱정한다. 다시 말해서, 일상적 경험이 가지고 있는 좁은 한계를 벗어나서, 내가 확신하는 진리에 적합할 만큼 충분히 일탈하지 못할까봐, 충분히 멀리 헤매지 못할까봐 두렵다. '일탈!' *Extra vagance!* 그것은 당신이 얼마나 울타리 안에 갇혀 있느냐에 따라 달라진다,"(445). 일탈은 일상적 삶의 경계를 벗어나는 것이다. 소로는 자신이 확신하고 있는 진리의 언어를 탐색하기 위하여 습관적으로 일탈했다. 소로는 "나는 어딘가에서 아무런 구속 '없이' 말하고 싶고, 잠에서 깨는 순간에 있는 사람이 똑같이 잠에서 깨는 순간에 있는 이들에게 말하듯이 말하고 싶다,"(445)라고 말했다. 일탈은 창조와 구원의 전제 조건이다.

『월든』 그 후

■ **모한다스 간디**Mohandas Gandhi(1869~1948): **비폭력저항**

간디는 인도의 해안 도시 포르반다르Porbandar에서 태어났다. 영국 런던에서 법률을 공부하고 남아프리카로 건너가(1893~1914), 그곳에 사는 인도인의 권리를 위한 캠페인을 벌였고, 인도에 귀국한 뒤에는 (1915~1947) 영국으로부터의 독립운동을 주도한 것으로 유명하다. 그의 지지자들은 그에게 '위대한 영혼'이라는 뜻의 '마하트마'Mahatma라는 칭호를 붙였다.

남아프리카에서 '수동적 저항'passive resistance이 한창이던 1907년 경, 간디는 친구가 보내준 소로의 「시민 불복종」을 읽었다. 간디는 1929년 10월 12일 소로의 전기 작가이자 친구인 헨리 S. 솔트Henry S. Salt에게 보낸 편지에서 이렇게 썼다. "내가 소로의 글을 처음 접한 것은 '수동적 저항'에 열중하던 1907년 무렵이었다고 생각합니다. 어떤 친구가 '시민 불복종'에 대한 소로의 에세이를 보내주었습니다. 그것은 내게 깊은 인상을 남겼습니다. 나는 당시 편집하던 남아프리카South Africa의 『인디언 오피니언』Indian Opinion의 독자들을 위해서 그 에세이의 일부를 번역하여 그 신문에 아주 많이 인용했습니다. 그 에세이는 너무나 설득력 있고 진실해 보여서 소로를 더 많이 알 필요를 느꼈고, 당신이 쓴 그의 전기를 만나게 되었습니다. 그의 『월든』과 기타 짧은 에세이들을 모두 매우 즐겁고 유익하게 읽었습니다."[61]

간디는 남아프리카에서 피부가 검다고 차별 대우를 받는 인도인들의 처지를 개선하기 위해서 시민 불복종과 비폭력 저항 운동을 시작했다. 인도 광부들 사이에 동맹 파업을 조직했고, 『인디언 오피니언』이라는 잡지를 편집하면서 소로의 「시민 불복종」 일부를 번역하여 게재하였다. 간디는 1907년 『인디언 오피니언』에 소로의 「시민불복종」을 미국에서의 노예제 폐지의 주요 원인으로 평가하고, 그의 본보기와 글들은 현재 트란스발Transvaal에 거주하는 인도인들에게 정확히 적용할 수 있다면서 이렇게 썼다. "소로는 위대한 작가, 시인, 게다가 매우 실천적인 사람이었다. 즉, 그는 자신이 실천할 준비가 되어있지 않은 것은 하나도 가르치지 않았다. 그는 미국이 낳은 가장 위대하고 가장 도덕적인 사람 가운데 하나였다."[62] 아마도 간디는 소

---

[61] "My first introduction to Thoreau's writings was I think in 1907 or late when I was in the thick of passive resistance struggle. A friend sent me Thoreau's essay on civil disobedience. It left a deep impression upon me. I translated a portion of that essay for the readers of *Indian Opinion* in South Africa which I was then editing and I made copious extracts from that essay for that paper. That essay seemed to be so convincing and truthful that I felt the need of knowing more of Thoreau and I came across your life of him. His '*Walden*' and other short essays all of which I read with great pleasure and equal profit." 솔트는 다 같이 채식주의자로서 간디와 교분을 나누고 있었다.

[62] "Thoreau was a great writer, philosopher, poet, and withal a most practical man, that is, he taught nothing he was not prepared to practice in himself.

로가 『바가바드기타』 등 인도의 경전들을 읽었다는 사실을 알았던 듯하다. 두 사람은 공감하는 점이 많았다.

간디는 인권에 반하는 법률에 대한 소로의 접근법에 동의했다. 그러나 간디는 '불복종'이나 '비폭력' 같은 단어는 지나치게 투쟁에 초점을 맞춘 부정적 용어라고 생각하고, 좀 더 긍정적인 '사티아그라하'satyagraha라는 단어를 창안했다. '진리의 견지' 또는 '넋의 고수'라는 뜻이다. 간디는 초기 남아프리카에서의 인권 투쟁과 인도 독립운동에서 '사티아그라하 행진' 또는 '사티아그라하 운동'을 전개했다. '사티아그라하'는 소로의 '도덕률'higher laws의 개념과 유사한 것으로, 마음속으로 옳다고 알고 있는 바를 행한다는 뜻이다.

간디와 소로, 그리고 그들의 말과 활동은 미국의 흑인 인권 운동가 마틴 루터 킹 주니어Martin Luther King Jr. 목사에게 영향을 미쳤다. 킹 목사는 "마하트마 간디의 철학에 완전히 헌신하는 사람은 일백 명을 넘은 적이 없다. 그러나 이런 작은 그룹의 헌신적인 지지자들과 함께 그는 전쑈 인도의 활기를 북돋았으며, 비폭력 위업으로 대영제국의 힘에 도전하여 인도인의 자유를 쟁취했다."[63]라고 말했다.

---

[63] He was one of the greatest and most moral men America has produced." "Mahatma Gandhi never had more than one hundred persons absolutely committed to his philosophy. But with this small group of devoted followers, he galvanized the whole of India, and through a magnificent feat of non-violence challenged the might of the British empire and won freedom for his people."

■ 마틴 루터 킹 주니어 Martin Luther King Jr.(1929~1968): 꿈이 있습니다

마틴 루터 킹 주니어는 미국의 흑인인권운동가, 목사, 감동적인 연설가로 기억된다. 그는 특히 1950~1960년대 흑인의 차별 철폐를 위한 '인권 운동'Civil Rights Movement에서 '비폭력 저항운동'의 대변인으로 유명하다.

조지아 주 애틀랜타의 모어하우스 대학 재학 중(1947~1948), 그는 소로의 「시민 불복종」 읽기가 포함된 철학 코스를 이수했다. 킹은 "나는 너무나 깊이 감동을 받아서 그 작품을 몇 번이나 다시 읽었다. 그것이 비폭력 저항 이론과의 첫 번째의 지성적 접촉이었다."[64]라고 말했다.

1950년, 킹은 남아프리카와 인도에서의 비폭력 인권운동에 대한 강연을 주의 깊게 들었다. 킹에게 그것은 '심오하고 충격적'이었다. 그는 재빨리 간디가 쓴 책과 간디에 관한 책들을 구입했다. 독실한 기독교 신앙에 더해 그는 소로와 간디의 철학과 사상에서 영감을 받았다.

1954년, 킹은 앨라배마 주 몽고메리의 침례교회 목사로 취임하였다. 재직 2년째인 1955년 12월 1일, 시내버스 좌석의 흑인차별대우에 반대하여 5만 명의 흑인시민이 벌인 '몽고메리 버스 보이콧 투쟁'을 1년 이상 비폭력 전술로 이끌었다. 결국, 대법원은 모든 인종의 몽고메리 버스 승객에게 어디든 앉고 싶은 곳에 앉을 것을 허용했다. 이 조치는 흑인 미국인에게 동등한 권리로 향하는 성공적인 발걸음으로

---

[64] "I was so deeply moved that I reread the work several times. That was my first intellectual contact with the theory of nonviolent resistance."

기록되었다. 이를 계기로 그는 전국적인 흑인 지도자가 되었다.

훗날 킹은 이렇게 기록했다. "이 시점에서 나는 소로의 에세이「시민 불복종」에 대해서 생각하기 시작했다. 나는 대학생으로서 이 작품을 처음 읽었을 때 얼마나 감동했는지 기억했다. 나는 우리가 몽고메리에서 준비하고 있는 것이 소로가 표현했던 것과 관계가 있다는 사실을 확신하게 되었다. 우리는 백인 사회에 그저 '우리는 악의 시스템에 더 이상 협조할 수 없습니다,'라고 말하고 있었다."[65]

킹 목사는 미국 남부 전역에서 인권 운동과 시위에 계속 관여했다. 그는 "자유를 위한 순례기도"(1957)와 "직업과 자유를 위한 워싱턴 대행진"(1963) 기간에 수도에 모인 수많은 군중에게 감동의 연설을 했다. 그는 이렇게 외쳤다. "나는 어느 날 이 나라가 일어나서, '우리는 모든 인간이 평등하게 태어났다는 것을 자명한 진리로 받든다,'는 신조의 진정한 뜻을 실천하는 날이 오리라는 꿈이 있습니다. 나는 언젠가는 조지아의 붉은 언덕에서 옛 노예의 자손들이 옛 노예 소유주의 자손들과 형제애의 테이블에 함께 앉을 수 있으리라는 꿈이 있습니다. … 나는 나의 네 자녀들이 피부색이 아니라 인품으로 판단받는 나라에 살게 될 날이 오리라는 꿈이 있습니다."[66]

---

[65] "At this point I began to think about Thoreau's *Essay on Civil Disobedience*. I remembered how, as a college student, I had been moved when I first read this work. I became convinced that what we were preparing to do in Montgomery was related to what Thoreau had expressed. We were simply saying to the white community, 'We can no longer lend our cooperation to an evil system.'"

[66] "I have a dream that one day this nation will rise up, live out the true meaning of its creed: 'We hold these truths to be self-evident, that all men are created equal.' I have a dream that one day on the red hills of Georgia sons of former slaves and the sons of former slave-owners will be able to sit down together at the table of brotherhood. … I have a dream that my

킹 목사는 간디의 발자취를 따라 한 달간 인도를 방문하기도 했다. 1964년, 그는 모든 노력의 대가로 노벨 평화상을 받았다. 1968년 4월 4일, 그는 멤피스에서 동맹 파업 중인 청소부들을 돕다가 암살당했다. 그는 불과 12년 동안 흑인 인권 운동에 헌신했지만, 그의 성취와 비폭력 저항 정신은 지금도 전 세계에 살아 숨 쉬고 있다.

■ **로버트 프로스트**Robert Frost(1874~1963): **일탈의 미학**

로버트 프로스트는 T. S. 엘리엇 등 당대의 모더니스트 시인들과는 달리 뉴욕 등 대도시가 아닌 뉴잉글랜드의 농촌 생활을 사실적으로 표현하면서, 자연 속에서 인생의 깊고 상징적인 의미를 찾으려 노력했다. 그는 4회에 걸쳐 퓰리처상을 받고, 1960년에는 국가가 그의 시를 기려 '명예훈장'Congressional Gold Medal을 수여하고, 1961년 존 F. 케네디 미국 대통령 취임식 때는 역사상 최초로 시인으로서 축시를 낭독하는 등 명실 공히 '국민시인'으로 국민적 사랑을 받았다.

프로스트의 시는 19세기 소로의 『월든』으로부터 직접적인 영향을 받았다. 소로는 『월든』에서 "내가 숲으로 간 이유는 인생을 의도적으로 살아보기 위해서였다. 나는 인생의 본질적인 사실에만 정면으로 부딪쳐보고, … 나는 깊이 살고, 인생의 모든 골수를 빨아먹고, 스파르타 사람처럼 아주 강건하게 살아서 삶이 아닌 모든 것을 물리치고 싶었다,"(138~139)라고 말했다. 프로스트는 1954년 7월 16일 레지날드 L. 쿡Reginald L. Cook과의 대담에서 "『월든』은 좋은 예입니다. 우리

four little children will one day live in a nation where they will not be judged by the color of their skin but by the content of their character."

는 (디포의)『로빈슨 크루소』와 (다윈의)『비글호 항해기』— 이 세 책은 내 마음의 장서입니다— 와 같은 모험 이야기에서 독립의 선언과 지혜의 복음에 이르기까지의 모든 것인 한 권의 책을 가지고 있습니다."라고『월든』을 극찬하면서, "나는 소로가 현대적 속도로부터의 독립을 선언한 데서 나 자신의 성향에 대한 가장 큰 옹호를 발견합니다. 그는 의도적으로 살기 위해 숲으로 갔다고 말했습니다. 그러고 보니, 내가 여러 곳에 간 이유도 바로 그것, 즉 '의도적으로 살아보기 위해서'입니다. … 내가 참을 수 없는 것은 현대적 속도를 불평하면서도 여전히 그것을 유지하려고 몸부림치는 무리입니다,"67라고 말함으로써 자신이 소로의 후계자임을 분명히 밝혔다.

소로는『월든』앞부분에서 "일반 대중은 조용한 절망의 삶을 살아간다. 이른바 체념이란 확인된 절망이다. 우리는 절망의 도시에서 절망의 시골로 들어가, 밍크와 사향뒤쥐의 용기를 보고 우리 자신을 달랠 수밖에 없다,"(25)라고 말한다. 프로스트의 시「지시」Directive의 화자 또한 "우리에게 너무 힘겨운 이 모든 현재로부터 철수하라,"68고 지시한다. 문명의 메커니즘에 몰입한 사람들은 자아를 상실한 채 '조용한 절망'의 삶을 살고 있기 때문에 '우리에게 너무 힘겨운' 현재로부

---

67 "*Walden* will do for an example. For there we have a book that is everything from a tale of adventure like *Robinson Crusoe* and *The Voyage of the Beagle* (the three have a special shelf in my heart) to a declaration of independence and a gospel of wisdom. … In Thoreau's declaration of independence from the modern pace is where I find most justification for my own propensities. He said he went to the woods to live deliberately. Come to think of it, that is why I have gone to a number of places: to live deliberately. … My intolerance has been for the throng who complain of the modern pace yet strive to keep it."

68 "Back out of all this now too much for us."

터 잠시라도 독립하는 길은 조용하고 평화로운 자연으로 일탈하는 것이다. 소로는 『월든』의 「마을」편에서 "우리는 길을 잃어보아야, 바꾸어 말하면 세계를 잃어보아야 비로소 우리 자신을 발견하고, 우리가 처한 위치를 인식하며, 우리가 맺는 관계의 범위가 무한함을 깨닫기 시작한다."(247)고 말한다. 이것은 인성을 옥죄는 문명에서 자연으로 일탈하여 기존 세상을 청산하고, 우주와의 무한한 관계에서 참된 '나'를 회복하는 것이 정신적 구원의 길임을 확인하는 것이다.

이처럼 소로와 프로스트가 인생의 본질을 더 잘 알기 위해서 자연에 눈을 돌린 것은 의미심장하다. 소위 문명인은 물질이 풍성해지면서 거친 자연과의 접촉이 점점 사라진다. 그에 따라 참을성과 독립성이 희생된다. 복잡한 사회는 간소한 삶과 영원히 결별해야 하는가? 지성과 야성은 양립할 수 없는가? 타락한 물질적 가치 추구에 숭고한 정신적 가치를 상실해야 하는가? 자연과의 합일은 불가능한 것인가? 이런 문제들에 대한 실험적 해법이 바로 소로의 『월든』이고, 프로스트의 자연시自然詩이다. 문명에 찌든 인생을 바로 보고 인성을 회복하려면, 잠시라도 문명을 일탈하여 객관적 거리에서 바라보는 것이 더 효과적이지 않겠는가.

소로에게 자연은 분명 인간의 뿌리다. 그는 거의 항상 이방인 같은 느낌이 드는 문명 생활을 일탈하여 잠시 자연에 귀의함으로써 좀 더 맑은 관점으로 인생을 되돌아볼 뿐, 밀림으로 들어간 은둔자는 결코 아니었다. 소로가 자연에서 잠시 체류한 것은 전략적 일탈이었을 뿐, 그는 곧 문명의 마을로 되돌아갔다. "나는 숲에 갔을 때와 똑같이 그럴 만한 이유로 숲을 떠났다. 아마도 내가 살아야 할 삶이 몇 개 남아 있기에, 숲속 생활에 더 이상 시간을 할애할 수 없다고 생각했을 것이다."(443~444). 또 다른 삶이 소로를 기다리고 있었던 것이다.

프로스트는 버몬트의 산 등 '여러 곳'에 가고, 전업 농부가 아니면서도 사과 따기, 풀 깎기, 파종 등의 일에 종사하는 '농부시인'의 신화를 창조했다. 그가 농촌으로 일탈한 까닭은 오히려 농촌이 아닌 도시를 객관적 거리에서 바라보고, 문명과 인생의 함수관계를 해명하기 위해서였다. "목장의 샘을 치우러 갈 것이오./ 잠깐 낙엽이나 긁어 치울 것이오./ (아마, 물 맑아지는 것을 지켜보겠지요.) / 오래 걸리지 않을 것이니 — 같이 갑시다."[69]

그의 시는 농부를 위한 것인가? 아니다. 도리어 도시인이 그의 시에서 마음의 양식을 얻는다. 그가 농촌과 농부를 시적 무대와 주인공으로 삼은 것은 전략적 일탈이었다. 이런 의미에서, 프로스트의 시는 난해한 모더니즘 시의 굴레에서 벗어나 대중에게 더욱 친숙한 자연으로 일탈함으로써 수확한 전략적 산물이다. 자연은 분명 인간의 뿌리다. 하지만 프로스트 또한 '아름답고, 어둡고, 깊은' 자연의 유혹을 뿌리치고, 사회지시적인 약속이 기다리는 문명 세계로 말을 재촉한다. "숲은 아름답고, 어둡고, 깊다./ 그러나 나는 지켜야 할 약속이 있고,/ 자기 전 가야 할 길이 멀다./ 자기 전 가야 할 길이 멀다."[70]

소로와 프로스트 모두 문명과 자연을 오가는 '경계인'이었다.

---

69 I'm going out to clean the pasture spring;
    I'll only stop to rake the leaves away
    (And wait to watch the water clear, I may):
    I sha'n't be gone long. — You come too.

70 The woods are lovely, dark, and deep,
    But I have promises to keep,
    And miles to go before I sleep,
    And miles to go before I sleep.

■ **법정 스님(1932~2010): 무소유**

법정은 심오한 불교 정신을 스스로 실천하면서, 이를 아름답게 반추하는 많은 산문을 발표한 것으로 유명하다. 특히 1976년 출판된 『무소유』로 법정은 일약 스타 작가의 반열에 올랐다. 이 책을 읽은 김수환 추기경은 "이 책이 아무리 무소유를 말해도 이 책만큼은 소유하고 싶다,"[71]고 말할 정도였다.

법정은 마하트마 간디가 그랬듯이 숲속의 구도자인 소로의 『월든』을 감명 깊게 읽고, 많은 영향을 받았다. 소로는 간디에게 '비폭력 저항' 정신을, 그리고 법정에게는 '무소유' 정신을 전수해주었다. 법정은 간디와 함께 소로의 간소한 삶에서 많은 영향을 받았다. 법정은 그의 산문집 『아름다운 마무리』의 「간소하게, 더 간소하게」에서 "『월든』을 읽으면서 상상의 날개를 펼쳤던 그 현장에 다다르니 정든 집 문전에 섰을 때처럼 설렜다. 늦가을 오후의 햇살을 받은 호수는 아주 평화로웠다,"[72]라고 말했다. '간소하게, 더 간소하게'는 바로 『월든』이 제시하는 생활신조다.

『월든』에서 소로는 외친다. "간소화하라, 간소화하라, 간소화하라! 바라건대, 당신의 일을 백이나 천이 아니고 둘이나 셋이 되게 하라." … 간소화하라, 간소화하라. 하루 세 끼 대신에, 필요하다면 한 끼만 먹고, 백 가지 요리를 다섯 가지로 줄이고, 다른 것도 이에 비례해서 줄여라,"(139~140). "삶을 간소화하는 것에 비례해서 우주의 법칙도 그만큼 덜 복잡해 보일 것이다. 그리하여 고독은 고독이 아니고, 빈곤

---

71 법정, 『무소유』, 3판, 서울: 범우사, 1999, 띠지에 적힌 말.
72 법정, 『아름다운 마무리』, 서울: 문학의 숲, 2010, p. 137.

역시 빈곤이 아니며, 약점 또한 약점이 아닐 것이다. 만약 당신이 공중에 누각을 지었더라도, 그 일이 반드시 헛되지는 않을 것이니, 누각이 있어야 할 곳은 바로 공중이기 때문이다. 이제 그런 누각들 밑에 기초를 놓아라."(444~445).

법정이 먼저 찾은 곳은 소로가 살았던 통나무집 터였다. 오래전에 통나무집이 사라진 자리에는 돌무더기만 있었다. 그는 집터 앞에 세워진 경계석의 글귀를 읽어 내려갔다. "내가 숲으로 간 이유는 인생을 의도적으로 살아보기 위해서였다. 나는 인생의 본질적인 사실만 정면으로 부딪쳐보고, 인생이 가르치는 바를 배울 수 있을지 시험해보려고 했으며, 마침내 죽음에 이르러 내가 삶다운 삶을 살지 못했다는 사실을 깨닫는 일이 없도록 하고자 했다."(138).

누구나 부자가 되기를 바란다. 소로는 한때 농장을 사들일 꿈을 꿨다. 그러나 그는 "그 땅을 어떻게 과수원, 나무숲, 목초지 등으로 구획할지, 어떤 멋진 떡갈나무나 소나무를 대문 앞에 그대로 남겨둘지, 어느 쪽에서 봐야 고목나무들이 가장 멋져 보일지의 문제는 오후 한나절이면 충분히 해결할 수 있었다. 그런 다음 내소리는 그 땅을 어쩌면 경작하지도 않은 채 고스란히 놓아두었다. 사람은 묵혀둘 수 있는 것들이 얼마나 많으냐에 정비례해서 부자가 아닌가 싶다."(126)고 말한다. 소득 창출을 위해 땅을 경작하는 게 아니라, 땅을 '묵혀서' 자연경관을 '고스란히' 소유하는 게 진정한 '부자'라는 게 소로의 생각이다. '부자'에 대한 그의 개념은 일반대중의 그것과는 사뭇 다르다, "나는 돈이 많은 부자는 아니지만, 햇빛 밝은 시간과 여름날만큼은 마음껏 누리고 아낌없이 썼을 만큼 부자였다. 또한 이런 시간을 공장이나 교단에서 더 낭비하지 않은 것을 결코 후회하지 않는다."(273).

법정은 『월든』을 사랑했다. 그러기에 두 번에 걸쳐 월든 호수를 직접 찾았다. 소로의 '간소화'와 법정의 '무소유'는 서로 닮았다. 법정은 『아름다운 마무리』의 「다시 월든 호숫가에서」 이렇게 말한다, "소로는 여가가 사업만큼이나 중요한 것이고, 부자가 되는 가장 확실한 방법은 거의 아무것도 원하지 않는 것이라고 했다. 즉 사람이 부자이냐 아니냐는 그의 소유물이 많고 적음에 있는 것이 아니라, 그것 없이 지내도 되는 물건이 많으냐 적으냐에 달려 있다는 것이다."[73] 법정의 '무소유' 개념은 소로의 '부자'의 개념에 영향 받은 게 많다는 것을 알 수 있다. 법정은 말한다, "행복의 비결은 우선 자기 자신으로부터 불필요한 것을 제거하는 일에 있다. 사람이 마음 편히 살기 위해서 무엇이 필요하고 무엇이 필요하지 않은지 크게 나누어 생각할 줄 알아야 한다. 진정한 자기 자신이 되려면 자기를 억제할 수 있어야 한다. 인간을 멍들게 하는 분수 밖의 소유욕에 사로잡히게 되면, 그 소유의 좁은 골방에 갇혀 드넓은 정신세계를 보지 못한다."[74]

소로는 『월든』에서 말한다, 사람이 "얼마나 오랫동안 사냥하겠는가? 도요새나 누른도요 역시 진기한 사냥감이 되겠지만, 나는 자아를 사냥감으로 삼는 편이 더 고귀한 사냥이 되리라고 믿는다." 이어서 윌리엄 해빙턴William Habbington의 「존경하는 내 친구 에드워드 나이트 경에게」의 한 구절을 인용한다, "당신의 눈을 안쪽으로 돌려라,/ 그러면 당신의 마음속에서 아직 발견되지 않았던/ 천 개의 지역을 발견할 것이다. 그곳을 여행하라./ 그리고 자아 우주학에 전문가가 되어라,"(439).

법정은 『텅 빈 충만』에서 말한다, "사람은 어디서 무슨 일에 종사

---

73 같은 책, p. 152.
74 법정, 『새들이 떠나간 숲은 적막하다』, 서울: 샘터, 2002, p. 155.

하면서 어떤 방식으로 살건 간에 자기 삶 속에 꽃을 피우고 물이 흐르도록 해야 한다. 그렇지 않으면 하루하루 사는 일이 무료하고 지겹고 시들해지고 만다. 자기 자신이 서있는 그 자리를 두고 딴 데서 찾으려고 한다면 그것은 헛수고일 뿐. 그렇기 때문에 저마다 지금 바로 그 자리가 자기 삶의 현장이 되어야 한다."[75]

  삶의 무대는 바로 '지금, 여기'이고, 주인공은 다름 아닌 '나'다. 소로와 법정은 모두 '자아'의 '사냥'이 곧 삶의 의미였다. 내가 '나'이기 위해서는 사치스러운 물질의 외투부터 벗어야 한다.

---

[75] 법정, 『텅빈 충만』, 서울: 샘터, 2001, pp. 32~33.

제2부

『월든』 읽기

WALDEN

경제

1. 정신의 경제학

소로는 『월든』의 첫 머리에서 "아래의 글, 정확히 말해 이 책의 대부분을 썼을 때, 나는 어느 이웃과도 1마일은 떨어져서 혼자 숲속에서 살았다. 나는 매사추세츠 주 콩코드의 월든 호숫가에 내 손으로 지은 집에서 오직 내 손으로 일해서 먹고살았다. 나는 거기서 2년 2개월을 지냈다. 현재는 다시 문명생활의 '체류자'sojourner로 돌아왔다."(1)라고 말한다.

『월든』의 부제가 "숲속의 생활"Life in the Woods이기 때문인지 소로는 세상에 별 관심이 없는 은둔자였다는 오해가 있다. 소로는 과연 은둔자인가? 아니다. 그는 어려움에 처한 이웃들을 위해 앞장서 청원서를 돌리는가 하면, 도망 노예의 안전한 도피를 위한 '지하 철도' 운동에 적극 가담하는 등 사회·정치적 활동에 열심이었다. 그의 정치적 에세이 「시민 불복종」이 마하트마 간디와 마틴 루터 킹 주니어 등의 이른바 '비폭력 저항'에 씨앗이 된 것은 주지의 사실이다. 자신에 대한 오해를 의식했던지, 소로는 "나도 여느 사람들과 마찬가지로 교제를 매우 좋아하고, 순수한 사람이 눈에 띄면 언제든지 거머리처럼 찰싹 달라붙어서 한동안 떨어지기 싫어한다. 나는 타고난 은둔자가 아니며 …,"(204)라고 직접 말한다.

소로는 왜 다시 '문명생활의 체류자로' 돌아왔는가? '체류자'라는 단어에서 그 단서를 찾을 수 있다. '체류자'는 '남의 집이나 다른 곳에 잠시 머무는 자'라는 뜻이다. 28세의 소로가 부모의 집을 떠나는 것은 늦은 감이 있었지만, 숲속의 집 또한 처음부터 잠시 머물 곳으로 지었다. 그가 숲속으로 갈 때는 콩코드의 집이 어쩐지 남의 집 같다는 느낌이 들었기 때문일 테고, 다시 마을로 돌아온 것은 처음부터 예정되었다. 다만, 돌아오는 시점이 숲속 생활 2년여에 찾아온 것이다. 어쨌든, 소로는 45년이라는 짧은 인생에서 대부분의 세월을 '문명인'으로 살았고, 숲속 생활 중에도 문명과의 접촉을 끊지 않았다. 그는 결코 '은둔자'가 아니었다.

소로가 월든 숲과 호수를 선택한 이유는 무엇인가? 어릴 적부터의 '꿈'이었기 때문이라는 게 가장 큰 이유일 것이다. 소로가 월든 숲과 호수를 처음 본 것은 다섯 살 때였다. 그는 다섯 살 때 느꼈던 감정을 1845년(28세) 8월 6일의 일기에서 이렇게 회상했다, "그 환상의 숲은 오랜 동안 내 꿈의 휘장이 되었다. 어린 나이에도 내 정신에 필수적일 것 같은 예의 '즐거운 고독'sweet solitude에는 밀려들 손님들을 접대할 방이 있어야 하고, 내 귀가 의미심장한 소리들을 식별하도록 예의 '말하는 침묵'speaking silence이 필요할 듯했다. 웬일인지 그 고독은 예의 시끄럽고 변화무쌍한 도시보다는 소나무들 사이의 이런 구석진 곳을 선호하게 하였다. 그곳의 거의 유일한 주민들은 햇빛과 그늘이었으니, 그곳은 고독이 발견한 진정한 육아실인 듯했다."[1] 이처럼 월든 숲과 호수는 그에게 대망의 '꿈'이었다. 하버드대학 졸업을 앞둔 1837년 여름, 소로는 친구 찰스 휠러Charles S. Wheeler의 호숫가 오두막에서 6주간 함께 지내면서, 호수에 대한 꿈을 더욱 키우게 되었다. 1841년 12월 24일, 소로는 일기에 이렇게 썼다, "곧 호숫가로 가서 살기를 원하나니, 그곳에서 바람이 갈대 사이에서 속삭이는 소리들이나 들으련다. 나 자신을 후세에 남긴다면 성공일 터이다. 그러나 내 친구들은 내가 거기 가서 뭘 할 것인지 묻는다. 계절의 진행을 관찰하는 것만으로도 충분한 일거리가 되지 않을까?"[2] 소로는 또한 「매사추세츠 자연의 역사」(1842)를 썼을 정도로 수준 높은 박물학자이기도 했다. 월든 숲과 호수는 그의 자연의 관찰, 연구, 기록에 안성맞춤인 곳이 될 터였다. 더구나 1845년 3월, 스승 에머슨이 자신이 소유한 월든 숲에 집 짓고, 밭뙈기를 일굴 땅을 내주겠다는데, 더 이상 망설일 이유가 있겠는가!

그러나 더욱 절실한 이유는 『콩코드 강과 메리맥 강에서의 일주일』을 쓸 수 있는 개인적 공간과 시간이 필요했다는 것이다. 1837년 8월 하버드를 졸업한 후, 소로는 사립학교를 열고, 형 존과 함께 가르치며, 학교경영에 힘을 쏟았다. 그러던 1839년 여름, 형제는 방학을

---

[1] "That woodland vision for a long time made the drapery of my dreams. That sweet solitude my spirit seemed so early to require that I might have room to entertain my thronging guests, and that speaking silence that my ears might distinguish the significant sounds. Somehow or other it at once gave the preference to this recess among the pines, where almost sunshine and shadow were the only inhabitants that varied the scene, over that tumultuous and varied city, as if it had found its proper nursery."

[2] "I want to go soon and live away by the pond, where I shall hear only the wind whispering among the reeds. It will be success if I shall have left myself behind. But my friends ask what I will do when I get there. Will it not be employment enough to watch the progress of the seasons?"

이용해서 콩코드 강과 메리맥 강을 보트로 여행하면서, 형제애를 돈독히 했다. 형제가 손수 제작한 보트였다. 그러나 1841년, 형 존John의 건강 악화로 학교 문을 닫게 되었다. 소로는 에머슨의 요청으로 에머슨 집에서 잡역부로 일하면서, 초월주의자들의 계간지 『다이얼』지에 시와 에세이를 공표하는 등, 문학수업에 매진했다. 1842년 1월, 자신의 분신처럼 의지하고 사랑했던 형이 파상풍으로 갑자기 사망하면서, 소로는 상당 기간 슬픔에 허우적거렸다. 1844년, 소로는 부모의 집으로 되돌아왔다. 소로는 형과 동고동락했던 여행기를 쓰는 것이 자신의 압도적인 슬픔을 극복할 뿐만 아니라, 사랑하는 형을 영원히 살게 하는 길이라고 믿었다. 하지만, 그 당시 소로의 집은 글을 쓸 만한 자유와 공간이 별로 없었다. 어머니는 가계를 돕기 위해서 하숙을 치었고, 아버지는 집 뒤에서 연필공장을 운영하고 있었기에, 소로도 공장 일을 자주 도와주지 않을 수 없었다. 호숫가의 오두막이야말로 글쓰기에 필요한 평화와 정숙靜肅을 제공하기에 충분한 공간이었다.

세 번째 더 본질적인 이유는 이제까지의 실패와 슬픔을 딛고, 경제적 독립을 실험하는 것이었다. 경제적 메커니즘의 기계로 전락해버린 일반대중의 "조용한 절망"(25)에서 탈피할 수 있는 방법, 즉 6일 일하고 하루도 다 못 쉬는 삶이 아니라, 과잉 욕구를 줄이고 일의 효율성을 높임으로써 하루 일하고 나머지 6일을 정신적 탐구를 위한 여가시간으로 보낼 수 있는 삶, 즉 품격 높은 삶의 지혜를 발견하는 것이었다. 다시 말해, 최소의 물질적 자본으로 최대의 정신적 부富를 축적함으로써 수지맞는 '정신의 경제학'을 실험하는 것이었다.

소로의 선택은 그 당시 대두하기 시작한 '초월주의 운동'과 상관관계가 있다. 소로만이 아니라, 다른 초월주의자들 또한 저마다 새로운 삶을 추구하고자 노력했다는 것이다. 조지 리플리George Ripley의 '브루크 팜'Brook Farm(1841~47)과 브론슨 올컷의 '푸루트랜즈'Fruitlands (1843~44) 등이 초월주의자들이 실험한 '공동체생활'의 대표적 사례라 할 것이다. 그러나 소로는 공동체생활을 실험하는 대신에 월든 숲속의 호숫가에서 개인적으로 경제적 '독립생활'을 실험하는 것으로 응답한 것이었다. 공동이건 개인이건, 새로운 형태의 경제가 출현한 이유는 무엇인가? 물질주의가 팽배하기 시작한 당시에, 국론이 분열되었다는 사실과 무관하지 않다. 당시의 시대적 화두는 단연코 노예제도의 폐지였다. 『월든』 출판 4년 전인 1850년, 도망노예의 반환 의무를 법제화한 '도망 노예 법'The Fugitive Slave Act이 시행되었다. 도망친 노예가 '자유 주'free state에서 살고 있더라도, 본래의 주인에게 돌려주어야 했기 때문에, 사실상 자유 주가 존재하지 않았다. 소로는 '도망 노예 법'에 협력하는 매사추세츠 주에 반대하고, 부당한 '멕시코-아메리카 전쟁'Mexican-American War에 자금을 제공하기 위한 '인두세'poll tax의 납부를 거부했다. 1846년 7월 말, 소로가 월든 숲에서 잠시 콩코드 마을에 나왔다가 체포되어서 하룻밤 감옥살이를 한 것은 이 때문이었다. 그러나 이 사건이 계기가 되어 쓴 그의 「시민불복종」은 '비폭력저항' 운동의 씨앗이 되었다. 소로는 다른 초월주의자들과 마찬가지로 미국이 노예경매의 나라, 만족을 모르는 부도덕한 상업적 욕망이 판치는 나라가 되고 있다고 느꼈던 것이다.

월든 숲과 호수는 소로에게 삶을 객관적으로 바라볼 수 있는 전략적 요지要地였다. 콩코드에 속하지만 어느 이웃과도 1마일은 떨어져 있으며, 숲속에 있지만 호숫가에 있다. 콩코드를 어느 정도 객관적으로 볼 수 있으면서도, 여전히 콩코드와의 교유交遊를 쉽게 할 수 있는 곳이다. 소로는 숲속에 있지만 밀림에 있는 것은 아니었다. 땅이지만

물과 가깝고 아름다운 하늘이 보이는 곳, 다시 말해, 땅, 물, 그리고 하늘이라는 세 자연이 만나는 곳이었다. 문명을 어느 정도의 거리를 두고 바라볼 수 있는 전략적인 위치를 선정한 것이다. 월든 숲은 문명과 완전히 단절된 어두운 밀림과는 다르다. 소로는 잠시 문명에서 후퇴했다가 되돌아왔다.

그러나 그의 이웃들은 그의 월든 생활을 호기심어린 눈으로 보았다. 그들의 기준으로 보건대, 하버드 대학을 나온 소로가 그들이 이해하는 일반적인 인생길을 가지 않고 숲속에서 빈둥거리니, 정신적으로 문제가 있거나, 일하기 싫어하는 게으름뱅이로 보였을 것이다. 소로는 콩코드 주민들의 오해를 불식할 필요가 있었다. 소로는 말한다, "어떤 이웃은 내가 무엇을 먹었는지, 외로움을 느끼지 않았는지, 두렵지는 않았는지 등등을 물었다. 그 밖의 사람들은 내가 수입의 얼마만큼을 자선 목적에 바쳤는지 궁금해 했고, 어떤 이웃들은 식구가 많아서인지 내가 불쌍한 아이를 몇 명이나 돌보았는지 알고자 했다. 그러니 내게 각별한 관심이 없는 독자들에게는 너그러운 용서를 구하면서, 이 책에서 이런 몇 가지 질문에 답변을 하고자 한다,"(18). 소로는 빈둥거리기는커녕 월든 생활 2년째부터 지금의 『월든』을 쓰기 시작했다.

월든 시절의 소로는 사회적 개혁보다는 개인적 수신修身과 변화를 더 중요하게 생각한 것으로 보인다. 이런 점에서, 1845년 7월 4일, 28세의 소로가 미국독립기념일에 맞춰 '고독'의 생활을 시작한 것은 형의 죽음에 따른 압도적인 슬픔으로부터의 해방, 경제적 독립과 자립, 그리고 무엇보다 사회적 규범과 인습으로부터의 독립을 선언한 행위라 할 것이다. 『월든』은 결코 게으름뱅이의 언어가 아니다. 그의 지성적·정신적 노동은 대중의 육체적 노동만큼이나 격렬한 영적 구원의 여로旅路를 바탕으로 '정신의 경제학'을 집대성한 시기였다.

2. 『월든』의 길

소로는 스승 에머슨이 가르친 '간소화'simplification와 '자립'self-reliance을 혼자서 시험했다. 1845년 3월 말부터 7월 4일 입주까지, 그는 도끼를 빌려 목재용 소나무를 자르고, 헌집을 사서 자재를 활용하고, 친구들의 도움을 받아서 오두막을 짓고, 이후에는 자급자족의 삶을 실험했다. 그 실험의 회고록이 바로 『월든』이다. 그는 "불행하게도, 나는 경험이 일천하기 때문에, 이 책의 주제를 내 이야기로 제한한다,"(18)라면서, "나는 여러분의 형편, 특히 이 세상이나 이 마을에서 겉으로 드러나는 여러분의 조건이나 환경이 어떠하고, 그것이 현재처럼 반드시 나빠야 하는지, 개선의 가능성은 없는지에 대해 무엇인가 이야기하고 싶다,"(19)고 말한다. 『월든』은 소로 자신의 이야기이다.

소로는 고백한다, "나는 한때 학교 경영에 전념한 적이 있는데, 그러자니 그에 따른 생각과 신념을 가져야 했을 뿐만 아니라, 옷을 갖추어 입고, 수련하고, 게다가 시간까지 빼앗겼기 때문에, 그 비용이 수입과 맞먹거나 오히려 초과한다는 것을 알았다. 나는 제자들의 이익이 아니라 순전히 생계를 위해서 가르쳤으므로, 이것은 실패였다. 사업도 했지만, 그것이 궤도에 오르려면 10년은 걸릴 테고, 그사이에 나는 아마 악마의 길을 가리라는 것을 알았다. 사실 그 때쯤이면 내가 이른바 수지맞는 사업을 하고 있을까봐 두려웠다,"(108~109). 소로는 대학을 졸업하고 약 3년(1838~1841)간 학교를 경영하기도 했고, 1845년 7월 4일 오두막으로 이사하기까지 약 8년 동안 아버지의 연필 사업을 도와서 당대 최고의 연필을 개발하는 데 성공함으로써, '수지

맞는 사업'이 그를 기다리고 있었다. 그러나 학교를 경영하는 일은 실패로 그쳤고, 연필사업을 성공시키는 것은 '악마의 길'을 가는 것으로 보였다. 그러기에 소로는 자신의 길을 찾아서 월든 숲으로 갔다고 할 것이다. 자신의 길을 내딛기 시작한 지 1년여에 소로는 성공을 예감했고, 누군가에게 자신의 이야기를 들려주고 싶었다. 『월든』은 소로의 힘찬 펜 끝에서 나왔다.

소로는 『월든』의 첫 챕터 「경제」에서 이렇게 말한다, "어쩌면 아래의 글들은 특히 가난한 학생들을 겨냥한 이야기가 될 것이다. 나의 다른 독자들의 경우, 자신에게 해당하는 부분만 받아들이면 될 것이다. 코트를 입을 때 솔기를 억지로 늘이는 사람은 아무도 없으리라고 믿는다. 왜냐하면 코트는 그것이 딱 맞는 사람에게나 쓸모가 있을 것이기 때문이다,"(18~19). 소로가 겨냥하는 첫 번째 독자는 경제적으로 가난한 '학생'이다. 그러나 그의 '다른 독자,' 즉 지적으로 가난한 성인들 또한 '자신의 솔기에 딱 맞다'고 생각한다면 여기에 포함될 것이다. 학생이건 성인이건, 삶의 길을 선택하는 과정에 있는 이들에게 합당한 가이던스가 될 수 있을 터이기 때문이다. 소로의 두 번째 독자는 이미 선택한 자신의 삶에 불만을 토하는 일반대중이다. 소로는 이렇게 말한다, "내가 말하려는 주요 대상은 개선의 여지가 있는데도, 불만스러워 하면서 자신들의 가혹한 운명이나 시대를 무책임하게 한탄하는 일반대중이다. 그들 중 일부는 이른바 의무를 다하고 있기 때문에, 누구보다도 열정적으로, 달랠 수 없을 만큼, 불만을 토로한다,"(36). 소로는 이런 이들에게 어떤 대안을 제시할 수 있기를 희망한다. 소로의 세 번째 독자는 부자이기 때문에 불행한 사람들이다. 소로는 말한다, "또한 내가 염두에 두는 부류는 겉보기에는 부자이지만, 가장 끔찍하게 가난한 계층이다. 즉 무가치한 부를 축적했지만, 그것을 사용하거나 처분하는 방법을 몰라서 금이나 은의 족쇄를 만드는 사람들이다."(36). 소로는 부자이면서도 물질의 노예가 되었기에, 불행하다는 사실조차 모르는 사람들의 정신을 일깨워주고 싶은 것이다.

소로는 얼핏 오만한 사람으로 보일 것이다. 그러나 그 자신도 일반 대중과 공유하는 오류를 범한 실패자의 한 사람이고, 그의 새로운 길이 결코 만인에게 통하는 것도 아닐 것이기에, 맹목적으로 그를 따르라고 하는 것이 결코 아니라는 것을 강조한다, "나는 결코 어느 누구도 '나의' 생활방식을 채택하기를 바라지 않는다. 그 사람이 내 생활방식을 제대로 터득하기 전에, 나 자신은 이미 또 다른 방식을 찾아낼지도 모를 뿐만 아니라, 이 세상에 서로 다른 사람이 되도록 많이 존재하기를 바라기 때문이다. 내가 바라는 것은 각자 아버지나 어머니나 이웃의 길을 가지 말고, '자신의' 길을 아주 조심스럽게 찾는 것이다."(111). 『월든』의 길 또한 소로가 택한 '자신의' 길 중 하나일 뿐이다. 그러나 분명한 것은 소로가 선택한 길은 그에게 큰 차이를 가져왔다는 사실이다.

3. 자발적 노예

소로와 그의 독자들 간의 관계에 대한 이해는 『월든』에서 사용한 주요한 구조적 장치를 해명하는 데 도움이 된다. 『월든』은 소로 자신을 포함한 독자들의 기존의 태도와 신념이 수반하는 병폐의 진단뿐만 아니라 도전과 치유를 목적으로 한다. 총 18개 장章의 『월든』은 전체적으로 명징明澄함과 균형에 초점을 맞춰서 구성된다. 첫 장 「경제」가 그의 이웃들을 괴롭히는 정신적·경제적 질병들을 진단하는

'서문'prologue이라면, 중간의 16개 장은 치유의 방법을 찾는 '순례의 길'pilgrimage이고 「맺는 말」은 그 결과를 기대하는 '발문'epilogue이라 할 것이다.

소로는 말한다, "나는 콩코드를 두루 돌아다녔다. 그런데 가게, 사무실, 들판, 어디를 가든, 내가 보기에는 주민들이 천 가지의 온갖 희한한 방법으로 고행의 삶을 살고 있었다."(19). 사람들이 하는 일은 결코 끝나지 않을 것 같다. 그들은 스스로 일의 노예가 되어서 자신들을 벌주고 있는 것 같다. 소로는 역사와 문학과 과학에 대한 해박한 지식으로, 많은 인유, 일화, 그리고 유추로 그의 주장을 증명한다. 소로는 이렇게 쓴다, "헤라클레스Hercules의 열두 가지 노역도 내 이웃들이 떠맡은 노역에 비하면 하찮은 것이었다. 그의 노역은 열두 가지뿐으로 끝이 있었기 때문이다. 그러나 나는 이웃들이 어떤 괴물을 죽이거나 포획하거나 어느 한 가지 노역이라도 끝장내는 것을 본적이 없다. 그들에게는 뜨거운 쇠로 히드라Hydra의 머리를 뿌리째 지져버릴 이올라오스Iolas 같은 친구가 없으니, 괴물의 머리를 하나 박살내면 곧바로 머리 두 개가 돋아났다."(20). 당신은 아마도 아틀라스Atlas처럼 양어깨에 세계를 짊어지고 있을지 모른다. 그러나 아틀라스가 노동의 대가로 무엇을 얻었는가? 소로는 흔히 우리를 자극하고 설득하기 위해서 광상곡 같은 글을 쓴다. 헤라클레스나 아틀라스 같은 터무니없는 예를 들어서 우리는 왜, 그리고 무엇을 위해서 그토록 열심히 일하는가를 생각해본다.

소로의 이웃들은 왜 끊임없는 노역에 시달리는가? 소로는 말한다, "내가 만나는 젊은이들과 마을 사람들의 불행은 농장, 집, 창고, 가축, 농기구를 상속받은 데서 온다. 왜냐하면 이런 것들은 얻기는 쉬워도 버리기가 어렵기 때문이다. … 누가 그들을 흙의 노예로 만들었는가?"(20). 농장을 상속하는 것은 '행복'fortune이 아니라 '불행'misfortune이 되고, "어리석은 자의 삶"(21)으로 인도한다. 사람들은 "흔히 필요라고 부르는 허울 좋은 운명을 구실로, 좀먹고 녹슬고 도둑이 침입해서 훔쳐갈 재화를 모으는 일에 종사한다. … 비교적 자유로운 우리나라에서도, 단순한 무지와 오해로 인한 부질없는 근심과 필요 이상의 조악한 노동에 급급한 나머지, 대부분의 사람은 더 맛있는 인생의 열매를 따지 못한다,"(21~22). 소로 시대의 농민뿐만 아니라, 가업을 상속한 현대의 젊은이들 또한, "상속의 짐들을 모두 뒤에서 밀고가면서 살아야 하기에, 깜냥에는 안간힘을 다하는 것이다. 내[소로]가 만난 얼마나 많은 불멸의 영혼이 이런 엄청난 짐의 무게에 짓눌린 채, 연신 숨을 헐떡거리고 있지 않은가!"(21).

소로의 말대로, "어떤 이들은 가난하고 살기가 힘겹다. 말하자면 그들은 때때로 숨을 헐떡인다. 이 책을 읽는 이들 중 일부는 실제로 먹은 밥값과 급속히 해지고 있거나 이미 해진 구두와 코트 값을 지불할 능력이 없고, 지금 이 책도 그들의 채권자들의 시간을 강탈하듯 빌리거나 훔쳐서 읽고 있다는 사실을 내[소로]는 조금도 의심하지 않는다. … 아주 명백한 것은 당신들 중에서 많은 이가 매우 초라하고 비천한 삶을 산다는 것이다. 당신들은 항상 빚의 한계점에서 사업을 시작하여, 아주 오랜 빚의 구렁텅이에서 헤어나려고 발버둥을 친다,"(23).

이처럼, "일반 대중은 조용한 절망의 삶을 살아간다. 이른바 체념이란 확인된 절망이다. 우리는 절망의 도시에서 절망의 시골로 들어가, 밍크와 사향뒤쥐의 용기를 보고 우리 자신을 달랠 수밖에 없다. 인간의 게임과 오락까지도 그 이면에는 진부하지만 무의식적인 절망이 숨어 있다. 그것들에는 진정한 놀이가 없다. 놀이보다 일이 우선이기 때문이다. 하지만 지혜의 한 가지 특징은 절망적인 것을 아예 하지 않는 것이다."(25~26). 여기서 소로가 '불만'이나 '불행'이라는 단어 대신에 '절망'이라는 단어를 사용한 것은 주류 미국인의 생활 스타일에 대한 그의 비전이 엄중함을 증명한다. '절망'이라는 단어는 종교적 의미, 즉 '희망의 부재'를 함축한다. 존 버니언John Bunyan의 『천로역정』The Pilgrim's Progress의 주인공은 신을 만나러 가는 도중에 '절망의 늪'Slough of Despair을 지난다.

　소로는 절규한다, "나는 우리가 흑인 노예제라는 고약하고 약간은 낯선 형태의 제도를 떠받들 정도로, 뭐랄까, 매우 천박할 수 있다는 사실에 때때로 놀란다. 지금 남부와 북부에는 인간을 노예로 만들려고 눈을 번뜩이는 악랄한 노예주가 수 없이 많다. 남부의 감독 밑에서 일하는 것은 힘들지만, 북부의 감독 밑에서 일하는 것은 더더욱 힘들다. 하지만 가장 힘든 것은 자기 자신을 노예로 부리게 되는 경우다. 인간에게는 신성神性이 있다는데 이게 어인일인가!"(24). 19세기 미국 남부의 흑인 노예는 '제도적 노예'이다. 그러나 땅을 상속한 북부의 농부는 자기 자신을 노예로 부리는 '자발적 노예'이다. 전자에 비해 후자가 훨씬 더 천박한 노예가 아니겠는가!

　소로는 대부분의 사람들이 '절망의 늪'에 빠졌다고 역설함으로써 진정한 구원으로 향하는 인생행로에서 더 이상 나아갈 수 없다고 암시한다. 사람들은 성공과 재산을 미친 듯이 추구함으로써, 되레 자신의 삶을 값싼 것으로 만들고, 소박하지만 행복한 삶을 누리지 못한다. '물질의 경제'에 매달림으로써 스스로의 노예로 전락하고, 자기 자신을 주인으로 섬길 수 있는 '정신의 경제'를 외면하기 때문으로 보인다. 이런 점에서 일반대중의 '조용한 절망'은 매우 심각하다. 그러나 소로는 "지혜의 한 가지 특징은 절망적인 것을 아예 하지 않는 것이다."(26)라는 한마디로 정리한다.

4. 가지 않은 길

　대중은 왜 '조용한 절망의 삶'을 사는가? 소로는 「경제」에서 말한다, "인간의 주목적이 무엇이며 삶의 진정한 필수품과 수단이 무엇인지 생각해볼 때, 인간이 숙고 끝에 지금의 평범한 생활방식을 선택한 이유는 다른 어떤 방식보다 그것을 선호했기 때문인 듯하다. 하지만 이제 그들은 더 이상 정말 선택의 여지가 없다고 생각한다. 깨어있고 건전한 사람들은 오늘도 태양이 밝게 떠오른 사실을 기억한다."(26). 사람들은 현재의 생활방식에 절망하고 있음에도 불구하고, 다른 선택의 여지가 없다고 믿는 나머지 체념하는 것 같다. 많은 사람들이 "현재의 삶을 너무 존중하고 변화의 가능성을 부정하기에, 우리는 아주 철저하고 성실하게 살 수밖에 없는 것이다. 우리는 '이것이 유일한 길이다,'라고 말한다."(30). 그러나 아직 가지 않은 길은 얼마든지 있지 않은가!

　대중은 흔히 "사람들이 성공적이라고 칭송하고 존경하는 삶은 기껏해야 어느 하나의 삶에 불과하다,"(40~41)고 믿는 생각의 프레임에 갇혀서, "오늘도 태양이 밝게 떠오른 사실"(40)을 기억하지 못하고, 어둠 속에서 잠자고 있다. 그러나 "우리가 어느 하나의 삶을 과대평가하고 다른 다양한 삶을 희생할 이유가 있는가?"(41). 하늘을 보라, 수많은 별이 반짝이고 있지 않은가! 그런데도, 우리는 "땅위에 정착한 뒤로는 하늘을 잊어버렸다,"(66). 우리는 정말 기껏 하나의 길을 고수할 수밖에 없는가? 소로는 말한다, "그러나 하나의 중심을 기점으로 그릴 수 있는 반지름의 수만큼이나 많은 길이 있다. 모든 변화는 우리가 응시할 기적이다. 하지만 그런 기적은 시시각각 일어난다."(30). 『월든』이 인도하는 숲속의 새로운 풍경은 새로운 생활방식을 보여주지 않는가! 소로의 월든 순례는 절망적인 현상을 뒤엎고, 무한한 가능성을 열어젖히는 것을 목적으로 한다.

그는 말한다, "70년을 명예롭게 산 어르신이여, 당신은 나름대로 가장 현명한 말씀을 할 수 있지만, 그런 모든 말씀을 듣지 말라는 거역할 수 없는 목소리가 내 귀에 들립니다. 한 세대는 지난 세대의 사업을 난파된 배를 버리듯 버리는 법이니까요."(29). 소로는 기성세대들이 말씀하시는 지혜를 불신한다. 비유컨대, 그들은 난파된 배의 선장들이기 때문이다. 그럼에도 불구하고 어르신들의 말씀이 사회적 인습과 규율로 정착하고, 많은 젊은이들이 이것들을 따른다. 소로 역시 자신을 그런 인습과 규율의 피해자로 규정하는 듯하다. 소로는 『월든』에서 자신의 입장을 이렇게 변호한다, "나는 이 행성에서 30년 정도 살았는데, 아직 선배들에게 가치 있거나 성실한 충고의 첫마디도 듣지 못했다. 그들은 내게 적절한 무엇도 말해주지 않았고, 아마 해줄 수도 없을 것이다. 지금의 인생은 대부분 내가 경험하지 않은 하나의 실험이다. 그러나 선배들이 했다는 실험은 내게 도움이 되지 않는다. 내가 가치 있다고 생각하는 어떤 경험을 하게 된다면, 이에 대해 분명 나의 스승들이 해준 말이 아무 것도 없었다고 회상하게 될 것이다."(27). 얼핏 보기에, 기성세대의 삶의 궤적이나 조언을 비웃는 신세대의 불손한 항변으로 들린다. 그러나 "실제로 노인에게는 젊은이에게 줄 대단히 중요한 충고가 없다. 그들의 경험 자체가 아주 부분적인 것이고, 그들도 여러 개인적 이유로 분명 삶이 아주 처참한 실패였다는 사실을 믿고 있을 것이기 때문이다. 그들에게 어떤 믿음이 남아있다면, 그것은 그들의 경험이 잘못되었다는 믿음일 것이다.

그들은 기껏 전보다 늙었을 뿐이다."(27). 소로는 결국 누구나 '경험하지 않은 하나의 실험,' 스스로 '가치 있다고 생각하는 어떤 경험'에 도전하는 것이 최선이 정책이라는 것을 역설적으로 강조한 것으로 보인다. 그는 말한다, "인간의 능력이 제대로 측정된 적은 한 번도 없다. 우리는 과거의 전례만으로 인간이 무엇을 할 수 있고 없고를 판단해서는 안 된다. 지금까지 인간이 시도한 것이 너무 적기 때문이다. 이제까지 실패한 것들이 무엇이든 간에 '내 아들아, 괴로워하지 마라. 네가 하지 못하고 남긴 것을 누가 네 탓으로 돌리겠느냐?'"(28).

5. 필수품과 사치품

우리는 '무엇이 필요한가?'의 질문을 먼저 답해야 '얼마큼 필요한가?'의 질문에 답할 수 있다. 이런 관계를 전제하고, 소로가 삶과 물질자원과의 관계에서 취하는 태도를 생각해보기로 한다. 이 문제에 대해, 소로의 '정신경제학'이 때로는 묵시적으로, 때로는 명시적으로 분류하는 물질자원의 범주를 '필수품,' '편의품,' '사치품' 그리고 '도구'로 나누어서 생각해볼 수 있을 것이다. 어떤 물질은 삶에 없어서는 안 된다. 음식, 옷, 집, 그리고 연료가 그렇다. 소로는 이것들을 '필수품'으로 분류했다. 필수품 말고 다른 범주의 물질자원이 있으니, 우리의 삶을 더 편하게 만드는 '편의품,' 꼭 필요한 것이 아닌 '사치품,' 그리고 우리의 자기발전을 촉진하고 우리의 인생목표 달성을 도와주는 '도구'가 그것이다.

소로는 "나는 사실 이웃들이 선이라고 부르는 것의 대부분은 악이라고 믿는다. 내가 후회하는 것이 있다면, 그것은 십중팔구 나의 선행일 것이다. 내가 어떤 귀신에 사로잡혀 그렇게 착하게 행동했을까?"(29)라며, 자신의 어리석음을 탓한다. 여기서 '선행'이란 것은 도덕적 '선'보다는 경제적 '선'을 뜻하는 것으로 보인다. 많은 사람들이 선배나 친지들이 갔거나 가고 있는 길을 좇아서, 그들 나름의 유일한 길을 선택한다. 그러나 그들의 '선행'은 그들을 끊임없는 '노역'과 '조용한 절망'으로 인도하지 않았는가! 마땅히 다른 길을 찾아 나서야 할 터이다.

소로는 "내가 언급한 관심과 걱정이 대부분 무엇에 관한 것이며, 우리가 어느 정도로 걱정하거나 최소한 조심할 필요가 있는지를 잠시 생각해보자. 이를 위해 원시적이고 개척자적인 삶을 살아본다면 다소 도움이 될 것이다. 그러나 단지 삶의 전반적인 필수품이 무엇이며, 그것들을 얻기 위해 어떤 방법이 사용되었는지를 알고자 한다면, 물질문명의 한복판에서도 알 수 있을 것이다."(30)라고 말한다. 그는 필수품을 "인간이 자신의 노력으로 얻는 모든 것 중에서 처음부터 또는 오랜 사용으로 인간생활에 너무 중요해졌기 때문에, 설령 야만적이거나 가난하거나 어떤 철학적 이유가 있다손 치더라도, 그것 없이 살려는 사람이 별로 없는 물품을 의미한다."(31)라고 정의한다. 그리고 이 정의에 따라 생활필수품을 네 가지, 즉 '음식, 집, 옷, 연료'로 줄인다. "인간의 육체는 난로이고, 음식은 폐 안의 내적 연소를 유지하는 연료이다. 우리는 추운 날씨에는 더 많이 먹고, 따뜻한 날씨에는 더 적게 먹는다. 동물의 열은 느린 연소의 결과이다."(32). 이처럼 음식은 '동물의 열'을 창조하는 내적 연료로 쓰이고, 나머지 셋은 그 열을 유지하는 외적 수단일 뿐이다. 그러기에 인간의 '원시적' 필수품은 결국 생명의 열을 보존하는 '연료' 한 가지로 통합된다 할 것이다.

"육체에 아주 필요한 것은 육체를 따뜻하게 유지하는 것, 즉 우리 내부에 있는 생명의 열을 유지하는 것이다. 따라서 우리는 온갖 수고를 다해서 우리의 음식, 옷, 집뿐만 아니라, 우리의 밤의 옷인 침대까지 마련한다."(32~33). 그러나 우리 문명인들은 체열의 보존을 위한 '연료'만으로 만족하지 않는다. 삶을 더욱 편하고 안락하게 만들 수 있는 '편의품'comforts뿐만 아니라, 더욱 좋은 음식, 옷, 그리고 집을 원한다. '필수품' 품목에 필요 이상의 편의품과 사치품까지 더함으로써, 우리의 삶을 매우 복잡하게 만드는 것이다. 다시 말해, "사치스러운 부자들은 단순히 편안할 정도로 따뜻함을 유지하는 것이 아니라, 부자연스러울 정도로 몸을 뜨겁게 달군다. … 그들의 몸은 '유행에 따라' 자연스레 달궈진다."(33~34). 소로는 '사치품'에 대해서 아주 신중하다. 그가 믿기에 어떤 사람들은 자신들을 곤궁에 빠트리지 않고 현재 가장 부자인 사람들보다도 더 멋진 집을 짓고, 더 협협하게 살 수 있을 것이지만, 과연 그런 사람들이 존재하는지 의심스럽다. 소로는 '사치품'은 훌륭한 삶에 불필요하고, 실로, 불행하게도 그것들을 짊어진 사람들에게 이익이 되기보다는 되레 손해가 되기 쉽다고 생각한다.

　소로는 '편의품'의 관점에서 금욕주의자나 청교도와는 거리가 멀었다. 그는 궁핍에서 정신적 영양분을 구하지 않았기 때문에, 물질적 자원을 스스로 거부한 적이 없고, 물질의 편리를 찬성하지 않는 것도 아니다. 그러기는커녕 '편리'는 그에게 매우 중요하다. 이런 이유로, 그는 삶에 필수적이지 않지만, 삶을 더 좋고, 더 행복하고, 더 즐겁게 하는 '편의품'들이 설 자리가 있음에도 불구하고, 주의를 해야 한다고 느꼈을 뿐이다. 편의품의 위험성은 중독성이 있다는 것이다. 그것들은 쉽게 우리 삶에서 주요한 초점이 될 수 있고, 우리의 시간과 에너지를 낭비하게 한다는 것이다. 소로는 삶의 목적이 편한 것이어서는 안 되고, 열정적으로 사는 것이라고 느꼈다. 나아가서, 때때로 우리가 편의품과 교환하는 시간과 돈은, 결국 편의품이 '삶'의 측면에서 더 많은 비용이 들게 하기 때문에, 우리에게 이익이 되기보다는 손해일 수 있다. 그러므로 소로는 편의품에 반대하는 게 아니라, 단지 우리가 편의품에 의해서 쉽게 요리된다고 생각한 것이다. '어느 정도가 충분한가?'의 질문에 답할 때, 소로의 '정신경제'는 이렇게 답한다, "대부분의 사치품과 이른바 생활 편의품 가운데 많은 것은 반드시 필요하지 않을뿐더러 인류의 향상에도 큰 장애물이다. 사치품과 편의품 사용과 관련해 아주 현명한 사람들은 가난한 사람들보다 소박하고 검소하게 살았다." 그리고 이를 바탕으로, 소로는 '주류主流 경제'의 시각을 전도顚倒하여 매우 도발적으로 말한다, "중국, 인도, 페르시아, 그리스의 옛 철학자들은 외적으로는 누구보다 가난하지만, 내적으로는 누구보다 부유한 계층이었다. … 아무도 이른바 '자발적 빈곤'이라는 유리한 상황에 처하지 않으면, 결코 인간 생활에 대한 공정하고 현명한 관찰자가 될 수 없다. 농업, 상업, 문학, 예술을 막론하고, 사치스러운 삶은 사치스러운 열매를 맺는다,"(34).

　마지막으로 살펴볼 생활 용품에는 갖가지 '도구'tool들이 있다. 도구는 우리의 자기발전 촉진과 인생목표 달성에 무엇보다 필요한 것들이다. 소로 자신의 삶을 보면, 도끼, 삽, 칼, 손수레, 외바퀴수레 등 농사 도구가 있었고, 상당수의 책, 문방구, 램프 등 공부 도구가 있었다. 소로는 "공부하는 사람들에게는 램프, 문방구, 몇 권의 책이 중요한 위치를 차지하는데, 이런 것들은 모두 적은 비용으로 구할 수 있다,"(33)고 말한다. 이 범주에 포함되는 것은 우리의 삶의 목표가 무엇인지에 좌우된다. 그러나 편의품이란 것들이 더 이상 편리하지 않을 수 있는 것과 똑같이, '도구'들도 더 이상 도움이 되지 않을 수 있다는 것을 항상 명심해야 한다. 도구도 현명하지 않거나 과도하게 쓰면, 한낱 사치품에 지나지 않을 것이다. 소로는 외친다, "그러나 보라! 이제 인간은 자신이 쓰는 도구의 도구가 되어버렸다,"(66).

앞에서 말한 것처럼, 편의품이나 사치품의 위험성은 그 중독성에 있다. 그것들이 생명의 열을 유지하는 데 그치는 게 아니라, 삶의 주인이 되어서 인간을 물질의 노예로 부리고, 종국에는 나라와 민족의 종말까지도 재촉한다. 소로는 말한다, "인간이 이미 말한 여러 방법으로 몸을 따뜻하게 하고 나면, 그다음에 무엇이 필요하겠는가? 그에게는 분명 같은 종류의 열, 예컨대 더 많고 기름진 음식, 더 크고 화려한 집, 더 좋고 풍부한 옷, 계속 더 뜨겁게 불타는 많은 난로 등이 필요하지는 않을 것이다. 일단 생활에 필수적인 것을 획득하고 나면, 더 이상 쓸모없는 것을 획득하기보다는 또 다른 선택을 해야 하지 않겠는가,"(35). 그러함에도, 예컨대, "야자 나뭇잎 모자나 우드척 가죽 모자를 차례로 벗어던지면서, 왕관을 살 여유가 없으니 살기 힘든 세월이라고 불평하는 사람"(63)이 허다하다는 것이다. 이처럼 사람들은 언제나 불만이고, 더 큰 무엇을 추구한다. 이것이 바로 소로가 그의 '정신의 경제'에서 줄곧 설파하는 진리이다. 인간의 부단한 불만상태는 그의 행동을 재촉하지만, 그를 무한경쟁에 빠뜨리는 것은 바로 그의 행동이다. 이것은 생각의 변화에 의해서만 깨질 수 있다. 불만의 느낌과 그로 인한 제약들이 시민의 사생활 너머의 공적영역까지 확장된다. 이런 불평분자들은 풍요에도 불구하고 박탈감을 느끼는 부류로서, 이른바 '부자병'affluenza에 걸린 사람들이다. 절대빈곤이란 게 무엇인지도 모르고 상대적 빈곤감에 허우적거리는 '바보들'이다. 사치품이 없기 때문에 궁핍하다고 느끼는 것이다. 일단 생활에 필수적인 것을 획득하고 나면, 더 이상 쓸모없는 것을 획득하기보다는 또 다른 선택을 해야 하지 않겠는가! 다시 말해, 이제 인생의 모험에 떨쳐나서야 한다는 것이다. 비천한 노역을 떨쳐 버릴 휴가가 시작되지 않았는가! "인생의 씨앗이 이렇게 어린뿌리를 땅에 내렸으니, 이곳의 토양이 그 씨앗에 알맞은 듯하다. 그러니 이제 그 인생은 어린 가지를 자신 있게 하늘로 뻗어도 좋으리라,"(35).

소로가 말하는 '자발적 빈곤'의 의미는 무엇인가? 이와 관련하여 소로는 말한다, "무엇이 종족을 소멸시키는가? 민족을 무기력하게 하고 멸망시키는 사치의 특성은 무엇인가? 우리의 삶에 사치가 전혀 없다고 확신할 수 있는가? 철학자는 외적인 형태의 삶에서도 자신의 시대를 앞서가는 사람이다. 그는 동시대의 다른 사람과 똑같이 음식을 먹거나, 집을 짓거나, 옷을 입거나, 몸을 따듯하게 하지는 않는다. 철학자가 되고도 어찌 다른 사람보다 더 좋은 방법으로 제 생명의 열을 유지하지 않을 수 있겠는가?"(35).

물질적 자원에 대한 소로의 견해를 요약한다면, 인류 역사는 대부분 생활필수품을 확보하기 위한 부단한 투쟁이었고, 그런 환경에서 소로는 인간의 의사결정에서 "더욱 시급한 욕구를 먼저 충족시키는 것이 그들의 신조였던 것 같다,"(69)는 것이다.

6. 하늘과의 교역

인생은 한 그루의 나무에 비유할 수 있다. 인생의 씨앗이 싹터서 땅에 뿌리를 내리면, 그 다음에는 가지를 자신 있게 하늘로 뻗어야 한다. "대지에 이토록 굳건한 뿌리를 내렸으니, 그만큼 하늘로 치솟지 못할 이유가 있겠는가? 고귀한 식물은 땅과 멀리 떨어져 마침내 공중과 햇빛 속에서 맺는 열매로 평가를 받으며, 그렇기에 비천한 뿌리채소들과는 다르게 취급받지 않는가,"(35). 이에 따라 소로는 자신의 삶을 돌아보고자 한다, "만약 내가 지난 세월 동안 어떻게 인생을 보내고 싶어 했었는지 말하고자 한다면, 아마도 내 삶의 실제 내력을 어느 정도 알고 있는 독자들은 놀랄 것이고, 전혀 몰랐던 사람들은 더욱 놀랄 것이 분명하다. 그러니 내가 소중히 여겨온 기획들의 일부를 귀띔하는 것으로 그치고자 한다,"(36~37). 그러나 소로는 독자가 그의 '생업'을 이해하기는 힘들 것임을 인정한다. 왜냐하면, 일반대중과 달리 그의 생업은 모호하고 불가사의한 점이 많기에, 그것을 표현하는 언어가 불가피하게 애매하기 때문이다. 그러나 소로는 그의 출입문에 "출입 금지"(37)의 경고문은 붙어있지 않기에 누구나 입장할 수 있다며 자신의 삶을 공개한다.

그는 말한다, "어떤 날씨에서건, 나는 밤낮을 가리지 않고 촌각을 활용하고, 그것을 내 지팡이에 기록하고 싶었다. 그리고 과거와 미래라는 두 영원의 접점, 즉 정확히 현재라는 순간에 서서 그 선線을 발끝으로 딛고 싶었다." 소로는 무엇보다 과거나 미래에 한눈팔지 않고, '현재'라는 순간에 초점을 모으는 삶을 살고자 한다. 가능한 한 현재를 보람 있게 만들고 싶다. '현재를 즐겨라'Carpe diem가 그의 인생철학이었다. 소로는 '촌각을 활용'하여 어떤 일을 했는가? 예컨대, 그는 말한다, "오래 전 사냥개 한 마리, 적갈색 말 한 필, 그리고 멧비둘기 한 마리를 잃었는데, 아직도 그것들의 행방을 좇고 있다. 나는 많은 여행자에게 그것들에 관해 이야기하면서, 그 발자국과 그것들이 어떤 부름에 응답했는지 설명했다. 사냥개 소리나 말발굽 소리를 들었다거나, 심지어는 비둘기가 구름 뒤로 사라지는 것을 보았다는 사람을 한둘 만났다,"(37). 여러 사람의 도움을 받았지만, 되찾지는 못했다는 것이다. 아주 기이한 생업 아닌가! 소로가 사냥꾼이었다는 것인가? '구름 뒤로 사라지는' 것이 목격되었다는 '비둘기'는 도대체 무엇인가? 추측컨대, 소로는 자신을 사냥꾼에 빗대어, '구름 뒤로 사라지는 비둘기' 같은 그 '무엇'something, 다시 말해, '환영'幻影을 추구했다는 것을 간접적으로 표현한 게 아닐까?

그렇다. 소로는 구체적으로 어떤 생업에 종사했는가? "나는 바람을 타고 들려오는 소식을 듣고, 그것을 급히 전하기 위해서, 정말이지 얼마나 많은 가을과 겨울의 날들을 마을 밖에서 보냈던가! 나는 그 일에 내 자본을 거의 다 쏟아 부었을 뿐 아니라, 바람을 안고 달리는 통에 숨이 넘어갈 뻔했다,"(38). 소로는 자연의 소식을 전하는 리포터를 자임했다. 이웃이 보기에 어리석기 짝이 없는 생업에 종사한 것이다. 일반 투자자라면 현금을 투자해서 이익을 추구할 테지만, 소로는 전혀 다른 종류의 '자본'을 뜻밖의 '사업'에 투자했으니, "어떤 때는 절벽이나 나무 위의 망루에 올라가 관찰하다가, 새로운 소식이 당도하면, 급히 타전했다. 저녁이면 언덕 꼭대기에 올라가 하늘이 무너지기를 기다렸으니, 떨어지는 '어떤 것'을 잡으려는 것이었지만, 이렇다 할 것을 잡은 적이 없고, 있더라도 만나와 같이 햇빛에 녹아버리기 일쑤였다,"(38). 소로의 생업은 하늘에서 떨어지는 '만나'와 같은 소식을 전하는 것이었지만, 흔히 땅에 이르기도 전에 햇빛에 녹아 사라져 버렸다.

그러나 그 흔적이나 부스러기들을 주울 수는 있었다. 그는 말한다, "나는 오랫동안 발행부수가 별로 많지 않은 어느 잡지사의 기자로 일했다. 그러나 그 편집인은 내가 기고한 글의 대부분을 기사로 싣기에는 적당하지 않은 것으로 보았기 때문에, 글 쓰는 사람이 흔히 그렇듯이, 내 노동은 헛수고로 끝난 셈이 되었다. 하지만 이 경우에 내 수고는 그 자체가 보상이었다,"(38~39). 소로는 평생 '자연의 소식'들을 그의 '일기'Journals에 기록했다. 그는 그것들을 소재로 시, 에세이, 여행기 등을 써서 『다이얼』 등의 잡지에 게재하기도 하고, 『콩코드 강과 메리맥 강에서의 일주일』(1849) 같은 책을 펴내기도 했다. 그러나 금전적으로는 모두 '헛수고'였을 뿐만 아니라 빚까지 지게 되었다. 그럼에도 불구하고, 소로는 '그 자체가 보상'이라는 신념으로 '어느 잡지사의 기자'로 일하면서, 편집인 겸 독자의 직분까지 감당했다. 소로는 또한 마을의 지름길과 숲길들을 트고, 방목 가축들을 돌보고, 농장의 구석과 모퉁이들도 살피고, 목말라하는 나무와 꽃에 물을 주는 등의 일을 오랫동안 충실하게 했다. 그러나 그것들이 누구의 것인지는 상관하지 않았고, 더구나 보수를 바라거나, 마을 공무원이 되고자 한 것은 아니었다. 그저 "마땅히 할 일이라고 생각해서"(39) 한 일이었으니, 생업이라면 생업일 터이다.

소로는 팔려고 만든 바구니를 팔 수 없어서 생계가 곤란한 어느 인디언의 사례를 인용한다. 인디언은 왜 바구니를 팔 수 없을까? 소로는 "다른 사람들이 살 만한 가치가 있는 바구니를 만들거나, 최소한 살 만한 물건이라는 생각이 들도록 그들을 설득하거나, 살 만한 가치가 있는 다른 물건을 만들어야 한다는 사실을 깨닫지는 못했던 것이다,"(40)라고 비판한다. 그렇다면, 그 자신은 어떠했는가? "나 또한 올이 섬세한 바구니 비슷한 어떤 것을 엮기는 했지만, 누군가 살 만한 가치가 있는 것을 엮지는 못했다,"(40)고 실토한다. 그는 "나는 사람들이 살 만한 가치가 있는 바구니를 어떻게 만들지 연구하는 대신, 오히려 그것들을 팔아먹을 필요성을 어떻게 피할지를 연구했다. 사람들이 성공적이라고 칭송하고 존경하는 삶은 기껏해야 어느 하나의 삶에 불과하다. 우리가 어느 하나의 삶을 과대평가하고 다른 다양한 삶을 희생할 이유가 있는가?"(40~41)라고 그는 변명한다. 돈을 버는 '성공적인' 삶 대신에, 돈을 벌어야 하는 '필요성'을 줄이거나 피하는 다양한 삶 가운데 하나를 선택한 것이다. 예컨대, 그는 중국과의 교역으로 돈을 버는 대신 하늘과의 교역으로 정신적 부富를 쌓고자 했다. 대학을 졸업한 1837년(20세)부터 1861년(44세)까지 24년간 하늘로부터 받은 메시지와 선물을 200만 자에 달하는 『소로의 일기』 *Thoreau's Journals*에 기록하여, 우리에게 남겼다. 오늘날의 『월든』은 바로 그의 일기에서 싹튼 것이다. 그는 "내가 월든 호수로 간 목적은 그곳에서 쪼들리며 살거나 넉넉하게 살려는 것이 아니라, 되도록 방해를 덜 받고 모종의 개인적인 일을 하기 위해서였다,"(41)라고 말한다. 그가 말하는 '개인적인 일'이란 『콩코드 강과 메리맥 강에서의 일주일』과 『월든』을 쓰는 것이었다.

그는 말한다, "나는 자활할 수밖에 없음을 깨닫고 어느 때보다 더욱 외곬으로 얼굴을 숲으로 돌렸다. 내 얼굴은 그곳에서 더 잘 알려졌기 때문이다,"(41). 중국과 교역하는 상인이라면, 뜻밖의 기회 포착과 단골 확보에 유리한 항구를 거점으로 삼을 테지만, 하늘과 교통하는 리포터라면, 그의 얼굴이 잘 알려진 숲이 최상의 취재원이 될 터이다. 사업의 성공은 거점의 확보만이 문제가 아니다. 모든 '사업'은 많은 지식, 준비, 그리고 에너지를 요구한다. 달리 말해, 자활自活의 역량이 필수적이다. 1845년 7월 4일(28세)에 월든 숲에서 '자립'을 선언할 때까지, 소로는 아버지 집에서 연필공장 일을 돕거나, 에머슨 집에서 가사를 도우면서, 더부살이를 했다. 그러나 이제 하늘과의 교역을 시작하고자, 교역에 유리한 항구를 확보하고, 무엇보다 더부살이를 벗어나는 '자활'의 길이 절실히 요구되었던 것이다.

7. 옷과 집의 의미

(1) 옷

인간은 체열을 유지하기 위해서 먹지만, 그러기 위해서 먹는 것으로 그치지 않고 맛까지 즐기려고 고급요리를 찾는다. 열의 손실을 막기 위해서 옷을 입지만, 그저 몸을 따듯하게 하는 것으로 그치지 않고, 최신 유행하는 옷을 입고 다른 사람들의 부러움을 사려고 한다. '겉옷의 겉옷'이랄 수 있는 '집'으로 말하면, 비바람을 막아주는 것으로 그치지 않고, 그의 이웃들이 깔보지 않도록 고급주택을 찾을 뿐만 아니라 실외는 물론 실내장식에까지 돈을 아끼지 않는 것이 일반적인 생활방식일 것이다.

그러나 소로는 말한다, "나는 어떤 사람의 옷에 기운 곳이 있다는 이유로 그를 더 낮게 평가한 적은 결코 없었다. 그러나 사람들은 흔히 건전한 양심을 소유하기보다는 유행하거나 적어도 깨끗하고 깁지 않은 옷을 소유하는 데 더 열을 올리고 있는 것이 확실하다. 하지만 설사 찢긴 곳을 깁지 않았더라도, 그것이 드러내는 최악의 인상은 아마 준비성이 좀 부족하다는 정도일 것이다."(44). 이런 말은 매우 거친 말로 들리겠지만, 소로의 견해는 그가 언젠가 "특정 형태의 옷"(48)을 주문하러 갔을 때, 재단사가 당시 유행하는 옷을 그에게 막무가내로 권고하던 경험에서 나온 말이라는 것을 이해해야 한다. 소로는 그때의 경험으로 말한다, "만약 그녀가 내 인격을 재지 않고, 사람의 어깨가 코트를 걸어놓을 옷걸이인 양 내 어깨 너비만을 재는 식이라면, 그것이 무슨 소용이 있을까?"(49). 사람은 그의 의상이 아니라 인격으로 판단해야 한다.

소로는 누더기 옷을 입지는 않았지만, 기꺼이 헌 옷을 기워 입었고,

집밖에서 많은 시간을 보냈기 때문에, 그의 옷은 낡아빠지고 햇볕에 바랬다. 그는 말한다, "이[나의] 사업은 통상적인 자본도 없이 시작이 될 예정이었으니, 이런 사업에 여전히 필수적인 수단을 어디서 구할 수 있을지 추측하기란 쉽지 않을 것이다. 당장 실제적인 문제로 대두하는 것이 옷이다."(43). 그렇다, 옷은 누구에게나 '실제적인' 필수품이다. 그러나 "옷을 마련할 때, 우리는 아마도 진정한 실용성보다 새것에 대한 사랑과 타인의 이목을 끌려는 마음에 좌우되는 경우가 더 많을 것이다. 일을 할 사람이 옷을 입는 것은 첫째 생명을 좌우하는 체온을 유지하기 위한 것이고, 둘째 지금의 사회에서는 알몸을 감추어야 하기 때문"(43~44)이다. 이렇게 생각하면, "마침내 할 일을 찾은 사람은 그 일을 하기 위해서 새로운 옷을 장만할 필요가 없을 것이다. 오랫동안 다락방에서 먼지를 뒤집어쓰고 있는 헌 옷으로도 충분할 것이다." 그러니 "헌옷을 새롭게 입는 사람을 경계하기보다는 새 옷을 요구하는 온갖 사업을 경계하라."(46). 그러나 소로는 "사람들은 흔히 건전한 양심을 소유하기보다는 유행하거나 적어도 깨끗하고 깁지 않은 옷을 소유하는 데 더 열을 올리고 있는 것이 확실하다."(44)고 비판하면서, "만약 새 사람이 없다면, 어떻게 딱 맞는 새 옷이 만들어지겠는가?"(46). 즉 '새 옷'은 '새 사람'에게나 어울리는 것이라고 충고한다. 옷보다는 사람이 되는 게 먼저라는 게 그의 생각이다. 그러니 "당신의 목전에 새로운 일이 있으면, 헌 옷을 입고 해보라. 모든 사람에게 필요한 것은 '해야 할' 어떤 일이나 '되어야 할' 어떤 인물이지 '갖추어야 할' 어떤 물건이 아니다."(46).

우리는 옷을 마련할 때 흔히 품위가 아니라 유행을 존중한다. 비유컨대, "파리의 원숭이 두목이 여행용 모자를 쓰면, 미국의 모든 원숭이가 똑같은 모자를 쓴다."(49). 유행은 흔히 맹목적 추종이다. 이처럼

'새로운 유행'을 좇는 것은 우리의 활력과 주의를 크게 낭비한다는 점에서 유치하고 야만적인 취향이라 할 것이다. 설상가상으로, "의상업자들은 이런 취향이 기껏 변덕일 뿐이라는 것을 알게 되었다. 어떤 특정 색깔의 실을 겨우 몇 올 더하거나 빼는 것 말고는 전혀 다르지 않은 두 가지 본의 옷 중 하나는 잘 팔리고, 다른 하나는 선반에서 잠자는 것이다. 하지만 한 시즌이 지나면 후자가 단연 유행하는 일이 자주 일어난다,"(50~51). 유행은 허상인 것이다. 더욱 나쁜 것은 유행을 바꾸는 소위 패션계나 "공장의 주목적은 인류가 옷을 제대로 정직하게 입을 수 있게 하는 것이 아니라, 회사가 부자가 될 수 있도록 하는 것임이 분명하다,"(51)는 것이다. 게다가 우리는 '유행'을 적절히 제어하지 못한다. 일단 유행을 존중하기로 하면, 우리의 힘과 자유의 일부뿐만 아니라 심미적 눈까지도 보이지 않는 손에 넘겨주고는 곧바로 유행의 노예가 된다. 이런 지경에 이르면, 누군가가 특정 형태의 옷을 주문하더라도, "여자 재단사는 정색하고 이렇게 말한다. '우리 업계는 이제 그런 옷을 만들지 않아요.' 그녀가 '업계'라는 말을 전혀 강조하지 않는 데서 마치 운명의 여신들Fates 같은 어떤 비정한 권위자의 말을 인용하는 듯한 인상을 받는다,"(48). 재단사의 말은 어떤 '권위자의 말'처럼 들리기에, 소로 같은 사람이 아니라면 그 권위를 무시하지 못하고 따를 것이다.

생활필수품의 관점에서 보건대, "고객은 자신에게 딱 맞는 가격으로 싼 옷을 구입할 수 있다,"(48)는 것이 소로의 견해이다. 더욱이, "우리는 옷 위에 옷을 입는다. … 우리의 겉을 에워 싼 얇고 멋진 옷은 흔히 외피 또는 가짜 피부이다,"(47). 우리는 더 좋은 옷을 구하기 전에, 더 좋은 일을 추구해야 한다. 그렇지 않으면 옷이라는 '거짓된' 피부에 의존해서 거짓된 존경을 받는 꼴이 될 터이다. 옷은 훌륭한 인격보다는 그저 부富의 상징인 경우가 많지 않는가 말이다. 소로는 말한다, "나는 가끔 '무릎 위를 한 번 깁거나, 두 번 덧댄 옷을 입을 수 있겠는가'와 같은 질문으로 지인들을 시험한다. 대부분은 그런 옷을 입으면 앞날을 망치리라고 믿는 듯이 행동한다. 그들은 떨어진 바지를 입고 마을에 가기보다는 부러진 다리를 절룩거리며 가는 편이 더 편할 것이다. 신사의 다리에 사고가 발생하면 치료할 수 있지만, 그의 바짓가랑이에 비슷한 사고가 발생하면 어쩔 줄을 모른다. 무엇이 진정으로 존경할만한 것인지가 아니라 무엇이 존경받고 있는지를 고려하기 때문이다. 우리는 사람 자체보다도 코트와 바지에 훨씬 더 주목한다,"(44~45). 소로는 어떤 자유를 즐기기 위해서는 유행의 압력에서 벗어나야 한다는 생각을 제시한다. "나는 모든 인종이 어떤 계절에는 속옷에 버금가는 무엇을 입는다고 믿는다. 하지만 바람직한 것은 어둠 속에서도 자신의 몸을 감촉할 수 있을 정도로 간소한 옷을 입고, 모든 점에서 아주 검소하고 버릴 것 없이 살아서, 만약 적이 마을을 점령하더라도 어느 옛 철인처럼 걱정 없이 빈손으로 성문을 빠져 나갈 수 있는 것이다."(47~48).

소로는 이렇게 결론짓는다, "만찬장과 의사당 홀에 가는 사람들만은 수시로 사람이 달라지므로, 그때마다 바꿔 입을 새 코트가 있어야 할 것이다. 그러나 만약 현재의 재킷과 바지, 모자와 구두가 하느님을 예배하기에 적합하다면, 나는 그것들로 족할 것이다. 그렇지 않겠는가?"(46). 헌 옷이라서 부적합한 일은 그리 많지 않다, 그렇지 않은가? 헌 옷을 입고도 일을 잘 할 수 있는 사람이야말로 경제적 관점에서 사실상 더 부자가 아니겠는가. 그러나 여기서 우리가 소로의 생각을 오해해서는 안 된다. 그는 가난을 찬양하거나 드레스 코드를 처방하려는 게 아니다. 그는 행복한 인생이란 측면에서의 물질적 요소의 중요성에 대한 문화적 가설에 재고가 필요하다는 것을 강조하는 것 뿐이다. 사람이 좋은 옷을 입는다고 해서 반드시 의미 있는 삶을 살 수 없는 것과 마찬가지로, 좋은 옷이란 것이 반드시 행복한 삶의 필수품은 아니지 않겠는가! 그렇다면, 좋은 옷의 소비를 줄이는 것이 옷을 생산하는 데 필요한 노동시간의 감소로 인한 더 많은 여가, 즉 더 많은 자유를 누릴 수 있는 길이 아니겠는가! 당장은 헌 옷을 입고 일을 시작하더라도, "더 높은 어떤 것을 겨냥하는 편이 더 좋지 않겠는가,"(51). 소로는 말한다, "지금 내가 입고 있는 바지는 어느 농가에서 손으로 짠 것이다. 농부가 공장 직공으로 추락하는 것은 인간이 농부로 추락한 것만큼이나 중대하고 잊지 못할 사건이라고 생각하기 때문에, 인간에게 이런 미덕이 여전히 존재한다는 사실을 하늘에 감사한다,"(102).

(2) 집

소로는 이제 집 또한 필수품이 되었다는 것을 부정하지 않는다. 그는 말한다, "인간에게는 집, 즉 따뜻하거나 안락한 장소가 필요했다. 첫째는 육체를 따뜻하게 해줄 장소가, 그다음에는 따뜻한 애정을 느낄 수 있는 장소가 필요했던 것이다."(52~53). 그래서 "우리의 집은 동굴에서 출발하여, 야자나무 잎으로 덮은 지붕, 나무껍질과 나뭇가지로 덮은 지붕, 아마포를 엮어서 이은 지붕, 풀과 짚으로 이은 지붕, 판자와 널로 이은 지붕, 돌과 타일로 이은 지붕으로 발전했다. 드디어 우리는 야외에서 사는 것이 무엇인지도 모르게 되었으며, 생활은 우리가 생각하는 것 이상으로 여러 의미에서 가정적이 되었다. 이제 가정에서 들판까지도 아주 멀어졌다. … 새들도 동굴에서는 노래하지 않으며, 비둘기들도 비둘기장에서는 순수함을 간직하지 못하는 법이다."(53). 인간은 문명과 자연과의 거리로 인해 '노래'와 '순수'를 상실했다.

그러니 "반드시 필요한 것은 아주 간소한 집이라는 사실"(54)이다. 소로는 뉴잉글랜드보다 "더 추운 지방에서도 오랫동안 집 없이 살았던 사람들의 사례"(51)도 있고, 매사추세츠에 사는 인디언들의 '원형 오두막'은 "영국 최고의 집만큼이나 따뜻하며", "기껏해야 하루 이틀 만에 지을 수 있고, 몇 시간이면 헐고 다시 세울 수도 있었다. 그리고 모든 가정이 그런 집을 한 채씩 소유하거나, 그런 집에서 방 한 칸을 나누어 가졌다"(55~56)는 사실을 상기시킨다. 그리고 그는 이런 대안을 제시한다, "나는 철로 옆에 놓인, 높이 6피트에 너비 3피트의 대형 상자를 바라보곤 했다. 인부들이 밤에 연장을 넣고 잠가 두는 상자였다. 형편이 어려운 사람이라면 누구나 1달러쯤 주고 그런 상자를 사서, 송곳으로 구멍을 몇 개 뚫어 최소한의 공기가 통하게 하고, 비가 올 때나 밤에는 그 속에 들어가 뚜껑을 내리면, 그의 사랑이 자유를 누리고, 그의 영혼도 자유로우리라,"(54). 코믹한 소리 같지만, 그는 곧바로 현실을 개탄한다, "이런 상자에서 살더라도 얼어 죽지 않았을 많은 사람이, 이보다 더 크고 호화로운 상자의 임대료를 지불하기 위해서 죽도록 고생을 했다. 절대 농담이 아니다,"(55). 그렇다, 사랑과 영혼의 자유는 반드시 큰 집을 필요로 하지 않는다.

소로 당시의 평균 집값은 약 800달러였다. 당시의 노동자가 이 액수의 돈을 저축하려면 10~15년이 걸렸고, 농장까지 합치면 20년, 30년, 또는 40년의 노동이 필요했으니, "노동자가 '자신의' 오두막을 마련하려면 보통 인생의 절반 이상을 소비해야 하는 것이다,"(57). 인디언들이 이런 조건으로 그들의 '원형 오두막'을 포기하겠는가? 옷과 마찬가지로 집 또한 유행과 사치를 향하여 달려가기 때문에, 소로는

"오늘날의 문명사회에서 집을 소유한 가정이 절반도 안 된다고 말해도 지나치지 않다고 생각한다." 결과적으로, 소수의 주민은 합당한 인품을 갖추지 않은 채로 궁전 같은 집에서 살고, 집 없는 많은 주민들은 "여름이나 겨울이나 없어서는 안 되는 집, 즉 겉옷 중의 겉옷의 대가로 해마다 집세를 지불하는데, 그것이 어느 인디언 마을의 원형 오두막을 몽땅 사들일 만큼 큰돈이기에, 평생 가난에서 벗어나지 못한다."(56).

문명과 야만의 차이점은 무엇인가? '집'의 관점에서 보면, "야만적인 상태에서는 모든 가정이 최상의 집 못지않게 좋은 안식처를 하나씩 소유"하지만, "문명이 특별히 위세를 떨치는 큰 마을과 도시에서는 집을 소유한 주민의 수가 전체 인구 중 극히 일부에 지나지 않는다."(56). 소로는 말한다, "만약 문명이 인간의 조건에서 진정한 발전이라고 주장한다면, 더 싼 비용으로 더 좋은 집을 생산했다는 사실도 증명해야 한다. 나도 문명이 발전이라고 생각하지만, 현명한 사람만이 그 혜택을 향상시킨다. 그리고 어떤 사물의 비용이란 당장 또는 궁극적으로 그것과 교환하기 위해 필요한 인생의 양이다."(57). 그러기에 "농부가 집을 마련하면, 그 때문에 더 부자가 되는 것이 아니라 더 가난해지고, 거꾸로 집이 그를 소유하게 될 것이다."(61). 그렇다, 문명인은 더 좋은 집을 얻느라 인생을 희생한다.

문명사회에서는 "종족의 생명을 보존하고 완성한다는 구실로, 개인의 삶은 대부분 제도에 흡수되게 마련이다,"(58). 이런 의미에서 이제는 '집'도 하나의 '제도'로 자리매김했다. 소로는 말한다, "'다수의 사람들'이 마침내 개량된 설비를 모두 갖춘 현대식 집을 소유하거나 임대할 수 있다고 하자. 문명은 우리의 집을 개량해 왔지만, 그 집에 기거할 사람을 개량하지는 않았다. 문명은 궁궐을 창조했으나, 귀족과 왕을 창조하기란 그리 쉽지 않았다. 그리고 만약 문명인의 추구가 미개인의 그것보다 더 값지지 않다면, 만약 그의 삶 대부분이 단순히 비속한 필수품과 안락을 얻기 위해 쓰인다면, 그가 미개인보다 더 좋은 집을 소유할 이유가 있는가?"(61). 그러나 "대부분의 사람은 집이 무엇인지 생각해본 적이 한 번도 없는 듯하다. 하지만 그들은 이웃들이 소유한 것과 같은 집을 반드시 가져야 한다고 생각하기 때문에, 평생 사실상 불필요한 가난에 시달린다."(63). 원시시대의 인간은 세계의 어느 곳에서나 "천막에 체류하면서, 계곡을 누비고 평원을 건너거나 산꼭대기에 기어올랐다."(66). 세계가 모두 인간의 차지였다. 그러나 이제 인간은 스스로 '집'이라는 감옥에 갇히는 꼴이 되지 않았는가!

 그뿐만이 아니다. 우리의 집은 필요 이상의 가구로 어지럽다. 대부분이 쓰레기 구멍에 쓸어 넣을 것들이다. "아직 내 마음 속 가구의 먼지도 못 털고,"(64) 있으면서 집 안의 가구에 쌓인 먼지 털기에 바쁘다. "우리가 집을 아름다운 물건으로 장식하려면, 그 전에 낡은 벽의 페인트를 벗기고, 낡은 삶의 옷도 벗고, 아름다운 살림살이와 아름다운 삶의 기초를 놓아야 한다. 그런데 이에 필요한 심미안은 대부분 집도 살림꾼도 없는 집 밖의 자연에서 길러지니 어찌하랴."(67). 자연과 먼 가짜 '심미안'이 작동하기 때문에, 집 안의 '물리적 가구'와 주인의 '마음 속 가구'가 조화를 이루지 못한다. 그러기에 소로는 말한다, "나는 사치스런 현대식 집을 한 채 장만할까 생각하다가도 이내 단념한다. 말하자면, 이 나라가 아직 '인간적' 문화에 적합하지 않아서, 지금도 우리 조상들이 밀가루 빵을 얇게 잘랐던 것보다 훨씬 더 얇게 우리의 '정신적' 빵을 자르지 않으면 안 되기 때문이다. 하지만 아주 교양 없는 시대라도, 모든 건축 장식들을 깡그리 무시하자는 뜻은 아니다. 우선 우리 삶과 맞닿아 있는 집 안쪽을 조개류의 집처럼 아름답게 단장하되, 지나치게 치장하지는 말자는 것이다. 그러나 슬프다! 나는 한 두 집의 집안에 들어가 보았고, 내부가 무엇으로 치장되었는지 알고 있다."(69). 인간은 "땅위에 정착한 뒤로는 하늘을 잊어버렸다."(66). 문명생활에서는 사람들이 낮은 것들을 추구하고 거짓된 미를 추구하기 때문에, 역설적으로 '하늘'과 '예술'을 상실했다는 의미이다.

"최고의 예술 작품은 현세에서 해방되고자 하는 인간의 몸부림을 표현한 것이다. 하지만 작금의 예술은 낮은 수준의 현세에 안주하고, 높은 수준의 내세를 망각하게 할 뿐이다."(66). 그렇다고 문명 이전의 '동굴'이나 '원형 오두막'으로 돌아가자는 것은 아니다. "우리는 문명의 이기들을 받아들이는 편이 분명 나을 것이다. 그것들은 아주 값비싼 대가를 지불한 것이기는 하지만, 인류의 근면과 발명이 제공하는 이기利器들이기 때문이다."(69). 문명은 마땅히 축복이어야 한다, 소로는 말한다, "우리 인근 지역에서는, 적절한 동굴들, 또는 온전한 통나무, 또는 충분한 양의 나무껍질, 또는 심지어 반죽이 잘된 진흙이나 납작한 돌보다도 널빤지와 지붕널, 석회와 벽돌들을 더 싸고 더 쉽게 구할 수 있다. … 지혜를 조금 더 발휘하여 이런 재료들을 활용하면, 우리는 현재 가장 부자인 사람들보다도 더 부유할 수 있고, 문명을 하나의 축복으로 만들 수 있을 것이다. 문명인이란 경험이 더 많고, 더 현명한 미개인일 따름이다."(69). '더 현명한 미개인'이야말로 진정한 문명인이 아니겠는가!

8. '더 현명한 미개인'의 집

　1845년 3월 말경, 소로는 '더 현명한 미개인'의 실험을 서두른다. 월든 숲에서의 그의 실험은 우선 집의 건축이 필요했다. 도끼를 빌려 목재를 자르고, 지하실 구멍을 파고, 헌 자재를 재활용하기 위해 폐가를 사들였다. 유쾌한 봄날이었고, 땅뿐만 아니라 인간의 '불만의 겨울'도 녹고 있었으니, 동면으로 누워있던 생명도 기지개를 펴기 시작했다. 소로는 작업을 서두르지 않고 정성을 다했다. 그러기에 그의 집은 사월 중순에야 뼈대를 갖추고 상량 준비가 되었다. 5월 초, 소로는 몇몇 가까운 지인들의 도움을 받아 집을 상량했고, 7월 4일 마침내 새 집으로 입주했다. 집의 한쪽 끝에 굴뚝의 기초를 놓았지만, 가을에 뿌리채소를 캔 뒤에야 굴뚝을 세우고 겨울에 대비했다. 모든 일을 소로 혼자 했으니, 노임은 계산하지 않고, 사용한 자재는 일반적인 시세로 값을 지불한 결과, 전체 비용은 28달러 12.5센트에 달했다.

　소로는 주창한다, "인간이 자신의 집을 지을 때는, 새가 둥지를 지를 때와 똑같이 적합성이라는 것이 있다. 만약 인간이 손수 집을 짓고, 아주 소박하고 정직하게 자신과 가족을 벌어 먹인다면, 인간의 시적 능력이 보편적으로 발전되지 않겠는가? 그렇게 하는 새들이 보편적으로 노래를 부르듯이 말이다."(76~77). 그러나 요즘 손수 집을 짓는 사람은 거의 없다. 비유컨대, 우리는 대부분 "다른 새가 지은 둥지에 알을 낳고, 캑캑 우는 소리와 불쾌한 소리를 내어 어떤 나그네도 즐겁게 하지 못하는 찌르레기와 뻐꾸기처럼 행동한다." 현대는 노동 분업의 시대이다. 집을 짓는 일은 목수와 회사의 몫이 되었다. 그러나 소로는 "우리는 건축의 즐거움을 영원히 목수에게 일임할 것인가?"라고 한탄하면서, "이런 노동의 분업은 어디서 그칠 것인가?

그리고 그것이 결국 어떤 목적에 이바지할 것인가? 분명 다른 사람이 나를 대신해서 생각마저 '할 수도' 있으리라. 하지만 그런 이유로 스스로 생각하기를 멈추고 다른 사람이 대신하게 하는 것은 바람직하지 않을 것,"(77)이라며, 분업의 장래에 대해 비판적이다. 160여 전의 소로가 벌써 인공지능의 시대를 예견했다는 것인가! 생각하는 것은 물론 사랑도 로봇에 맡기는 시대가 오지 않을까 염려된다!

분업시대의 건축가들은 딜레탕티슴에 빠져서 "건축의 기초부터 시작하지 않고 추녀 돌림띠 장식부터" 시작하기 쉽다. 장식은 "진리의 핵을 장식들 안에 넣는 방법일 뿐이며, 주민이나 거주자 자신이 집의 안팎을 참되게 건축하고 장식을 자연스레 해결하게 하는 방법이 아니다. … 거북이가 자신의 점박이무늬 등딱지를 제멋대로 할 수 없듯이, 사람도 자기 집의 건축 양식을 제멋대로 할 수 없다. … 지금 내 눈에 쏙 드는 건축미는 그 집의 유일한 건축가인 주민의 필요와 인격을 바탕으로 하여 안에서 밖으로 성장하는 미美, 다시 말해 외양은 전혀 고려하지 않고 어떤 무의식적인 진솔함과 고귀함을 바탕으로 성장하는 미라고 알고 있다. 그리고 이런 종류의 특별한 미는 모두 그와 유사한 무의식적인 삶의 미가 선행하면 자연적으로 뒤따르기 마련이다,"(78~79). 집의 품위와 집 주인의 인격이 조화를 이루어야 '집다운 집'이라는 뜻이다. 소로는 28세의 나이에 집을 짓고는 호언한다, "나는 앞으로 콩코드 마을 중심가의 어느 집보다 웅장하고 사치스러운 집을 지을 작정이다. 현재의 이 통나무집만큼이나 마음에 들고 비용도 전혀 더 들지 않는다면, 곧바로 짓겠다는 말이다,"(82). 마을 중심가의 어느 '웅장하고 사치스러운' 집보다도 소로 자신의 통나무집이 더 자랑스럽다는 태도가 아닌가. 비록 통나무집이지만, 그의 '필요와 인격을 바탕으로 안에서 밖으로 성장하는 미美'

를 갖춘 집이기에 내면적으로는 궁정의 어느 왕도 부럽지 않을 만큼 부자라고 느꼈기 때문이리라.

소로는 결론짓는다, "나는 거처를 원하는 학생이 현재 지불하는 1년 치 집세보다 많지 않은 비용으로 평생 살 집을 장만할 수 있다는 것을 알았다. 내가 주제넘은 자랑을 하는 것처럼 보인다면, 그것은 나를 위해서가 아니라 오히려 인류를 위한 것이라고 변명하고 싶다. 내 단점과 모순에도 불구하고, 내 말의 진실성에는 변함이 없다. … 그렇기에 나는 겸손 때문에 결코 악마의 대변인이 되지는 않겠다고 다짐했다. 나는 괜찮은 진실의 대변자가 되도록 노력할 것이다,"(82). 소로의 계산법은 집도 본질적으로 옷의 경우와 같다는 것이다. 궁전, 맨션, 또는 마을에서 제일 좋은 집에 사는 게 나쁠 것은 없을 테지만, 사치스런 집을 사거나 세를 들기 위해서 필요한 돈을 벌기 위해서는 그에 상당한 양의 인생을 희생해야 한다는 사실을 잊어서는 안 될 것이다. 대부분 사람들의 삶에서 집이란 것이 가장 큰 비중을 차지하기 때문에, 그것을 소비하는 데 따르는 시간과 자유의 비용을 특별히 따져봐야 하지 않겠는가!

9. '현대적 개선들'의 허실

소로는 "집이 생활필수품의 하나라는 사실을 부정하지 않는다,"(51). 그러나 "만약 누가 기거할 집을 건축할 계획이라면, … 우선 반드시 필요한 것은 아주 간소한 집이라는 사실을 고려하라,"(53~54)고 말한다. 소로 시대의 미국은 이미 산업사회로 진입했고, 분업이 능률적인 노동형태로 자리했다. 따라서 집을 건축하는 일 또한 건축업자의 몫이 되었다. 산업사회에서는 우리는 모두 어느 직군에 속하고, 그 구성원은 각자 모종의 역할을 담당한다. 노동의 분업은 마땅히 정직한 수단을 통해서 목적을 달성해야 한다. 그러나 집의 건축을 담당한 업자들은 '아주 간소한 집'을 짓지 않는다. 소기의 이익에 보탬이 되지 않기 때문이다. 대다수의 업자들은 설계사와 제휴하여 '건축 장식'을 "적어도 진리의 핵, 하나의 필수, 하나의 아름다움으로 만들려는 생각에 몰두한다."(77). 그리고 그런 집을 선호하는 소비자들이 줄을 잇는다. 그러므로 노동자가 집을 마련하려면 인생의 절반 이상을 소비하거나 평생 셋집을 전전해야 하는 사회적 현상이 발생한다.

소로가 월든 숲에서 실험한 것은 '아주 간소한' 최소의 건축이었다. 1인가구의 집을 직접 짓는데 자재비로 총 28달러 12.5센트를 썼다. 약 3개월에 걸쳐 소로가 손수 지었기 때문에 노임은 제외되었다. 당시의 노동자 일당이 60센트였으니, 자재비에 3개월 치 노임으로 54달러를 합치면 전체 비용은 83달러쯤 될 터이다. 소로가 다녔던 하버드 대학에서 "학생용 방 하나의 방세만도 매년 30달러"(82)였다고 한다. 그러니 대학생 3년 치 방세 정도로 평생 살 수 있는 집을 장만할 수 있다는 사실을 증명한 것이다. 이처럼 대학의 방세가 비싼 것은 대학을 건축할 때에 "분업의 원리를 맹목적으로 추종하여 투기를 일삼은 청부업자를 불러들였기"(83) 때문이라고 소로는 비판한다. 분업은 가장 싼 값이 아니라 가장 비싼 값으로 집을 공급하는 제도가 되었고, 그 비용은 고스란히 실제 소비자인 지역사회와 학생의 부담으로 귀결된다는 뜻이다.

"차라리 대학의 혜택을 보고자 하는 사람이나 학생이 직접 기초를 쌓는 것이" 이보다 좋을 것이지만, 노동의 분업은 그것을 허용하지 않는다. 건축은 건축청부업자에게 맡기고, 학부형이나 학생은 "수험을 위한 준비를 한다."(83). 돈은 업자가 벌고, 학부형과 학생은 비싼 비용을 지불하는 시스템이 되는 것이다. 소로의 비판은 여기서 끝나지 않는다. 그는 대학의 교육시스템 자체를 겨냥하여, "지역사회가 이렇게 비싼 비용으로 학생들을 지원하는 동안, 그들은 인생을 처음부터 끝까지 진지하게 '살지 않고,' 인생을 '연기演技하거나 '공부'한다고 비판한다. 젊은이들이 인생을 사는 실험을 즉시 하지 않고, 어떻게 더 잘 사는 방법을 배울 수 있겠는가?"(83~84). 대학교육이 삶의 실제보다는 이론을 중시하는 것은 19세기나 지금이나 큰 차이가 없는 것 같다. 예컨대, "화학은 공부하되 빵이 어떻게 만들어지는지는 배우지 않으며, 기계학을 공부하되 빵을 얻는 방법은 배우지 않는다,"(84). 뿐만 아니라, "철학과 동의어인 '삶의 경제'는 우리 대학에서 진지하게 가르치지 않는 반면에, '가난한' 학생까지도 '정치경제학'만 공부하고, 배운다. 그 결과 학생이 아담스미스Adam Smith, 리카도David Ricardo, 세Jean-Baptiste Say를 읽는 동안, 그의 아버지는 헤어날 수 없는 빚 구덩이에 빠지고 만다,"(85).

소로는 대학만이 아니라, 다른 '현대적 개선들'에 대해서도 비판적이다. "우리의 대학과 똑같은 실정에 놓인 것이 바로 수많은 '현대적 개선들'이다. 이것들에는 어떤 환상이 작용하고 있다. 항상 긍정적인 발전만 있는 것이 아니라는 말이다. … 우리의 발명품들은 예쁜 장난감이기 일쑤여서, 우리의 관심을 진지한 일에서 딴 곳으로 돌린다. 그것들은 개선되지 않은 목적을 달성하는 개선된 수단에 불과하다. … 우리는 지금 메인 주에서 텍사스 주까지 전신망을 가설하려고 무척 서두르고 있다. 하지만 메인 주와 텍사스 주 간에는 통신할 만한 중요한 것이 전혀 없을 것이다,"(85). 21세기의 인터넷도 같은 문제점을 드러내는 것 같다. 가치 있는 정보들이 전달되거나 논의되어야 할 인터넷 망이 돈벌이만을 위한 광고, 선전, 미풍양속을 해치는 쓰레기들로 넘쳐나지 않는가! '현대적 개선들'이란 것들이 물질경제에는 도움이 될 것이지만, 정신경제에는 되레 방해가 되거나 해치는 경우가 많지 않은가! 이런 것들은 돈을 벌어들이는 대신 자연을 파괴하고 인성人性의 빈곤까지 초래한다. 인생열차의 종착역이 '평화와 행복의 역'이라면, 과학기술의 발전이 올바른 방향과 종착역을 향하여 달리고 있는지 수시로 점검해야 할 터이다.

소로 시대의 '기차'汽車는 과학기술의 상징이었다. 당시의 기차는 가장 빠른 형태의 교통수단이었으니, 사람들은 당연히 기차여행을 위해 저축을 했다. 오늘날의 노동자가 비행기 여행을 위해 몇 달 몇 년씩 땀 흘려 일하며 저축하듯 말이다. 그러나 소로는 걸어서 가는 방법과 기찻삯을 벌어서 타고 가는 방법 중 어느 쪽이 더 빠르냐를 놓고 친구와 겨뤄보기로 한다. 그는 친구에게 말한다, "누가 그곳[피츠버그]에 먼저 도착하는지 시험해보자. 거리는 30마일이고 기찻삯은 90센트다. 거의 하루 품삯에 맞먹는 돈이다. 바로 이 철도 공사 현장에서 일하는 노동자의 일당이 60센트였던 시절이 기억난다. 자, 내가 지금 걸어서 출발하면, 해가 저물기 전에 그곳에 도착할 것이다. 일주일간 쉬지 않고 그런 속도로 여행한 적이 있다. 그동안 너는 차비를 벌어서, 내일 어느 때나 어쩌면 오늘 저녁에 도착하겠지. 운 좋게 제 때 일거리를 구한다면 그럴 것이다. 너는 피츠버그로 가는 대신 하루의 대부분을 여기서 일하고 있겠지. 그러니 만약 철도가 온 세계로 뻗는다 해도, 내가 너보다 먼저 가리라고 생각한다. 그러니 빠른 여행을 경험하면서 전원까지 구경하는 것이라면, 나는 너와의 결별도 불사할 수밖에 없을 것이다."(86~87). 걸어가는 것이 건강에도 좋고, 자연을 구경할 수도 있으니 일석이조가 아니냐는 것이 소로의 생각이다. 오늘의 관점에서는 별난 소리로 들리겠지만, 한 번쯤 음미할만한 가치가 있을 것이다.

그런데도 여전히 "사람들은 만약 공동의 자본을 투자하여 충분히 오랫동안 삽질하면, 마침내 모두가 어디로든 즉시 무료로 기차 여행을 할 것이라는 막연한 생각을 한다,"(87)고 소로는 안타까워한다. 소로에게 과학기술의 발전은 변화라기보다 악화로 보인다. 그것은 엄청난 양의 노동을 창조함으로써, 그리고 물질적 가치를 강요함으로써, 개인의 발전을 저해한다. 소로 시대의 기차는 가장 능률적인 교통수단으로 보였을 것이다. 그러나 소로는 이 새로운 교통수단이 우리의 경험에 어떤 영향을 주는지, 그리고 지불해야 할 전체 비용이 얼마인지 다시 생각해볼 것을 요구한다.

철도와 전신 같은 기술의 발전은 삶의 속도를 비인간적인 속도로 높였다. 결과적으로 이런 '현대적 개선들'을 소비하는 시간은 늘었지만, 삶의 의미를 생각하는 시간은 줄었다. 기차, 그리고 모든 '현대적 개선들'은 컨트롤의 착각을 불러온다. 기차의 경우, 우리는 목적지 선택의 자유는 있지만, 경로 선택의 자유는 없다. 우리가 원하는 것을 자유롭게 할 수 있다고 말하지만, 과연 자유로운가? 새로운 과학기술의 발전은 인간을 더 자유롭게 하는 게 아니고, 사실상 기계의 노예로 만든다. 컴퓨터, 휴대폰 등 오늘날의 '현대적 개선들' 또한 마찬가지 아닌가! 인간이 기계를 제어하는 게 아니라 기계가 인간을 제어한다. 우리가 아무리 열심히 일해도, 우리가 무엇을 하고 있는지 생각할 겨를이 없이 기계의 속도를 맞추기에 인생의 상당부분을 바친다. 우리 모두 기계의 시간을 늦추고, 자연의 시간과 보조를 맞춰야 하지 않겠는가. 기계의 속도가 우리를 데리고 가는 방향을 재고하고, 삶의 가치에 대해 생각할 어떤 여유를 가지기 위해서는 때때로 삶의 속도를 '걸어가기' 눈금에 맞추는 여유가 필수적이지 아닐까!

그러기에 소로는 "뭐라고요! 우리가 건설한 이 철도가 쓸모가 없다고요?"라고 묻는 철도 노동자에게 대답한다, "네, '비교적' 쓸모가 있습니다. 다시 말하면, 이보다 쓸모없는 일을 할 수도 있었을 테니까요."(88). 소로에게 과학기술의 가장 큰 문제는 그런 게 존재하고, 새로우며, 사용 가능하고, 인기가 있으며, 이전 세대에는 없었던 것이기 때문에, 인류가 발전했다고 생각한다는 것이다. 그러나 과학기술의 산물들을 이용하려면 돈을 벌어야 하고, 그러기 위해서 너무 많은 시간을 소비하고, 필요한 만큼의 돈을 벌었을 때쯤에는 아마도 예컨대 "여행하고 싶은 탄력과 욕망을 이미 상실했을 것이다. 가장 쓸모없는 노년기에 별 볼일 없는 자유를 누리기 위하여 인생의 황금기를 이렇게 허비하는"(87) 것이 과연 현명한 삶인지 한 번쯤 생각해봐야 하지 않을까! 또한 소로는 말한다, "우리 마을은 황소와 암소와 말을 위해 이 근처에서 가장 큰 축사를 가지고 있고, 공공건물의 규모에서도 뒤지지 않는다고 한다. 하지만 이 고장에는 자유로운 예배와 자유로운 연설을 위한 강당조차 거의 없다."(92). 소로는 당대의 논쟁의 대상인 노예제도 등에 대해 말할 수 있는 곳, 즉 노예폐지론자들에게 빌려줄 집회장소도 찾기가 어려워서 표현의 자유가 심각하게 제한되고 있는 현실을 비판한 것이다.

10. 자립경제 실험

소로는 스승 에머슨의 '간소화'와 '자립의 이론'을 실천하기 위해서, 월든 숲의 호숫가에 작은 오두막을 직접 지었다. 소로는 월든 숲속의 생활 첫해부터 2~3에이커의 밭을 일궈서 농작물을 재배했다. 가족과 친구, 특히 스승인 에머슨 부부의 도움이 있었지만, '음식, 집, 옷, 연료'라는 네 가지 필수품의 대부분을 자력으로 마련했다. 에머슨이 빌려준 숲에 집을 짓고, 남새밭을 일궈 곡물과 채소를 심고, 갖가지 날품팔이로 약간의 수입도 올렸다. 그는 손수 통나무집을 짓고, 먹을 것을 기르면서, 그 지출과 수입을 마지막 1페니까지 꼼꼼하게 기록함으로써, '경제'에 대한 그의 이해를 유감없이 증명했다.

그의 회계장부를 보면, 사회의 현실을 외면하는 자유인이 아니라 되레 돈 문제에 날카로운 눈을 가진 생활인이었다는 것을 알 수 있다. 소로는 물질경제를 정신경제의 전제前提로 이해한 것으로 보인다. 다시 말해서, 물질경제에서 최소한 자립하지 못하면, 그가 추구하는 정신경제 또한 실패할 수밖에 없다고 판단했다는 것이다. '돈'이란 것이 자연현상이라기보다는 사회현상이기에, 소로는 자신의 정신경제를 추구함에 앞서서 사회와 더불어 먹고사는 방책을 마련해야 했다. 인간의 자유를 정의하는 것은 '정신' 못지않게 '돈'이란 것이기 때문에, 소로 또한 최소한 빚지지 않고 사는 자립경제를 실험하고자 한 것은 당연한 순서였다고 할 터이다.

소로는 월든 숲에서의 첫해를 회상하면서, "모든 것을 고려해볼 때, 다시 말해 한 사람의 영혼과 오늘이라는 시점의 중요성을 고려해볼 때, 내가 실험에 쓴 시간이 짧았음에도 불구하고, 아니 오히려 그 실험의 일시적인 성격 때문에, 나는 그해 콩코드 마을의 어느 농부보다도 농사를 잘 지었다고 확신한다,"(89~90)고 썼다. 소로는 실제로 약 2.5에이커(약 3,600평)의 밭에서 필요한 식량을 자급했을 뿐만 아니라 재배한 콩을 팔아서 다른 생활비에 충당하기도 했다.

2년차에는 "나는 농사를 훨씬 잘 지었다. 왜냐하면 내게 필요한 약 3분의 1에이커의 땅을 죄다 일구었고, … 2년에 걸친 경험에서 다음과 같은 사실을 알아냈기 때문이다. 즉, 사람이 소박하게 생활하고 자신이 기른 농작물만을 먹되 필요한 만큼만 기르며, 그것을 시답

잖은 양의 더 호사스럽고 값비싼 물건과 교환하는 짓만 하지 않는다면, 불과 몇 로드rod의 땅만 경작해도 충분히 먹고 살 수 있다는 사실 말이다. 그리고 그 땅을 가는 데 소를 사용하는 것보다 삽을 써서 파 엎고, 농사를 지었던 땅에 거름을 주느니보다 그때그때 땅을 새로 일구는 편이 비용이 적게 든다는 사실도 알았다. 그리고 여름철에는 말하자면 남아도는 시간에 남아도는 일손으로도 필요한 농사일을 죄다 할 수 있으니, 사람이 현재와 같이 황소나 말이나 암소나 돼지에 얽매이지 않아도 된다는 것도 알았다."(90).

소로는 땅을 가는데 소를 사용하지 않았다. 먹을 만큼만 농사짓는 경우라면, 삽을 써서 땅을 파 엎는 것으로도 충분하기 때문이었다. 농사를 생업으로 삼는 농부들이 소를 쓰는 것은 더 많이 심고, 더 많이 수확해서, 더 많이 소득을 올리기 위해서다. 그러나 그것이 수지에 도움이 되는지는 따져봐야 한다. 소로는 말한다, "곧잘 사람이 가축의 주인이라기보다 가축이 사람의 주인이고, 가축이 훨씬 더 자유롭다고 생각한다. 인간과 황소는 서로 일을 바꾸어서 한다. 그러나 필요한 일만을 생각한다면, 황소를 먹일 건초 농장이 훨씬 더 넓으니 황소가 우리보다 크게 유리하다는 것을 알 수 있다. 황소와 서로 바꾸어서 하는 노동의 일부로 인간은 6주 동안이나 건초를 마련하는데, 이 노동은 애들 장난이 아니다. 모든 면에서 소박하게 사는 나라, 다시 말해 철학자의 나라가 있다면, 분명히 그곳은 동물의 노동력을 사용하는 따위의 엄청난 실수는 범하지 않을 것이다. 사실, 철학자의 나라는 존재한 적도 없고, 곧 존재할 것 같지도 않으며, 그런 나라가 존재하는 것이 바람직한지 나 자신도 잘 모르겠다."(91). 소로는 모든 국민이 철학자들처럼 소박하게 살면서 인생을 더 높은 목적에 바치는 '철학자들의 국가가 바람직한지 확신이 없지만, 적어도 그런 방향으로 큰 걸음을 내딛어야 한다고 주장하는 것이다. 그는 말한다, "나는 콩코드의 어느 농부보다 독립적이었으니, 그것은 내가 매우 삐딱한 성품이지만, 매 순간 타고난 성품대로 어느 집이나 농장에 얽매이지 않을 수 있었기 때문이다. 나는 이미 그들보다 유복하게 살고 있었으니, 설사 내 집이 불타거나 흉작이었더라도, 전과 다름없이 넉넉하게 살았을 것이다."(90~91). 그는 이렇게 그의 삶을 간소화함으로써 자립경제를 실천할 수 있었다. 이는 그의 실험적 삶이 실제로 성공을 거두고 있었다는 것을 증명한다. 그가 숲속으로 간 것은 결국 어떻게 생계비를 정직하게 벌면서 정신경제를 실현하느냐의 난제難題를 해결하기 위해서였다. 소로는 삶의 '간소화'와 '자립'의 길이 유일한 해법이라고 믿었다. 무엇보다 먹을 것을 자력으로 얻는 것이 시급한 과제의 하나가 될 것이었다.

   그러나 모든 식재료를 자신의 손으로 생산할 수는 없다. 소로 또한 쌀은 사서 먹었다. 소로가 추구하는 자립경제의 요점은 오래 일하지 않고도 생계를 유지하는 것이다. 그는 1년 농사짓는데 약 15달러를 투자하고 거의 9달러의 이익을 남길 수 있었다고 설명한다. 첫 8개월 동안 식비로 약 9달러, 식비 이외의 생계비로 2년 2개월간 약 62달러의 지출이 있었고, 약 37달러의 수입을 올렸다. 전체적으로, 25달러가 조금 넘는 결손이 발생했으나, 소로는 "이 액수는 내가 애초에 가졌던 자금과 거의 비슷했으며, 앞으로 발생할 비용의 척도가 되었다. 반면 여가와 자립과 건강은 물론 원하는 날까지 살 수 있는 편안한 집까지 확보했다."(97)고 자랑한다. 이처럼 소로의 '경제'는 필수품의 수를 최대한 줄이고, 무엇보다 '낭비하지 말라!'는 메시지를 전한다. 널빤지 한 조각, 못 하나는 물론이지만, 시간의 부스러기도 허투루 쓰거나 버리지 말라는 것이다. 소로의 지출 명세서를 보면, 개인이나 가정에 진실로 필수적인 것들은 대단히 적다는 것을 알 수 있을 터이다. 소로는 콩, 완두콩, 옥수수, 감자 등 대부분의 식품을 손수 기르고, 음료는 물을 마셨다. 그는 말한다, "내가 2년간의 경험에서 배운 것은 이처럼 높은 위도에서도 누구나 믿을 수 없을 만큼 적은 노력으로 필수 식량을 구할 수 있다는 사실, 그리고 인간도 동물처럼 아주 간단한 식사로 건강과 힘을 유지한다는 사실이다."(98).

정말로 필수적인 것이 무엇인지 숙지하는 것이 의미 있는 삶의 첫걸음일 것이다. 현재의 처지에 만족하는 이는 별로 없을 것이지만, 하늘에서 감 떨어지기를 기다릴 수만은 없을 것이다. 자신의 처지가 지금과 다르다면, 내가 이웃보다 더 많은 것을 소유하고 있다면, 더 행복할 것이라고 생각하기에 불행한 사람이 많다. 그러나 내가 바라는 것을 얻기 위해서는 가장 비싼 값을 치러야 한다는 만고의 진리를 명심하는 이는 그리 많지 않다. 진정한 지혜는 내 것이 아닌 것을 상상하는 대신에 내 것과 내 형편이 제공하는 이점들을 찾아내고, 최대한 활용하는 데 있다. 소로는 그가 추구하는 정신경제의 가능성에 대해 의심을 가지는 소심한 사람들을 겨냥해서, "내 말을 불신하는 사람들은 때때로 채소만 먹고 살 수 있다고 생각하느냐는 따위의 질문을 던진다. 그러면 나는 천연덕스럽게 판자에 박는 못을 먹고도 살 수 있다고 대답한다. … 만약 그들이 이런 대답을 이해할 수 없다면, 내가 이 책에서 말하고자 하는 바도 대부분 이해하지 못할 것"(102)이라고 말한다.

소로가 1837년 가을 하버드를 졸업하고 1845년 7월 4일 월든 오두막으로 이사하기까지 약 8년의 세월이 흘렀다. 부모의 집에 더불어 살면서 형 존과 학교를 경영하던 약 3년(1838~1841)을 제외하면, 소로는 1841년 집을 나와 에머슨의 집에서 잡역부로 살던 2년여와 2년

2개월간의 월든 숲 생활까지 대략 5년 이상을 오로지 그의 '손'으로 자활했다. 그는 말한다, "그 결과 1년에 약 6주 동안 일하면, 필요한 생활비를 모두 벌 수 있다는 것을 알았다. 그리하여 여름 대부분은 물론 겨울 전부를 공부에 진력할 수 있었다. 나는 한때 학교 경영에 전념한 적이 있는데, 그러자니 그에 따른 생각과 신념을 가져야 했을 뿐만 아니라, 옷을 갖추어 입고, 수련하고, 게다가 시간까지 빼앗겼기 때문에, 그 비용이 수입과 맞먹거나 오히려 초과한다는 것을 알았다. 나는 제자들의 이익이 아니라 순전히 생계를 위해서 가르쳤으므로, 이것은 실패였다,"(108~109).

인간은 본래 야외에서 "천체들과 우리 사이에 아무런 장벽을 두지 않고"(53) 살았다. 그러나 이제 우리는 비유컨대 '새장' 속에 갇혀 산다. 집에서, 공장에서, 사무실에서, 출퇴근하는 자동차 안에서 산다. 집의 부담이 별로 없는 새와 비둘기가 인간보다 훨씬 더 자유롭지 않을까? 소로는 말한다, "요컨대, 나는 믿음과 경험으로 이 지구상에서 자신의 자아를 유지하는 것이 고난이 아니라 오히려 오락이라고 확신한다. 만약 우리가 소박하고 현명하게 살고자 하면, 그렇다는 말이다. 더 소박했던 민족들의 생업이 오늘날에는 더 인위적인 스포츠로 남지 않는가. 나보다 더 쉽게 땀을 흘리는 사람이 아니라면, 구태여 이마에 땀을 흘려서 생계를 유지할 필요는 없다,"(110~111). 수렵민족의 활쏘기가 오늘날 즐기는 스포츠로 남아 있듯이, 농경사회의 농사와 산업사회의 생업도 '고난이 아니라 오히려 오락'이 될 것이다. 불필요한 땀을 흘릴 필요 없이, 갇힌 '새장'을 벗어나 훨훨 하늘을 날 수 있다면 말이다.

11. 필수 식품과 사치성 식품

월든 숲에서 머무는 동안, 소로는 약 3에이커의 밭을 일궈서 콩을 주로 재배했다. 그러나 콩 이외에 완두콩, 옥수수, 순무, 그리고 감자 등의 곡물과 채소까지 자급자족했다. 첫 해 8개월 동안은 이것들 이외에 쌀, 당밀, 호밀가루, 옥수수가루, 소금에 절인 돼지고기, 밀가루, 설탕, 돼지기름, 말린 사과, 고구마, 호박 1개, 수박 1개, 그리고 소금 등을 총 8달러 74센트에 사먹었다는 명세서를 공개하면서, "밀가루, 설탕, 돼지기름, 말린 사과, 고구마, 호박 1개, 수박 1개, 그리고 소금" 등은 "모두 실패한 실험"(95)이라고 평가했다. 소로는 이것들을 '필수'가 아니라고 보았다는 의미이다. "옥수수 밭에서 채취한 쇠비름 한 접시를 삶아서 소금으로 간을 치는 것만으로 여러 면에서 흡족하고 만족스러운 식사를 했다,"(98)는 소로가 음식의 '맛'을 내는 소금을 '필수'가 아닌 '선택'으로 본 것은 흥미롭다 할 것이고, 빵 재료인 밀가루까지 '선택'에 포함시킨 것은 뉴잉글랜드의 대부분 농부들이 직접 생산한 호밀과 옥수수는 "가축과 돼지에게 주고, 건강에 매우 나쁜 밀가루를 더 비싼 가격에 가게에서 사서 먹는다,"(101)는 사실을 마뜩찮게 생각했기 때문으로 보인다.

"이후 거의 2년간, 내 식량은 이스트를 넣지 않은 호밀가루와 옥수수가루, 감자, 쌀, 아주 적은 양의 절인 돼지고기, 당밀, 소금, 마시는 물이었다. 인도 철학을 대단히 사랑하는 내가 쌀을 주식으로 삼은 것은 합당했다,"(97)는 소로의 말에서 알 수 있듯이, 소로는 빵과 쌀밥을 주식으로 삼았지만, 1년차 8개월 이후는 밀가루 빵을 제외하고 호밀가루와 옥수수 가루로 구운 빵과 쌀밥을 주식으로 했으며, '선택'인 소금은 가급적 줄이고, 월든 호수의 청정수만 마신 것으로 보인다.

소로는 말한다, "내가 2년간의 경험에서 배운 것은 이처럼 높은 위도에서도 누구나 믿을 수 없을 만큼 적은 노력으로 필수 식량을 구할 수 있다는 사실, 그리고 인간도 동물처럼 아주 간단한 식사로 건강과 힘을 유지한다는 사실이다. … 정말이지 이성적인 사람이라면, 평화로운 시절의 평범한 정오에 소금을 조금 쳐서 삶은 말랑말랑한 사탕옥수수를 실컷 먹는 것 외에, 그 이상 무엇을 바라겠는가. 내가 식단에 약간의 변화를 준 것도 건강상의 이유가 아니라 식욕에 굴복한 결과였다. 어쨌든 사람들이 자주 굶는 난처한 일이 발생하는 이유는 필수 식량이 부족해서가 아니라 사치성 식품을 탐내기 때문이다. 나는 아들이 물만 즐겨 마셨기 때문에 목숨을 잃었다고 생각하는 어떤 착한 부인을 알고 있다,"(98).

음료수로 아들이 '물만 즐겨 마셨기 때문에 목숨을 잃었다,'는 어떤 '착한' 어머니의 생각이나, '밥맛이 없어서' 또는 '먹을 게 있어야 먹지,'라며 자주 굶는 아이들은 아마도 중류 및 상류 계급에 제한되는 것으로 보이지만, 한 번쯤은 되새겨볼 일이다. 먹고사는 데 필수적인 집, 옷, 음식 등에 불만족하는 것은 거의 항상 뭔가가 진짜로 부족해서라기보다 이웃이나 남의 것들보다 더 좋은 것을 바라는 욕망이나 허영에서 자신의 삶을 적절히 바라보지 못하기 때문이 아닐까 싶다. 식단에 약간의 변화를 준 것도 건강상의 이유가 아니라 '식욕에 굴복한 결과'였다는 소로의 고백은 "우드척을 잡은 적도 한 번 있다,"(95)거나, 그의 식단에 '절인 돼지고기'를 포함시키거나, "과거에도 늘 외식을 했고 앞으로도 그럴 기회가 자주 있으리라,"(97)는 사실들을 염두에 둔 듯하지만, 그의 식단을 보고 부러워할 사람은 아마 없을 것이다. 왜냐하면, 그의 식단은 채식주의자의 식단에도 미치지 못하는 것이기 때문이다. 식단의 문제와 관련하여, "독자는 내가 이 문제를 영양학적 관점보다는 경제적 관점에서 다루고 있다는 것을 감지할 것이다,"(98)라는 소로의 말은 솔직한 고백일 터이니, 그의 식단은 실로 영양학적으로는 한참 부족한 것으로 보이기 때문이다.

소로가 "식량에 관한 한, 나는 이렇게 모든 거래와 물물교환을 피할 수 있었다,"(102)고 말할 수 있는 것은 그의 식단에 오른 주요 곡식과 채소를 자급자족했을 뿐만 아니라, 빵도 직접 구워서 먹었기 때문이다. 소로는 빵을 굽기 위해 "구할 수 있는 모든 정보를 참조하여, 자고이래의 필수불가결한 빵 굽는 기술을 공부했다,"(99)고 말한다. 그리하여 그는 "처음 만든 빵은 순전히 옥수수가루에 소금을 곁들인 진짜 팽이케이크"(98)였지만, 밀가루 빵도 만들어보았고, "결국에는 호밀가루와 옥수수가루를 섞어 구운 빵이 가장 굽기 편하고 맛있다는 것을 알았다,"(99). 그리고 "효모를 쓰지 않는 편이 더 간편하고 모양새도 좋다,"(100)는 사실도 터득했다. 그는 말한다, "나는 집 밖의 화톳불 앞에서, 지붕널이나 집 지을 때 톱으로 잘라낸 나무토막 위에 앉아서 빵을 구웠다. 하지만 이 빵은 연기가 스며들어 소나무 맛이 나기 일쑤였다. … 이집트인이 달걀을 부화시킬 때처럼, 빵을 주의 깊게 살피고 뒤집으면서, 추운 날씨에 이런 작은 빵 덩어리 몇 개를 연속해서 구워내는 것은 적잖이 즐거웠다. 이런 빵들은 내가 성숙시킨 진짜 곡물 과일이었고, 다른 고귀한 과일 못지않게 향기로워서. 그 향기를 가능한 한 오래 보존하려고 그것을 헝겊에 싸서 보관했다,"(98~99).

사실, 소로의 식단은 분명 금욕주의자의 그것과 다르지 않다. 그러기에 그는 말한다. "그러니 자신의 식료품 저장실이 그득한 독자가 아니라면, 나의 금욕적인 식생활을 시험해보지는 않을 터이다,"(98). 그의 말대로, 식료품 저장실이 '그득한' 나머지, 특단의 다이어트가 필요한 사람이 아니라면, 그의 식단을 따를 수도 없고, 따를 필요도 없을 것이다. "내[소로의] 말을 불신하는 사람들은 때때로 채소만 먹고 살 수 있다고 생각하느냐는 따위의 질문을 던진다. 그러면 내[소로]는 천연덕스럽게 판자에 박는 못을 먹고도 살 수 있다고 대답한다."(102). 그렇다면 소로는 과연 채식주의자인가? 답부터 말하면, 아니다. 형편대로 가리지 않고 먹는 사람이다. 다만, 본질적으로 소식주의小食主義인데다가 알뜰한 사람이었다. 고기도 줄여서 먹고, 버터와 우유도 과다사용을 피하고, 콩보다 쌀을 좋아하기에 콩을 팔아서 쌀을 사먹었다. 그가 고기보다 쌀과 채소를 좋아한 것은 분명하지만, 다른 사람들과 함께 식사할 때는 고기도 사양하지 않았다. 그러나 그의 식생활은 미래의 채식주의자들에게 큰 영감을 주었을 뿐만 아니라, '사치성 식품'에 굶주리는 작금의 세태에 크나큰 울림의 메아리가 될 터이다. '산해진미'山海珍味가 반드시 천재의 음식은 아니기 때문이다.

12. '잡동사니' 가구

소로는 방 한 칸짜리 작은 오두막을 직접 짓고 살았다. 그의 "가구는 침대 하나, 테이블 하나, 책상 하나, 의자 셋, 지름 3인치의 거울 하나, 부젓가락과 철제 장작 받침 한 쌍, 솥 하나, 스튜 냄비 하나, 프라이팬 하나, 국자 하나, 세면기 하나, 나이프와 포크 두 벌, 접시 세 개, 컵 하나, 스푼 하나, 기름 병 하나, 당밀 병 하나, 옻칠한 램프 하나로 구성되었다." 그중 일부는 그가 직접 만든 것이고, 다른 것들도 비용을 거의 들지 않고도 구할 수 있다. "의자가 없어서 호박 위에 앉아야 할 정도로 가난한 사람은 아무도 없다."(103).

소로는 말한다, "현재도 우리의 집들은 가구로 어지럽고 더럽혀져 있지 않은가 말이다. 그러니 훌륭한 주부라면 그 대부분을 쓰레기 구멍에 쓸어 넣고 나서야 아침 일을 끝마칠 것이다. 아침 일이라! 에오스Eos의 홍조와 멤논Memnon의 음악이 있는 가운데 인간이 이 세상에서 해야 할 '아침 일'이란 무엇이어야 하겠는가? 내 책상 위에는 석회석 조각이 세 개 있었다. 나는 이 돌들의 먼지를 매일 털어야 한다는 사실에 크게 놀랐다. 아직 내 마음 속 가구의 먼지도 못 털고 있지 않았는가. 정나미가 떨어져서, 그것들을 창밖으로 던져버렸다,"(64). 널브러진 가구들의 먼지를 털고 정돈하는 일에 가장 생산적인 아침시간을 허비해서는 안 된다. 우선 '내 마음속 가구의 먼지'를 털고 새 날을 시작해야 한다. 사람은 그의 물건이 아니라 인격으로 정의되어야 하지 않겠는가. 소로가 책상 위의 '석회석 조각'까지 치워버린 이유로 보인다. 소로에게 사치스러운 가구와 장식들은 불필요한 '잡동사니'이다. 뿐만 아니라, 그는 "자연이 제공하는 커튼인 나무 그늘 뒤로 물러나는 것이 더 경제적이라는 사실"을 알았고, 신발 매트 대신 "출입문 앞의 잔디에 신발을 문질러 닦는 편을 택했다." 그리고 는 "악의 시작은 피하는 것이 최고다,"(106)라고 말했다. 소로는 미니멀리즘minimalism의 선구자로 보인다. 그의 "가장 뛰어난 재주"는 "별로 욕심 부리지 않는 것"(109)이었다.

소로는 재산의 축적 자체를 악으로 본다. 재산에 집착하다보면, 더 값진 것들을 인식하지 못하기 때문이다. 가구에 집착하면, 이사할 때도 버리지 못하고 짊어지고 다니는데, 이것은 가구의 덫에 걸린 것이나 마찬가지이다. 소로는 말한다, "정말이지 우리의 '빈껍데기'인 가구를 버리는 것이 '이사'의 목적 아닌가? 그리하여 마침내 우리가 이승을 떠나 새로운 가구가 갖추어진 저승으로 갈 때면, 이승의 가구를 태워버리는 것 아닌가? 그런데 이러한 모든 가구의 덫이 어느 인간의 허리띠에 버클로 고정되어서, 우리 운명이 걸린 험준한 지역을 넘을 때도, 그는 으레 그의 덫인 그것들을 끌고 가는 듯하다. 덫에 꼬리를 떼어놓고 달아난 여우는 행운의 녀석이지 않은가? 사향뒤쥐는 세 번째 다리를 물어 끊어내고서라도 덫에서 빠져나온다고 한다. 인간이 자신의 탄력성을 상실하고 만 것은 놀라운 일이 아니다,"(104).

"당신이 혜안을 가졌다면, 어떤 사람을 만날 때마다 그가 소유하고 있는 모든 것과 그가 뒤에 숨기면서 자신의 것이 아닌 척하는 많은 것, 심지어는 그의 부엌 가구와 아까워 태우지 못하는 모든 잡동사니까지 볼 수 있을 것이다. 그러면 그는 이런 것들을 모두 꿰차고 전진해보려고 버둥거리는 듯이 보일 것이다. 어떤 사람이 옹이구멍이나 출입구를 통과하는데, 등 뒤 썰매에 실은 가구가 그를 뒤따라 통과할 수 없는 경우에, 나는 그가 바로 막다른 상태에서 주저앉은 이라고 생각한다,"(104~105). 예수님은 말씀하셨다, "거듭 말하지만 부자가 하느님 나라에 들어가는 것보다는 낙타가 바늘귀로 빠져나가는 것이 더 쉬울 것이다,"(『마태오』 19:24). 소로는 말했다, "덫을 끌어야 한다면, 나는 조심해서 가벼운 것을 고르고, 그것이 내 급소를 다치게 하는 일이 없도록 할 것이다. 하지만 애초에 손발이 덫에 걸리지 않도록 하는 것이 가장 현명하리라,"(105~106).

소로는 자신의 '통나무집'이나 아메리칸 인디언의 '원형 오두막' 같은 집에서 살기를 강요하지 않는다. 다만, 생활필수품으로서의 '집의 원리'로 '기본 구조'와 '기본 가구'를 제시한다. 어떤 사람이 죽으면, "반세기 동안이나 다락과 기타 먼지 구덩이에 처박힌"(106~107) 가구 등 잡동사니들이 경매에 나와 팔리고 나면, 다시 '다락과 기타 먼지 구덩이'에 모셔지는 경우가 많다. 셰익스피어에 의하면, "인간이 행하는 악은 그의 사후에도 남는다,"(106). 그리고 소로에 의하면, "사람이 죽으면 이렇게 먼지를 걷어찬다,"(107). 아메리카 인디언들은 "낡은 옷과 기타 몹쓸 물건을 모두 모아놓고, 그들의 집과 마당과 마을의 오물을 깨끗이 청소하고, 그 오물을 남아있는 곡물과 기타 묵은 식량과 함께 한 무더기로 쌓아 몽땅 불태워버린다,"(107). 말하자면, 일종의 동네잔치로 한 해를 마감하고 새해를 맞이했다고 한다. 문명인인 우리도 버리지 못한 '잡동사니들'을 1년에 한 번, 적어도 죽기 전에는 화톳불에 불태워 소각하고, 새로운 세계 또는 새로운 해로 출발하는 게 좋다는 것이 소로의 철학이 아닌가 싶다.

13. 더 높은 어떤 것

소로는 말한다, "나는 우리의 공장 제도가 옷을 구할 수 있는 최선의 방식이라고 생각하지 않는다. … 공장의 주목적은 인류가 옷을 제대로 정직하게 입을 수 있게 하는 것이 아니라, 회사가 부자가 될 수 있도록 하는 것임이 분명하기 때문에, 놀라운 일이랄 수도 없다. 결국 사람들은 겨냥하는 것만을 달성하지 않는가. 그렇다면 당장은 실패하더라도 더 높은 어떤 것을 겨냥하는 편이 더 좋지 않겠는가,"(51). 소로는 우리가 '더 높은 어떤 것'을 겨냥하면, 우리의 삶에서 돈과 소유물의 필요성이 줄어든다는 사실을 인지한다. 그가 공장의 옷이나 값비싼 패션을 피한 것은 굳이 청렴이나 사회정의를 위한 것이 아니라, 그가 '겨냥하는 것'을 수행함에 있어서, 예컨대 옷의 경우, "헌 옷으로도 충분할 것"(46)이기 때문이었다.

우리의 자연계는 편리하기보다 놀라우며, 유익하기보다 아름답고, 사용하기보다 감탄과 향유享有의 대상이다. 그러나 문명은 자연과의 관계를 바꿔놓았다. 문명은 자연을 놀랍기보다 편리하며, 아름답기보다 유익하며, 감탄보다는 정복의 대상으로 본다. 그러나 소로는 이런 사물의 질서를 되돌려서 일요일 하루만 일하고, 나머지 6일은 자연의 따스한 기운과 숭고한 계시(啓示)를 마시며, 사랑과 영혼의 안식일로 보내는 삶을 겨냥한다. 그는 말한다, "내가 바라는 것은 각자 아버지나 어머니나 이웃의 길을 가지 말고, '자신의' 길을 아주 조심스럽게 찾는 것이다. 젊은이는 건축을 하거나 농사를 짓거나 배를 탈 수도 있을 테지만, 그가 하고 싶다고 말한 일이 방해를 받아서는 결코 안 될 것이다. 선원이나 도망노예가 항상 북극성을 바라보듯이, 우리는 오로지 수학적인 어느 한 점을 바라보는 것이 현명하니, 바로 그 점이 평생 우리의 지표가 되기에 충분하기 때문이다,"(111).

　소로가 1841년(24세) 학교경영을 그만둔 것은 "그에 따른 생각과 신념을 가져야 했을 뿐만 아니라, 옷을 갖추어 입고, 수련하고, 게다가 시간까지 빼앗겼기 때문"(108)이었다. 다시 말해, 학교를 경영하는 일이 그의 행동과 믿음까지 바꿨기 때문이다. 그는 또한 연필을 만들어 파는 가업을 통해서 얻은 사업경험으로 부자가 될 수도 있었지만, 같은 이유로 가업을 계승하지 않았다. 그에 따라, 그는 '더 높은 어떤 것'을 겨냥하는 동시에 자립경제를 실현하는 방법을 놓고 고민했던 것이다. 그는 맹목적인 추종을 원치 않았기에, 각자가 뭣이건 하고 싶거나 해야 할 일을 하면서도 항상 자신만의 '북극성'을 바라보기를 원했다. 그런 의미에서, 그의 『월든』은 우리에게 갈 길을 제시한 청사진이 아니라, 소로 자신이 선택한 '북극성'에서 얻은 통찰과 지혜의 모음집이라고 할 터이다. 바꿔 말해, 그의 길이 우리 모두의 길은 아니라는 것이다. 소로는 재산축적에 오랜 시간을 소비하지 않는 대신에, 그 시간을 자연을 즐기고, 깊이 생각하고, 책을 쓰는 일, 즉 자신만의 '북극성'을 바라보고, 그 궤적을 읽고, 기록하는 일에 매진했다고 할 터이다. 그가 불과 44세에 사망한 것을 고려하면, 오로지 그만의 '북극성'에 헌신한 것은 그보다 훨씬 오래 살았거나 살고 있는 사람들보다 훨씬 더 많은 것, 즉 『월든』이라는 불후의 고전을 남기게 된 동인動因이 되었다고 할 것이다.

소로는 말한다, "원시시대의 소박하고 적나라한 삶은 적어도 인간이 여전히 자연의 체류자로 남는 이점이 있었다. 그 시대의 인간은 음식과 잠으로 원기를 회복하고 나면, 새로운 여행을 떠날 준비를 했다. 말하자면, 그는 이 세계의 어느 천막에 체류하면서, 계곡을 누비고 평원을 건너거나 산꼭대기에 기어올랐다. 그러나 보라! 이제 인간은 자신이 쓰는 도구의 도구가 되어버렸다. 배고플 때 독립적으로 과일을 따먹던 인간은 이제 농부가 되었고, 집 대신 나무 밑에 섰던 그는 살림꾼이 되었다. 이제 우리는 잠자기 위해 더 이상 야영하지 않으며, 땅위에 정착한 뒤로는 하늘을 잊어버렸다,"(65~66). 그렇다, 먹고살기에 충분한 풍요의 사회에 살면서, 사회는 순수예술을 외면하고, 개인은 "현세를 위해서 가족용 대궐을 지었고, 내세를 위해서 가족용 묘지를 부설했다." 이제 우리는 하늘을 잊은 '살림꾼,' 즉 문명인이 되었다. 소로의 말대로 "최고의 예술 작품은 현세에서 해방되고자 하는 인간의 몸부림을 표현한 것이다. 하지만 작금의 예술은 낮은 수준의 현세에 안주하고, 높은 수준의 내세를 망각하게 할 뿐이다. 어떤 '멋진' 예술 작품이 전해졌다 하더라도, 우리 마을에는 사실상 그런 작품이 설 자리가 없다. 우리의 삶, 집, 거리가 그런 작품에 걸맞은 받침돌을 제공하지 않기 때문이다,"(66). 이것은 전 세계적인 현상이다. "여러 민족은 그들이 망치질해서 남긴 돌의 양으로 영원한 기념비를 삼으려는 광적인 야심에 사로잡혀 있다,"(92).

"국가가 세우고자 하는 금자탑은 건축에 의해서가 아니라 힘찬 추상적 사고에 의해 세워져야 되지 않겠는가?『바가바드기타』경전은 동방의 모든 건축물 유적보다도 훨씬 더 훌륭한 기념비 아닌가!"(92). 과거나 지금이나 "종교와 예술에 대한 건축가의 사랑으로 말하자면, 이집트의 사원이건 미합중국 은행이건 전 세계적으로 거의 똑같아서 실제 가치보다 비용이 더 많이 드는 사랑이다. 그 주요 동기는 허영이고, 마늘과 빵과 버터에 대한 사랑이 그 허영을 부추긴다."(93). 이집트인들이 파라오를 위해 피라미드를 축조한 것은 결국 파라오의 허영과 노동자의 빵을 위해서였다. 소로는 이른바 '큰 기념비'를 어떤 미친 친구가 중국까지 팠다는 "구멍"(94)에 비유하여 멸시한다. 이런 구멍은 헛된 꿈으로 존재할 뿐 실제로 존재하는 구멍이 아니다.

그런데도 "정말이지, 무슨 목적으로 그렇게 많은 돌에 망치질을 해대는가?"라고 소로는 자문하면서, "그와 똑같은 노력을 그들의 품행을 가다듬는 데 바친다면 어떨까? 달까지 솟은 기념비보다 한 조각의 양식良識이 더 기억할 만할 것"(92)이라면서 천박한 인간사회의 허영심을 통박한다. "한 민족이 망치질하는 대부분의 돌은 그들의 무덤으로 향할 뿐이다. 그런 민족은 자신을 생매장한다. 피라미드로 말하면, 어떤 야심찬 얼간이를 위한 무덤을 축조하는 일에 수많은 사람의 인생을 허비할 정도로 인간의 품위가 떨어질 수 있다는 사실 말고는 별로 경탄할 점이 없는 축조물이다. 그런 얼간이는 나일 강에 던져 익사시킨 다음, 그 시체를 개에게 던져주는 편이 더 현명하고 당당했을 것이다."(93). 소로는 이렇게 결론짓는다, "많은 사람이 동서양의 기념비에 대해 관심을 기울이고, 그것을 누가 세웠는지 알고 싶어 한다. 나로서는 그 당시에 그런 것을 세우지 않은 사람, 그런 시시한 것을 초월한 사람이 누구였는지 알고 싶다."(94). 소로가 말하는 '그런 시시한 것을 초월한 사람'은 바로 그 자신이었다. 민족이나 국가의 '최고의 예술작품'은 중국의 궁정이나 이집트의 피라미드가 아니라 힌두의 『바가바드기타』나 히브리의 『성경』 같은 경전들일 것이고, 개인적으로는 단테의 『신곡』이나 소로의 『월든』 같은 고전일 것이다.

14. 이기적 자선

소로는 「경제」의 첫머리에서 어떤 이웃은 "내가 수입의 얼마만큼을 자선 목적에 바쳤는지 궁금해 했고, 어떤 이들은 식구가 많아서인지 내가 불쌍한 아이를 몇 명이나 돌보았는지 알고자 했다."(18)고 말했다. 소로의 시대는 보통 하루에 10~12시간 일하던 시절이었다. 소로는 사실 사람 눈에 별로 띄지 않는 이른 아침에 농사일을 대부분 끝마쳤지만, 이웃들에게는 빈둥거리는 괴짜로 보였을 것이다. 이웃들의 질문은 그를 비웃은 것이었다. 급기야 소로는 "몇몇 마을 사람이 이 모든 것이 너무 이기적이라고 수군대는 소리를 들었다. 고백하거니와 나는 이제까지 자선 사업에 별로 신경 쓰지 않았다. 나는 어떤 사명감 때문에 몇 가지 희생을 감수했으니, 그런 희생 가운데는 자선의 기쁨도 포함되어 있다."(112~113)고 자신의 삶을 돌아보면서, "어떤 사람들은 이 마을의 어느 가난한 가정을 부양하도록 나를 설득하려고 온갖 수단을 다 동원했다. 만약 내가 할 일이 전혀 없다면, 그와 같은 소일거리에 손을 댈지도 모른다. 게으른 사람에게는 악마가 일거리를 찾아준다고 하지 않는가. 그러나 언젠가 내가 이런 일에 투신하여, 몇몇 가난한 사람들이 모든 점에서 자활하는 만큼이나 편안하게 살도록 지원함으로써 그들의 신에게 은혜를 베풀어야겠다고 생각하고는, 한껏 용기를 내어 그들에게 내 뜻을 전했더니, 그들은 이구동성으로 전처럼 가난하게 사는 쪽을 선호했다. 마을 사람들이 아주 여러 가지 방법으로 이웃의 행복을 위해 헌신하고 있으니, 나 한 사람쯤은 덜 인도적인 다른 일을 하도록 버려두어도 좋을 것이다. 다른 모든 일에서와 마찬가지로 자선에도 천성이 있어야 한다,"(113)라면서 '자선'을 '악마'가 찾아주는 '소일거리'에 지나지 않는다고 폄하한다. 보통사람들의 상식과는 상당히 동떨어진 견해로 보인다.

"나도 자선사업을 어지간히 해봤는데, 이상하게 보이겠지만, 그것이 나의 생리에 부합하지 않는다는 사실에 만족한다,"(113)라던가 자선과 같은 "부패한 선에서 발생하는 악취만큼 고약한 것은 없다. 그것은 죽은 인간과 죽은 신이 썩는 냄새다,"(115)와 같은 소로의 견해는 충격적이다. 그러기에 그의 해명을 경청하지 않을 수 없을 것이다. 소로는 말한다, "사회가 요구하는 자선을 행하거나 우주를 파멸에서 구한답시고 내 고유의 직분을 의식적이고 고의적으로 포기해서는 안 될 것이다. 그리고 나는 비슷하지만 무한히 더 큰 확고한 의지를 다른 곳에 쏟아야 지금의 우주가 보전된다고 믿는다. 그러나 어떤 사람이 제 본성을 발휘하는 것을 막지는 않을 것이다,"(113). 사회구성원 모두가 자선이 아닌 자신의 '고유의 직분'에 충실한 것이 결국 사회를 유지하고, 이웃을 돕는 길이라는 논리이다.

소로는 말한다, "자선 사업으로 말하면, 비집고 들어갈 공간이 없는 인기 직업 가운데 하나"(113)이며, "자선은 인류의 충분한 평가를 받고 있는 거의 유일한 미덕이다, 아니, 그것은 지나친 평가를 받고 있다. 자선을 과대평가하는 것은 바로 우리의 이기심이다,"(118). 여기서 소로는 '자선적 기업'과 '남을 돕는 것'과의 차이점을 암시한다. 소로가 자선적 기업을 외면한 것은 다른 사람을 도와주는 것을 싫어했기 때문이 아니고, 자선이 대개 이기심의 산물이기 때문이다. 사실 그는 도망노예의 도피를 돕는 등 다른 사람을 많이 도왔다. 그리고 소로는 '자선'이 그에게 맞지 않는 활동이라고 노골적으로 말하지만, 또한 순수한 자선을 방해하지 않을 것이라고 설명한다. 그는 그 의도가 순수하고 자선의 행위들이 진정이기를 요구할 뿐이다. 그는 선이 일시적이거나 불완전해서는 안 되며, 선을 행하는 자는 그의 돈과 더불어 자신의 능력까지 바쳐야 한다고 믿는다. 대중이나 개인이 그의 행위를 마뜩찮게 생각하더라도 인내해야 한다는 것이다. 그가 생각하기에, 자선은 다른 사람을 돕는다는 목적보다는 선해 보이려는 욕망에 바탕을 둔 경우가 많기에 이기적이라는 것이다. '자선가들'은 자선이란 것이 받는 사람들을 돕는다는 목적보다는 주는 자신이 선해 보이려는 욕망, 즉 "거짓과 허세"(118)에 바탕을 둔 경우가 더 많다는 게 소로의 생각이다.

설상가상으로, "가난한 자에게 가장 많은 양의 시간과 돈을 증여하는 사람은 그런 삶의 방식 때문에 가난한 자의 불행을 오히려 최대로 조장하고, 따라서 구제 노력은 헛된 결과가 될 것이다. 이런 노력은 열 명의 노예 중 한 명을 팔아서, 그 돈으로 나머지 아홉 명의 노예에게 일요일 하루의 자유를 사주는 신앙심 깊은 노예 사육자의 짓이나 다름없다." 여기서 '노예 사육자'라는 표현은 노예에게 성폭력을 범하고 그 자녀들을 팔아먹는 자의 위선을 강조하는 말이다. 추악한 죄를 속죄하기 위해서 "기껏 수입의 10분의 1을 자선에 쓰면서," 자신을 너그러운 사람이라고 뽐낼 것인가? 이런 자선의 행위는 자신의 고통을 달래는 것에 다름이 아니다. 오늘날의 부자가 가난한 자에게 베푸는 자선 또한 대부분 이와 크게 다를 바 없을 것이다. 가난의 '악'은 그 뿌리를 자르지 않으면 안 된다. 배고픈 자의 배를 잠시 채워주는 것으로 그칠 게 아니라, 자립경제의 길을 열어주어야 한다. 자선이 땀 흘리지 않은 빵을 베푸는 것으로 그치면, 되레 게으름의 '악'을 조장함으로써 사회전체를 병들게 할 것이다. 불행하게도, "악의 가지를 자르는 사람이 천 명이라면, 악의 뿌리를 자르는 사람은 한 명밖에 없다."(117). 그러니 "가난한 사람들을 도울 때는, 꼭 필요한 도움을 주는지 확인하라. 비록 당신이 그들이 따르기 힘든 모범을 보이는 것으로 끝나더라도, 그렇게 하라. 만약 돈을 준다면, 단순히 그들에게 맡겨서 쓰게 하지 말고, 그 돈을 당신 능력껏 써서 도와라."(116).

소로는 외친다, "나는 박애주의가 받아야 할 칭송을 조금치도 깎아내리고 싶지 않으며, 자신의 생애와 업적으로 인류에게 축복을 주었던 모든 사람에게 공정한 평가를 요구할 뿐이다. 나는 어떤 사람을 평가할 때, 그의 곧은 성품과 자선을 높게 치지 않는다. 이런 것들은 말하자면 그의 줄기와 잎사귀에 지나지 않기 때문이다. … 나는 어떤 사람의 잎과 줄기가 아니라 꽃과 열매를 원하고, 어떤 향기가 그에게서 내게로 퍼지기를 원하며, 그의 잘 익은 열매가 우리의 교제에 맛을 더하기를 원한다. 그의 미덕은 부분적이고 일시적인 행위가 아니라, 항상 흘러넘치는 것이어야 하고, 그에게 아무런 비용도 들지 않고, 그가 의식하지도 않는 것이라야 한다. 이것이야말로 허다한 죄를 덮어주는 자선이다."(118~119). 『루가의 복음서』(10:30-37)의 선한 사마리아인은 선을 행하고 있었던 게 아니고, 자연스럽게 행동하고 있었을 뿐이다.

소로가 믿기에 "개혁자를 매우 슬프게 하는 것은 고통 받는 동료들에 대한 연민이 아니다. 비록 그가 성스러운 신의 아들이라 할지라도, 그를 슬프게 하는 것은 바로 자신의 개인적인 고통이다."(120). 소로의 견해에 따르면, 일종의 '속죄'가 자선의 동기라는 것이다. 자선은 받는 이에게는 일종의 '원조'이고, 주는 이에게는 일종의 '진통제'이다. 그러니 자선의 행위 자체는 훌륭하지만, 그렇다고 그것이 정의로운 사회를 구현하지는 않을 것이다. 그러기에 소로는 말한다, "만약 당신이 속아서 이런 자선 행위 중 무엇이라도 하게 되면, 오른손이 한 것을 왼손이 모르게 할 것이니, 자선은 알릴만한 가치가 없는 행위이기 때문이다. 물에 빠진 사람을 구한 다음에는 묵묵히 당신의 구두끈을 매라. 그리고 숨을 돌리고 자유로운 일에 착수해라,"(120~121).

소로는 우리가 선을 행하려고 노력하기에 앞서 우선 가능한 한 최고의 사람이 되도록 노력해야 한다고 생각한다. 만약 태양이 "어떤 인간도 그[태양]의 얼굴을 똑바로 응시할 수 없을 정도"로 눈부신 광채를 유지하는 노력을 게을리 한다면, 그 태양은 "세상을 돌면서 선을 베풀거나,"(114) 그 주위를 도는 행성들에 빛을 제공하지 못할 것 아닌가. 마찬가지로, 우리가 진실로 "자연적인 수단으로 인류를 회복시키고자 한다면, 우선 우리 자신이 자연처럼 단순하고 건강하도록 노력하자. 그리고 우리 자신의 이마 위에서 어른대는 구름을 걷어내고, 우리의 숨구멍으로 다소의 생명력을 흡수하자. 가난한 사람의 감독관으로 남아있지 말고, 세상의 가치 있는 사람 가운데 하나가 되도록 노력하자,"(121)는 게 자선에 대한 소로의 지론이다. 바꿔 말해, 사회적 개혁과 혁신, 그리고 자선의 미덕에 앞서 '1인 혁명', 즉 '수신'이 우선이라는 것이다.

소로는 우리 자신의 개혁을 요구한다. 자선의 행위는 의식적인 행위가 아니라 무의식적인 행위이어야 찬사를 받을만하다. 그러려면 그저 '가난한 사람의 감독관으로 남아있지 말고, 세상의 가치 있는 사람 가운데 하나가 되도록 노력'해야 할 터이다. 사회의 온갖 질병을 치유하고, 인류를 정신적 영광의 상태로 되돌리기 위해서는 우선 우리 자신이 순수한 자유민이 되어야 한다. "어찌하여 너는 형제의 눈 속에 있는 티는 보면서 제 눈 속에 들어있는 들보는 깨닫지 못하느냐?"(『마태오』 7:3)는 성경 말씀처럼 말이다. 삼나무가 계절의 변화에 아랑곳하지 않고 사시사철 번성하는 나무인 것처럼, 자유민 또한 덧없는 것에 마음을 두지 않는다. "만약 너의 손이 많은 것을 가졌으면, 대추야자나무처럼 너그러이 주어라. 그러나 손에 아무것도 줄 것이 없으면, 삼나무처럼 자유민이나 독립한 사람이 될지어다."(122). 결코 "빈궁貧窮의 허세"(123)를 부려서는 안 된다. 가난이 자랑일 수는 없지 않은가! 가난하건 가난을 돕건 간에, 우리 모두 범용凡庸에 안주하지 말고 용기bravery, 분별prudence, 기품magnificence, 영웅심heroism 등의 위대한 '덕성'virtues을 갖춘 정신의 부자가 되어야 한다. 이것이 소로의 '정신경제학'의 핵심이다.

WALDEN

나는 어디서, 무엇을 위해 살았나

1. 상상의 부富

"사람은 묵혀둘 수 있는 것들이 얼마나 많으냐에 정비례해서 부자가 아닌가 싶다,"(126). 소로가 말하는 '부자'란 정신적이고 지성적인 소득을 위한 시간을 가지는 것을 의미한다. '묵혀둘 수 있는 것들'은 '하찮은 것들을 외면한다,'는 뜻이니, '하찮은 것들'의 획득을 위해 죽도록 단조롭고 고된 일에 종사한다는 것은 시간 낭비로 그친다는 것이다. 절대적으로 귀중한 내 시간에 의미를 부여할 곳과 방법을 찾는 것이 '하찮은 것들'을 외면할 수 있는 '정신경제'의 첫 걸음일 터이다. 소로는 마을에서 떨어진 시골을 최고의 살 곳이라고 믿고, 인근 농부들의 집과 토지를 두루 살피고 다니며, 구입하여, 묵혀두는 상상을 한동안 했다. "농장을 살 때는 탐내지 말고 숙고에 숙고를 거듭하라. 수고를 아끼지 말고 살펴보고, 한번 둘러보는 것으로 충분하다고 생각하지 마라,"(129)고 하는 로마 철학자 카토Cato의 말에 유의하면서 말이다.

제2부 『월든』 읽기 153

그러나 딱히 농사를 지으려는 게 아니고, "그 땅을 어쩌면 경작하지도 않은 채 고스란히 놓아두었다,"(126). 진정한 부富는 사물을 그대로 놔두는 것 아닌가 말이다. 소로가 실제로 농가를 소유할 뻔한 것은 할로웰Hollowell의 농장을 사기로 계약했을 때였지만, 농부의 아내가 마음을 바꿔 팔기를 원치 않았기 때문에 무위로 돌아갔다. 하지만 소로는 그 농장의 "경치는 경치대로 간직했으며, 그 이후 해마다 경치의 산물을 외바퀴 수레를 쓰지 않고, 실어 날랐다,"(127). 소로는 이렇게 그 농장을 소유할 만큼 소유했기 때문에, 그의 '빈곤'에 아무런 손상도 받지 않고, 부자가 된 사실을 알게 되었다. 어느 농장의 가장 값진 부분, 즉 경치의 진정한 소유자는 농부가 아니고 시인이 아니겠는가! 소로는 그 농장의 진수인 풍경을 손 하나 대지 않고 그대로 둔 채, 그 매력을 즐기기 위해 아틀라스Atlas처럼 그의 어깨에 짊어지고 다닐 각오가 되어 있었다. 그러나 이제 그는 농장을 탐내서 사지 않을 것이며, 그가 살아있는 동안 "계속 둘러보고 또 둘러볼 것이다. 그리고 그 땅에 내가[그가] 먼저 묻힐 것이니, 그것이 종국에는 더 만족스러울 것"(129~130)이기 때문이다. 가능한 한 오래오래 자유롭고 얽매이지 않는 삶을 살아라. "농장에 얽매이든 지방 교도소에 얽매이든, 얽매이는 것은 큰 차이가 없다,"(129).

1845년 7월 4일 미국독립기념일에 소로는 "낮뿐만 아니라 밤까지도"(130) 숲속에서 살기 시작했다. 그는 숲속생활의 목적에 대해서 분명하게 말한다, "나는 절망의 송가를 쓰려는 것이 아니라, 이웃들의 잠을 깨우려는 간절한 소망으로 횃대 위에 올라선 아침 수탉처럼 기운차게 뽐내 보고자 한다,"(130). 그의 통나무집은 아직 미완성이었지만, 산마루를 스쳐가는 바람이 "천상의 가락"(131)을 단속적으로 실어다주며, 산새들이 "세레나데"(132)를 불러주었다. 그의 오두막은 그야말로 "여행하는 신을 즐겁게 모시기에 적당하고, 여신이 옷자락을 끌고 거닐만한 곳"이었다. 속세를 한 발짝만 벗어나면, "올림포스 Olympus 산은 어디에나 있다"(131)는 소로의 말은 결코 빈말이 아니었다. "나는 내가 바라보는 모든 것의 군주이며,/ 그곳에서의 내 권리를 문제 삼는 자 아무도 없다."(127)는 윌리엄 코퍼William Cowper의 시구詩句처럼, 소로는 '상상의 부'를 실컷 누리는 시인의 삶을 살고자 한 것이었다.

2. 아침의 초대장

소로가 터를 잡은 것은 "어느 작은 호숫가"였다. 월든 호수에 대한 소로의 첫 인상은 밤마다 입는 안개 옷을, 해가 떠오르면, 벗어던지고, "여기저기, 차차로, 부드러운 잔물결이나 햇빛을 반사하는 매끄러운 수면"(132)을 뽐내고, 구름 사이로 햇빛이 비치고, 수면에 반사광이 가득하면 "낮은 하늘"(133) 같은 호수라는 것이다. 그리고 호수 너머의 모든 땅은 그 사이에 끼어 있는 이 월든 호수 때문에, '두둥실 떠있는 얇은 빵조각'처럼 보였다. 그리고 그의 집 문에서 보이는 경치는 훨씬 더 옹색했지만, 그의 상상력을 발휘하기에는 충분한 초원이었다. 소로는 소음과 소란에서 멀리 떨어진 카시오페이아 별자리 뒤의 아득하고 천상적인 어느 구석에 '희귀하고 유쾌한 장소'가 있을 것이라고 버릇처럼 상상했었는데, 이제야 그는 실제로 매우 인적이 드물면서도, 항상 새롭고 더렵혀지지 않은 "우주의 어떤 구석"(134)에 터를 잡았다는 사실을 발견했다. 소로는 그가 버리고 온 생활과는 "별만큼이나 먼 삶"을 살게 되었다. 그의 뇌리에서 시 한 구절이 절로 나온다, "한 목동이 살았더니,/ 높은 생각을 가졌더라./ 그의 양떼가 시간마다 그를 즐겁게 한/ 산상들만큼 높은 생각을 품었더라,"(135). 사람들은 이런 곳이 바로 옆에 있다는 사실을 모르고, 먼 나라로의 여행을 동경한다.

숲속의 아침은 즐거운 초대장이다. 그것은 자연과 교제하며, 자연과 똑같이 소박하고, 청정清淨하게 살라고 손짓했다. 소로는 "그리스 사람들 못지않게 새벽의 여신 에오스Eos를 진지하게 숭배했다." 그는 일찍 일어나서 호수에서 목욕했다. 그것은 "하나의 종교적 수련이었다,"(135). 아침은 시와 예술을 포함한 모든 중요한 사건들이 발생하는 시간이다. 『베다』가 말하듯, "모든 지성은 아침과 함께 잠이 깬다,"(137). 자연은 정신의 안내자로서 우리를 단순한 자연의 리듬과 함께 유유자적의 여로로 이끈다. 아침은 지성의 눈을 충분히 깨우는 시간이다. 삶의 매 순간을 의미 있게 만드는 것이 인간의 의무라면, 아침은 그 출발점이다. 어제의 어둠보다 밝고 성스러운 시간은 다름 아닌 새벽이다. 이를 모르고 잠 깨지 않는다면, 그는 어둠의 내리막길을 계속 내려가는 절망적인 사람이다. 태양과 보조를 맞추어, 탄력적이고 힘찬 생각을 유지하는 사람에게는 매일매일이 영원한 아침이다. 소로는 말한다, "수백만 명의 사람이 육체노동을 하기에 충분할 만큼 깨어 있으나, 지적 활동을 효과적으로 할 만큼 깨어 있는 사람은 백만 명 중 한 명뿐이고, 시적이나 신神적인 삶을 살 수 있을 만큼 깨어 있는 사람은 1억 명 중 한 명뿐이다. 깨어 있다는 것은 살아있다는 것이다. 나는 완전히 깨어 있는 사람을 아직 만난 적이 없다. 있다면, 내가 어찌 그의 얼굴을 응시할 수 있었겠는가,"(137~138). 삶의 질을 바꾸는 것. 그것이 예술이다. "모든 사람에게는 가장 고결하고 소중한 시간에 자신의 삶을 그 세부까지도 명상해 볼 가치가 있게 만들 의무가 있다,"(138). 소로는 월든 숲에서 이런 의무를 수행하고자 했다.

3. 간소화 하라

소로가 숲으로 간 목적은 무엇인가? 그는 말한다, "내가 숲으로 간 이유는 인생을 의도적으로 살아보기 위해서였다. 나는 인생의 본질적인 사실에만 정면으로 부딪쳐보고, 인생이 가르치는 바를 배울 수 있을지 시험해보려고 했으며, 마침내 죽음에 이르러 내가 삶다운 삶을 살지 못했다는 사실을 깨닫는 일이 없도록 하고자 했다. 삶은 아주 값진 것이기 때문에, 나는 삶이 아닌 삶을 살고 싶지 않았다. 또한 아주 필요한 경우가 아니면, 묵묵히 참고 따르는 삶도 살고 싶지 않았다. 나는 깊이 살고, 인생의 모든 골수를 빨아먹고, 스파르타 사람처럼 아주 강건하게 살아서 삶이 아닌 모든 것을 물리치고 싶었다,"(138~139). '의도적으로' 산다는 것은 죽도록 단조롭고 고된 일에 종사하는 게 아니다. 사람을 사람으로 만드는 것은 자신이 가진 시간에 의미를 부여할 수 있는 방법을 계획하고 결행하는 것이다. '인생의 본질적인 사실'이란 '음식, 옷, 집, 연료'와 같은 삶의 필수품들과 더불어 '존재의 의미'까지 포함한다. 소로는 '죽음에 이르러 내가 삶다운 삶을 살지 못했다는 사실을 깨닫는 일이 없도록 하고자 했다,'는 말에서 삶의 실용과 철학의 문제를 동시에 언급한다. 산다는 것은 생물학적인 기능만이 아니라 내적 성취도 의미하기 때문이다. 이처럼 소로는 그의 월든 프로젝트에서 실용과 철학을 결합한다. '물질경제'에서는 '자력조달'을 지향하고, '정신경제'에서는 '자립'과 '간소'를 실천하는 초월주의적인 삶을 살자는 것이 소로가 우리에게 전하는 메시지이다.

소로는 낮잠 자다가 일어나 뉴스부터 찾는 사람들의 어리석음을 비웃는다. 소식이나 뉴스에 대한 관심은 시시한 사회적 사건들에 집중하는 나머지, '존재의 의미'를 소홀히 한다는 징후가 아니겠는가! 인간은 흔히 사물의 '외양'과 '리얼리티'를 혼동한다. 사물의 리얼리티에 접근하면, 시시한 사건들을 물리치고 삶의 진수, 즉 정신적 진리를 감식할 수 있는 맑은 눈을 갖는다. 신은 현재의 순간에 역사役事하신다. 정신적 진리를 경험하기 위해서는 하루하루를 '의도적으로' 보내야 한다. 자연의 일부가 되어, 자연의 복음에 눈을 뜨면, 우리는 "실수에 실수를, 누더기에 누더기를 덧대는" 삶, "개미들처럼 비천하게" 사는 삶을 살지 않고, 불필요하고 피할 수 있는 불행을 되레 기회로 삼는 "최고의 미덕"(139)을 발휘할 수 있을 터이다. 이에 이르는 첫걸음은 불필요한 것을 피해서, 삶을 간소화하는 것이다.

그러기에 소로는 말한다, "우리 삶은 사소한 일로 조금씩 허비된다. 정직한 사람은 열 손가락만 있으면 거의 모든 계산을 할 수 있다. 극단적인 경우에도 열 발가락을 보태면 되고, 나머지는 하나로 묶어라. 간소화하라, 간소화하라, 간소화하라! 바라건대, 당신의 일을 백이나 천 가지가 아니라, 두 가지나 세 가지가 되게 하라. 백만 대신에 여섯까지만 셀 것이며, 센 숫자를 엄지손톱에 기록하라. … 간소화하라, 간소화하라. 하루 세 끼 대신에, 필요하다면 한 끼만 먹고, 백 가지 요리를 다섯 가지로 줄이고, 다른 것도 이에 비례해서 줄여라,"(139~140). 개인이건 국가건 "합당한 목적과 계산" 없이 "사치와 무분별한 지출"로 일관하면 반드시 "파산에 이르고 만다,"(140). 이에 대한 유일한 치료책은 목표를 더 높이 올리고, 스파르타식을 뺨칠 정도로 삶을 간소화하는 엄격한 자립경제의 실천이다.

그럼에도 "왜 우리는 그렇게 허겁지겁 인생을 허비하면서 살아야 하는가? 우리는 배가 고프기도 전에 굶어죽을 각오를 한다. 사람들은 제때의 바늘 한 땀이 나중에 아홉 땀을 줄여준다고 하면서, 내일의 아홉 땀을 줄이려고 오늘 천 땀을 뜨는 우를 범한다. '일'로 말하면, 우리는 이렇다 하게 의미 있는 일을 전혀 하지 않는다,"(141~142). 달리 말해, "속임수와 기만은 가장 건전한 진실로 존중되는 반면, 진실은 우화 정도로 여겨진다. 사람들이 진실만을 꾸준히 바라보고 기만을 용납하지 않는다면, 인생은 우리가 알고 있는 것들과 비교하건대 동화와 『아라비안나이트』처럼 될 것이다. 우리가 필연적인 것과 존재할 권리가 있는 것만을 존중한다면, 음악과 시가 거리에 울려 퍼질 것이다,"(145). 그럼에도 우리가 현재처럼 비천하게 사는 것은 눈에 '보이는 것'이 '존재하는 것'이라고 생각하고, 사물의 표면을 꿰뚫어 보지 못하기 때문이다. 그러기에 현상적인 "의견, 편견, 전통, 망상, 겉치레의 진흙과 진창을 뚫고, 뉴욕과 보스턴과 콩코드를 뚫고, 교회와 국가를 뚫고, 시와 철학과 종교를 뚫고, 마침내 우리가 '이거야, 틀림없어!'라고 말할 수 있는 '리얼리티'라는 이름의 바위처럼 단단한 본연의 밑바닥에 당도할 때까지 아래쪽으로 발을 뻗고 전진하자,"(148). 그러면 콩코드의 상업지구인 밀댐Mill-dam이 상징하는 물질주의의 신기루들은 당신의 평가에서 산산조각이 날 것이다. 그러나 사람들은 리얼리티, 즉 진리가 "우주의 변두리에, 가장 멀리 떨어진 별 너머 어딘가에, 아담의 이전과 최후의 인간 이후의 어느 때쯤에 있다고"(147) 생각한 나머지, 현상적인 '물신物神의 공중누각'에 속아서 시간의 노예가 된다.

"영원에는 실로 참되고 숭고한 어떤 것이 있다. 그러나 이런 모든 시간과 장소와 경우가 '지금' 그리고 '여기'에 존재한다. 신 자신이 지금 이 순간의 정점에 계시니, 흘러가는 모든 시대 중 지금이 가장 거룩한 순간이다,"(147). 영원이란 것은 '지금' 그리고 '여기'의 연속이 아니겠는가! 소로는 말한다, "시간은 내가 낚시질하는 강물에 지나지 않는다. 나는 그 물을 마시지만, 마시는 동안 모랫바닥을 보고 강이 얼마나 얕은지 깨닫는다. 얕은 시간의 물은 흘러가지만, 영원은 남는다,"(149). 그러기에 그는 "대자연Nature처럼 유유하게 하루를 보내자. … 신나는 하루가 되도록 결심하자, 우리가 시류에 영합할 이유라도 있는가?"(147)라고 외친다. 소로는 '시간'이라는 '강물'에서 '지성'의 낚싯대를 드리우고 진리를 낚는다. 그에게 '지성'은 사물의 비밀을 식별한 다음, 그 속으로 파고들어가는 '큰 칼'이다. 그는 말한다, "나는 필요 이상으로 내 손을 바쁘게 놀리고 싶지는 않다. 내 머리가 곧 내 손발이다,"(149).

WALDEN

독서

1. 고전 읽기

소로가 시간의 강물에서 낚고자 하는 것은 '진리'이다. 소로는 말한다, "재산을 모으고, 가정이나 국가를 세우고, 혹은 명성을 얻는다 해도, 우리는 결국 죽고 마는 존재다. 그러나 진리를 탐구하면, 영원히 사는 존재가 되어서 변화나 재난을 두려워할 필요가 없다. 태고의 이집트나 힌두 철학자는 신의 조상彫像에서 베일을 들추었다. 그리하여 나풀거리는 신의 옷자락은 여전히 살짝 들춰져 있다,"(150). 소로는 신의 베일을 살짝 들추고 떠난 고대 철학자들을 받들어, 신선한 '신의 영광'을 응시하고 싶다. 그에게 그 첫걸음은 불후의 고전들을 통독하는 것이다. 월든 숲속에 자리한 그의 거처는 사색하기에는 물론 진지한 독서를 하기에 어느 대학보다 적합했다. 처음에는 집을 마무리하랴 콩밭을 가꾸랴, 여름 내내 책상 위에 호메로스의 『일리아스』를 놓아두었지만, 집 짓고 콩밭 일구는 작업을 마치고 나니, 이제는 독서를 통해 리얼리티 추구에 전념할 때가 되었다.

소로는 호메로스Homer와 아이스킬로스Aeschylus 같은 고대 시인이 쓴 영웅들의 이야기부터 읽으라고 권한다. "그러한 독서를 통해서 거기에 등장하는 영웅을 어느 정도 본받으려 할 것이고,"(152) 영웅을 본받으면 "방탕이나 사치에 빠질 위험이 없다"(151)는 것이다. 그러나 그저 읽는 것만으로는 충분하지 않다. "우리는 모든 지혜와 용기와 아량을 발휘하여, 일반적으로 쓰이는 의미보다 더 큰 의미를 추정하면서, 각 단어와 행이 가지는 의미를 열심히 찾아야만 한다,"(152). 오늘날 온갖 번역물이 나오고 염가판이 쏟아지고 있지만, 고전을 제대로 읽는 데 도움이 되지 못하기에, "고전 작가들은 언제나 고독해 보이며, 그들의 작품을 인쇄한 글자 역시 늘 희귀하고 진기해 보인다,"(152). 고전어를 배워서 고전을 원문으로 읽는 것이 가장 좋을 터이다. "옛 고전을 원어로 읽을 줄 모르는 사람은 인류의 역사에 대해 매우 불완전한 지식을 가질 수밖에 없다,"(155). 어쨌든, "고전 연구를 그만 두는 것은 자연이 낡았다고 해서 자연 연구를 그만두는 것이나 다름없다. 독서를 잘하는 것, 다시 말해 참된 정신으로 참된 책을 읽는 것은 고귀한 수행이고, 당대의 관습이 평가하는 어떤 수행보다 독자에게 무거운 짐이 될 것이다. 운동선수가 겪는 것과 같은 훈련을 필요로 하며, 독서에 임하는 꾸준한 의지가 거의 평생 요구된다. 책들은 그것들이 쓰인 때와 똑같이 신중하고 조심스럽게 읽혀야 한다,"(153).

언어는 크게 문어文語와 구어口語로 나뉜다. 소로는 "가장 고귀한 문어는 흘러가는 구어보다 훨씬 앞서거나 높은 위치에 있으니, 별들이 빛나는 창공이 구름 위에 있는 것과 유사하다,"(154)며 문어가 일상적인 구어보다 우수하다고 주장한다. 같은 이유로 작가가 웅변가보다 우월하다 할 것이다. 소로는 글로 쓰인 예술작품은 문명의 참된

부富이며 작가는 누구보다도 사람들에게 더 많은 영향력을 발휘한다고 믿는다. "알렉산드로스Alexander가 원정을 갈 때, 『일리아스』를 보석 상자에 넣어서 휴대했다는 것은 전혀 이상한 이야기가 아니다. 기록된 말은 최상의 유물이다. 그것은 다른 어떤 예술 작품보다도 우리에게 친숙하면서 동시에 보편적인 무엇이다. 인생 자체와 가장 가까운 예술 작품이다,"(154).

2. 무지의 극복

문어로 쓰인 책 중에는 호메로스, 베르길리우스Virgil, 단테, 셰익스피어 등의 고전들만 있는 게 아니다. 이들이 남긴 고전들은 물론 더 오래되고 더 고전적이지만 잘 알려지지 않은 여러 나라의 경전들, 즉 『베다』와 『젠드아베스타』[3]와 『성경』들로 우리의 도서관들이 채워질 때, 그리고 앞으로의 모든 세기가 각자 거둔 '지성의 트로피'들이 모두 세계의 토론 광장에 차례로 쌓여 놓일 때, 그 시대는 정말로 풍요로워질 것이다. "이렇게 집적된 유산의 디딤돌을 딛고서야 비로소 우리는 하늘에 오르기를 희망할 수 있을 것이다,"(156). 그러나 현대의 문명인은 문명의 가장 위대한 성취를 별로 읽지 않을 뿐만 아니라, 고전작가들을 잊자고 말하는 사람들까지 있다.

글자를 배운 이상 우리는 문학의 정수를 읽어야 할 것이지만, 대부분의 사람은 독서의 목표를 너무 낮게 세우고, 고전을 무시하고는 선정소설 등 흥미 위주의 쉬운 독서를 선호하거나, 기껏 『성경』 한

---

3 『베다』 Vedas는 힌두교 경전이고, 『젠드아베스타』 Zendavestas는 조로아스터교 경전이다.

권으로 만족하는 경향이다. 그러기에 고귀한 지성적 운동으로서의 독서에 대해서는 아는 것이 별로 없거나 전혀 모른다. 그러나 사치품처럼 우리를 스르르 잠재우거나, 읽는 동안 우리의 고귀한 재능까지 잠들게 하는 독서가 아니라, "발끝으로 서서 눈을 부릅뜨고 깨어있는 시간을 바쳐서 읽지 않으면 안 되는 것만이 높은 차원의 독서이다,"(157). 고전 읽기는 죽은 지 오래된 위인들과 나누는 차원 높은 지성의 소통이지만, 현대의 문명인은 이를 외면함으로써 그의 지성은 잠들거나 되레 퇴보한다. 그럼에도 '좋은 독자'라는 사람조차 최고의 고전들을 읽지 않는다. "대학 교육을 받은 이른바 진보적 지식인조차 영국의 고전을 잘 모르거나 전혀 모른다,"(159). 옛 고전과 경전을 알고자 하는 의욕 자체를 찾아보기 어려운 세상이 된 것이다.

소로는 이 지점에서 자신을 돌아본다. 그는 "영원불멸의 지혜를 담고 있는 플라톤Plato의 '대화편'Dialogues이 옆 선반에 놓여 있지만, 나는 아직 그것을 읽은 적이 없다,"고 고백한다. 이어서 소로는 '나'를 '우리'로 바꿔서 이런 경향을 일반화한다. "우리는 본데없고 비천하며 무식하다. 이런 점에서 고백하거니와, 글을 전혀 읽을 줄 모르는 우리 마을 사람의 무식함과, 어린이나 지적 장애인을 위한 책만을 읽을 줄 아는 사람의 무식함이 크게 다르지 않다고 생각한다. 우리는 고대의 위인들만큼이나 훌륭한 사람이 되어야 한다. 하지만 우선은 그들이 얼마나 훌륭했는지를 먼저 알아야 한다. 우리는 소인의 종족이어서 지성적으로 일간신문의 칼럼 수준보다 높이 비상하는 일이 거의 없다,"(161). 여기서 '우리'는 소로 자신을 포함한 콩코드의 이웃들을 지칭한다. 소로는 독서의 수준이 기껏 신문의 뉴스 정도에 머무르는 그의 이웃들에게 외친다, "얼마나 많은 사람이 한 권의 책을 읽고 인생에서 새로운 전기를 맞이했는가? 아마도 우리를 위해 우리의 기적을 해명해주고 새로운 기적을 밝혀줄 책이 존재할 것이다,"(161~162). 소로는 소인小人처럼 『성경』만이 경전이라고 믿거나, 쉬운 독서에 머무는 이웃들을 점잖게 조롱하면서 동서양의 고전을 광범위하게 읽기를 바란다.

과학기술과 교통의 눈부신 발전에도 불구하고, 문명인은 이에 상응하는 마음과 영혼의 발전을 이루지 못했다. 우리는 정신의 영양보다 육체의 아픔에 더 많은 에너지를 소비한다. 이제는 정신의 고양에 더 많은 힘을 쏟을 때이다. 그러기에 소로는 "마을이 대학이 되고, 마을의 어르신들이 대학의 연구원이 되어서 여유 있게 — 실로 그들이 그만큼 잘 산다면 — 교양으로서의 학문을 추구하며, 여생을 보낼 때가 되었다,"(163)면서 평생교육의 필요성을 천명하고, "뉴잉글랜드는 세계의 모든 현인을 초빙하여 가르치도록 하고, 그들에게 숙식까지 제공할 수 있다. 그렇게 하면 우리는 촌티를 완전히 벗을 수 있다,"고 말한다. 소로는 뉴잉글랜드가 세계의 현인들을 초빙하고 지원支援하여 일반 시민교육에 힘쓰기를 간절히 바란다. 그는 말한다, "우리는 귀족들 대신 보통사람들의 고귀한 마을을 갖도록 하자. 필요하면, 강 위에 다리를 하나 덜 놓고 조금 돌아다니자. 대신 그 비용으로 우리를 에워싼 더 어두운 무지의 심연 위에 구름다리 하나라도 놓자,"(165). 우리는 '보통사람들'을 위한 교육이 절실하다. '무지의 극복'이 진정으로 문명인이 되는 길이다.

WALDEN

소리들

1. 자연과 문명의 충돌

　소로는 「독서」에서 고전 읽기의 중요성을 역설했다. 그러나 「소리들」에서는 책의 한계를 지적한다. 소로는 독자들에게 "단순한 독자나 학생이 되고 말 것인가? 아니면 보는 사람이 될 것인가?"라고 물으면서, "아무리 정선된 고전이라도, 우리가 책에만 매달려서 그 자체가 편협한 방언에 지나지 않는 특정 문어만 읽는다면, 모든 사물과 사건들이 은유를 거치지 않고 직접 말하는 언어, 즉 홀로 의미가 풍부하고 표준적인 언어를 망각할 위험이 있다."(166)고 말한다. 여기서 '직접 말하는 언어,' 또는 '표준적인 언어'란 '모든 사물과 사건들,' 즉 자연의 언어를 의미한다. 책의 언어는 실내에서 '읽는' 언어라 한다면, 자연의 언어는 실외에서 '보는' 언어라고 할 것이다. '보는' 언어는 인쇄된 것이 아니라 곧 사라지는 언어이기 때문에, 항상 눈을 부릅뜨고 볼 필요성이 있다. 그러나 누구나 자연의 언어를 보는 능력을 가진 눈을 가진 것도 아니고, 있다 해도 주의 깊게 보는 사람은 드물다.

소로는 "첫해 여름에는 책을 읽지 않고 콩을 가꾸었다. 아니, 이보다 더 좋은 일을 할 때가 많았다." 책을 읽거나 콩을 가꾸는 일보다 '더 좋은 일'이라는 것은 무엇을 의미하는가? 첫 해에는 밖에서 집을 짓고, 밭을 일구고, 콩을 가꾸는 일 때문에 독서는 하지 못했다. 그러나 그는 이렇게 회상한다, "여름철 아침이면 때때로, 평소처럼 미역을 감고, 동이 틀 때부터 한낮까지 양지바른 문간에 앉아 한없는 공상에 빠졌다. … 주변의 새들이 노래를 하거나 소리 없이 내 집을 훨훨 날아갔다. 이렇게 명상에 빠졌다가, 서쪽 창문까지 햇빛이 스며들거나, 먼 신작로에서 들려오는 여행자의 마차 소리를 듣고서야, 시간이 흘렀음을 깨달았다. … 나는 동양인들이 말하는 무위와 명상의 의미를 깨달았다. … 하루하루가 내가 짊어진 일의 일부를 덜어주는 듯이 흘러가는 것 같았다. 아침인가 했는데, 보라, 벌써 저녁이다. 그렇다고 특별히 성취한 것은 없었다. 새처럼 노래하는 대신, 내게 깃드는 끝없는 행운에 조용히 미소를 지었다,"(167). 아마도 마을 사람들의 눈에 비친 소로는 틀림없이 '게으름뱅이'로 보였을 것이다. 그러나 그들은 '무위와 명상'의 즐거움을 알지 못하리라! 소로는 자신의 생활 방식이 "오락을 사회와 극장 같은 외부에서 찾을 수밖에 없는 사람들보다 유리했기에, 삶 자체가 즐거운 오락이 되었고, 부단히 신기했다,"(168)고 말한다.

피치버그 노선 철도가 월든 호수 옆을 지난다. 소로가 여름 오후에 창가에 앉아 명상을 즐기고 있노라면, 간간이 지나는 열차나 화물차의 덜커덩거리는 소리, 비명에 가까운 기적 소리에 그의 평온은 방해를 받는다. 그러나 이 철도를 달리는 사람들이 친구를 대하듯 인사를 하는가 하면, 자주 보이는 그를 철도 종사원으로 여기는 게 분명하니, 그들과의 교제가 싫지도 않았다. "나 역시 지구의 궤도 어딘가에서 기꺼이 선로공 노릇을 하고 싶으니,"(172)라는 소로의 말은 인생행로의 선로 보수가 시급한 사람들을 위한 선로공 노릇을 하겠다는 것이고, 그의 『월든』이 바로 그것이다. 기차와 소로의 관계는 양면적이다. 한편으로는 현재의 거처가 기적 소리조차 들을 수 없는 곳이면 더 좋겠지만, "이제 매사추세츠에 그런 곳이 있는지 의심스럽다,"(171)고 말함으로써, 기적 소리정도는 받아들이겠다는 현실적인 태도를 보인다.

소로의 명상이 기적소리에 방해를 받은 것은 『월든』에서 가장 주목할 만한 사건의 하나이다. 그의 조용한 명상을 침범한 것은 19세기의 산업혁명, 기계화, 그리고 상업의 획기적 성장을 상징하는 기차가 질러대는 시끄러운 소리이다. 이에 대한 소로의 반응은 흥미롭다. 그는 자연과 화합하는 자아, 자연의 일부로 존재하는 삶의 비전을 지키려고 분투하는 개인이지만, 평온하고, 따뜻하고 우호적인 자연과 시끄럽고, 차갑고, 비인간적인 기계가 그의 눈앞에서 대립한다. 기차라는 이름의 기계가 자연과 화합하는 평온한 그의 세계를 무단히 침입하여 판도를 바꿔놓는다. 눈으로 '볼 수' 있는 것을 항상 보고 싶은 지금인데, 짓궂게 훼방 놓는 기차를 못 본체 할 수가 없다. 그리하여, 그는 상상력을 발휘하여 기계를 차라리 자연의 일부로 변형하고자 한다. 이것이 성공하면, 그는 다시 통합된 비전의 삶을 유지할 수 있을 터이다.

그러기에 그는 기차가 굴러가는 소리를 "일종의 음악으로 생각할 수도 있을 것"(148)이라거나 "자고새의 장단처럼"(170) 들린다고 말하는가 하면, "농가 마당 위를 항해하는 송골매의 절규처럼 들리는 기적 소리"(172)라는 직유로 표현함으로써, 기차를 애써 자연의 일부로 편입시키려고 노력한다. 소로는 또한 단순한 직유의 수준을 넘어서,

신화의 수준으로 기차의 위상을 높이기도 한다. 이제 기관차는 "마치 질주하는 반신半神, 즉 구름의 신처럼 머지않아 석양의 하늘도 자신의 제복으로 삼을 것 같은 기세를 내뿜는다. … (이제 어떤 종류의 날개 달린 말이나 불 뿜는 용이 새로운 신화에 편입될지 모르겠다),"(173)면서, 소로 스스로 신화의 옷을 입힌 기차에서 정신적 의미를 뽑아내려고 노력한다. 소로는 인간은 "옆으로 비켜서지 않는 어떤 운명을, 즉 하나의 '아트로포스'*Atropos*를 스스로 만든 셈이 되었다,"고 말한다. 기차는 그에게 양키의 정신, 즉 '참을성'과 '꿋꿋함'을 상징한다. 이렇게 그는 기차의 가치, 즉 철도가 상징하는 미국의 지칠 줄 모르는 기업정신과 근면을 깊이 생각해본다.

그러나 미국이 "이제는 '철도 식으로' 일을 처리하는 것이 본보기가 되었다,"(175)라며 기차의 의미를 긍정적으로 보는 듯하면서도, "이 사업이 이른 아침만큼이나 순진무구한 것이라면 얼마나 좋으랴!"라거나, "영웅적이고 당당하다면 좋으련만!"(174)이라고 말함으로써, 기차에 대한 경계심을 드러내기도 한다. 소로 또한 문명의 양면성 앞에서 갈지자걸음을 걷는 것으로 보인다. 그는 또한 기차에 대한 생각을 상업과 연관시키기도 한다. 그에게 "상업이 마음에 드는 점은 그 진취성과 용기다. 상업은 양손을 모아 쥐고 유피테르Jupiter에게 기도하지 않는다,"(176). 상업은 '영웅심'과 '자립'의 정신을 소유한다. "상업은 뜻밖에도 자신만만하고 차분하며, 기민하고, 모험적이고, 지칠 줄 모른다. 게다가 그 방법이 아주 자연스럽고, 허다한 공상적 기획과 감상적 실험과는 비교가 되지 않을 정도로 자연스럽기 때문에, 특유의 성공을 거둔다." 상업은 고결한 사람의 특질까지 겸비하고 있다. 그러기에 그는 "화물차가 덜거덕거리며 내 옆을 지나갈 때면, 기분이 상쾌하고 뿌듯하다,"고 말한다. 상업은 그 근면성과 종사자들의 즐거운 태도 때문에 인상적이다. 그래선지 화물까지도 어떤 의미가 있어 보인다. 예컨대, "화차에 실린 찢어진 돛들은 종이로 재생되어 책이 되기보다는 지금 그대로가 읽기도 더 쉽고 재미있다,"(177). 그리고 "소의 꼬리는 … 영락없는 고집불통의 상징으로, 타고난 악덕은 모두 거의 속수무책이고 고칠 수 없다는 것을 보여준다,"(179).

그러나 찢어진 돛들은 팔리면 종이로 재생될 것이고, 쇠꼬리는 꼬리곰탕의 재료로 쓰일 것이 아닌가! 그리고 큰 소나무 목재는 "큰 기함의 돛대"(180)가 될 것이다. 그러니, 방목장의 몰이꾼들은 이제 할 일이 사라졌고, 몰이꾼을 돕던 개들 또한 "토사구팽 신세가 되었고, 후각도 상실했다,"고 소로는 한탄한다. 무정한 "기차는 기적을 울리고, 나는 철길에서 비켜서서 열차를 보내는 수밖에 다른 도리가 없구나,"(181). 소로가 동경하던 목가 생활도 바람처럼 사라졌다! 소로는 숲속의 수레 길을 건너듯 철로를 건너가면서 이렇게 다짐한다, "기차의 연기와 증기와 기적 소리에 눈을 상하거나 귀가 먹는 꼴을 당하지는 않으리라,"(182). 기적소리는 전원적이고, 농본적인 생활방법의 종말을 공식적으로 선포한다. 슬프지만 한 시대가 지나갔다. 인간의 역사는 개인의 의지와는 상관없이 전진할 뿐이다! 자연과 문명은 끝내 충돌하고 말 것인가! 소로가 21세기의 오늘을 산다면, 그의 다짐대로 '전진'하는 '기적 소리'에 귀먹지 않고, '새 소리'로 대변되는 '자연의 소리'를 온전히 경청할 수 있을 것인가?

2. 자연의 멜로디

오늘도 기차가 지나가면, 호수의 물고기마저 더 이상 열차의 진동을 느끼지 않으니 소로는 다시 혼자다. 나머지 오후 내내 그의 명상을 방해하는 것은 먼 신작로를 달리는 마차나 말이 희미하게 내는 덜거덕거리는 소리뿐이다. 그리고 일요일에는 먼 마을의 은은하고 감미로운 종소리가 순풍에 실려 숲의 소리와 합류하니, 숲으로 들여와도 좋을 만한 자연의 멜로디로 들린다. 이윽고 저녁이 되면, 숲 너머 지평선에서 들려오는 암소의 먼 울음소리, 그리고 저녁을 노래하는 쏙독새의 노래가 그의 귀를 즐겁게 한다. 이렇게 숲속의 하루도 지나간다.

"다른 새들이 조용하면 멧부엉이들이 노래를 이어받는다. 곡소리를 내는 여인들처럼 그들은 우룰루! 태곳적 울음을 내기 시작한다. 그들의 울음은 정말로 벤 존슨의 마녀들의 노래처럼 음산하다. 교활한 한밤중의 마녀들! … 엄숙하기 짝이 없는 무덤의 노래다. … 눈물어린 어둠의 음악, 노래로 부르고픈 회한과 탄식인 듯하다,"(184). 이어서 "올빼미도 부엉부엉! 세레나데를 불러주었다. … 그것은 송장 먹는 귀신이나 백치가 미쳐서 울부짖는 소리를 연상시켰다,"(185). 그럼에도 소로는 우울하지 않다. 멧부엉이의 곡성哭聲을 새벽 수탉의 기쁨의 환성이 뒤따를 것이 틀림없기 때문이다. 밤은 살아있느니, "작은 매들이 상공을 선회하고, 박새가 상록수 사이에서 지저귀고, 자고새와 토끼가 나무 밑을 살금살금 숨어 다녔다. … 늦은 저녁이면 멀리서 마차가 덜거덕거리며 다리를 지나가는 소리 — 밤에는 어떤 소리보다 멀리까지 들린다 — 와 개 짖는 소리가 들리고, 때로는 먼 외양간에서 쓸쓸한 암소가 또다시 음매하고 우는 소리가 들렸다. 그러는 사이에 호숫가에는 온통 황소개구리의 나팔소리가 울려 퍼졌다,"(186).

머지않아 새벽이 온다. 월든 숲에서 "수탉이 우는 소리가 들린 적이 있는지는 잘 모르겠다. 하지만 그 음악만을 위해서 수평아리를 노래하는 새로 키워봄직 하다고 생각했다. … 군주 같은 수탉의 나팔이 잠시 쉴 때, 암탉들의 꼬꼬댁거리는 소리로 빈 공간이 채워진다고 상상해보라! … 이 소리는 여러 민족의 잠을 깨울 것이다. 이 소리를 듣고 누가 일찍 일어나지 않겠는가? 날마다 점점 더 일찍 일어나게 되어, 마침내는 모두가 더할 수 없이 건강하고 부유하고 현명해지지 않겠는가?"(187~188). 소로의 집에는 "쥐도 없었으니, 굶어 죽었거나, 먹을 것이 없어 아예 들어오지 않았을 것이다. 다만 지붕 위와 마루 밑의 다람쥐들, 지붕 용마루 위의 쏙독새, 창문 아래에서 울어대는 푸른 어치, 집 아래의 산토끼나 우드척, 집 뒤의 멧부엉이나 고양이올빼미, 호수 위의 야생 기러기 떼나 웃기는 되강오리, 밤이면 울부짖는 여우가 있었다."(188~189). 이렇게 숲속의 하루는 생동감이 넘친다.

소로의 집에는 "마당 자체가 없었다. 울타리 없는 자연이 바로 문지방까지 올라와 있었다. 창문 밑에는 어린 숲이 자라고, 야생 옻나무와 블랙베리 넝쿨이 지하실까지 헤치고 들어왔으며, 억센 리기다소나무가 공간이 부족해서 지붕널을 문지르며 삐걱거리고, 아예 뿌리를 집 밑으로 뻗치고 있었다. 강풍에 날아갈 작은 창이나 블라인드 대신에, 딱 부러지거나 뿌리채 뽑힌 소나무가 땔감으로 집 뒤에 쌓여 있었다. 큰 눈이 내려도, 앞마당의 대문에 이르는 길이 막힐 일은 없었다. 아예 대문도 없고, 앞마당도 없고, 문명세계로 통하는 길 자체가 없었다,"(189).

기적소리의 방해에도 불구하고, 소로는 '항상 눈을 부릅뜨고,' 그의 주변에서 '볼 수 있는 것'을 눈여겨봤다. 이렇게 소로는 명상을 즐겼다. 그는 월든 시절을 '성장의 계절'로 회상한다, "나는 밤사이에 자라는 옥수수처럼 쑥쑥 자랐다. 이런 공상의 시간은 어떤 육체적인 일보다도 훨씬 더 유익했다. 그런 시간은 삶에서 공제된 시간이 아니라,

내게 부여된 통상적인 시간을 훨씬 능가하는 성장의 계절이었다."(167). 그러나 소로는 결코 공상에 사로잡힌 바보가 아니다. 그가 기차를 신화적으로 보려고 노력할 때에도, 그의 비판정신은 여전하다. 기차와 관련하여, "이제 지구가 그 위에서 살 만한 어떤 종족을 얻은 듯하다!"고 선언할 때도 소로는 "… 듯하다"는 표현을 사용함으로써 신화에서 한 발짝 물러나는 태도를 보인다. 이어서 그는 그의 시적 비전의 표면을 꿰뚫고, 그가 창조한 신화의 거품을 빼고 이렇게 말한다, "만약 모든 것이 보이는 그대로이고, 사람들이 고귀한 목적을 위해서 비바람을 하인으로 부리는 것이라면 얼마나 좋으랴! 만약 기관차 위에 서리는 구름이 영웅적 행위로 인한 땀방울이거나 농부의 밭 위에 떠도는 구름처럼 자비로운 것이라면 얼마나 좋으랴! 그렇다면야 비바람과 대자연 자신도 인간들의 임무에 기꺼이 동행하여 그들의 파트너가 되련만!"(173). 인간이 창조한 신화의 허상을 지적하는 것이다. 철도와 상업은 고귀한 목적보다는 거의 항상 '그 자체'에 봉사하는 게 엄연한 사실이기 때문이다.

「독서」는 개인, 과거의 위대한 작가, 그리고 사회 간의 연결을 강조하지만, 「소리들」은 개인에 초점을 맞춘다. 소로 개인이 사회로부터 멀어진 것이 그가 외롭다는 것을 의미하지는 않는다. 자연은 인간들보다 더 좋은 친구이기 때문이다. 외로움은 육체적 근접과는 별 관계가 없다. 많은 사람들에 에워싸여 있을 때에도, 진정한 교우관계를 느끼지 못한다면 외로운 것이다. 문어로 쓰인 책을 읽는 것은 과거의 '그분들'과 교제하는 것이고, 지금 '볼 수 있는 것'들을 보는 것은 가까운 '친구들'과 교제하는 것이다. 전자는 '실내의 독서'라면 후자는 '실외의 독서'라 할 것이지만, 모두 혼자 하는 일이다. 그러나 진정한 리얼리티를 보기 위해서는 직접 경험하는 후자가 더 중요하다 할 것이다. 무엇이 실로 리얼한 것인지 분간하지 못하면, 무지의 심연을 건너지 못할 것이다.

WALDEN

고독

1. 외로움과 고독

소로는 저녁때가 되면 집으로 돌아온다. "유쾌한 저녁이다. 이런 때는 온 몸이 하나의 감각기관이 되어서 모든 땀구멍을 통해 기쁨을 빨아들인다. 나는 자연의 일부로, 그 품 안에서 묘한 자유를 느끼며 오간다. 구름 끼고 바람 불고 싸늘한 날씨이지만, 셔츠 바람으로 자갈 깔린 호숫가를 산책할 때면, 시선을 특별히 끄는 것이 없더라도 만물이 나와 의기투합하니 유쾌하기 그지없다." 소로에게 저녁은 유쾌하다. 소로 자신이 자연과 하나가 되어, '자연의 일부'라고 느끼는 시간이기 때문이다. "황소개구리들이 트럼펫을 울려 밤을 맞이하고, 쏙독새의 가락이 호수 저편으로부터 바람을 타고 물결친다,"(190). 자연은 밤에도 이렇게 쉬지 않고 움직인다.

소로가 집에 돌아오면 방문객들이 들렸다가 남긴 작은 선물이나 흔적을 발견한다. 가까운 이웃이 불과 1마일 거리에 있다. 그러나 소로는 말한다, "내가 숲과 접하는 지평선을 독차지하고 있다. 한쪽으로는 멀리 호수와 접하는 철도가 보이고, 다른 한쪽으로는 숲의 오솔 길과 접하는 울타리가 보인다. 그러나 대체로 내가 사는 곳은 대초원만큼이나 고독하다. 뉴잉글랜드이면서도 아시아나 아프리카 같은 기분이 든다." 소로는 대초원이나 아시아나 아프리카에서 사는 만큼이(* 붙이기!)나 고독하니, "말하자면, 나만의 해와 달과 별들을, 나만의 작은 세계를 가지고 있다,"는 느낌이라는 것이다. 외롭지만, 싫지 않은 것은 외딴 숲속의 밤은 고독을 즐길 수 있는 시간이기 때문이다. "사람들은 아직도 어둠을 꽤 두려워하는 것 같다,"(192). 그러나 소로는 밤이 더 좋다.

고독이 즐거운 것은 왜인가? "가장 달콤하고 부드러우며, 가장 순수하고 용기를 북돋우는 벗을 바로 자연의 만물에서 발견할 수 있기"(192) 때문이다. 그러기에 소로는 때때로 다른 사람과 비교하건대, "분에 넘치게 신들의 총애를 많이 받는 듯싶다. 마치 내가 친구들이 갖지 못한 보증서와 담보를 신들에게 받았으며, 신들의 각별한 인도와 보호를 받고 있다는 기분이 든다,"고 말한다. 물론, "혼자인 상황이 유쾌하지 않게 느껴졌던" 날도 있었다. 그러나 그는 월든 시절을 이렇게 회고한다, "조용한 빗속에서 이러한 생각에 잠겨 있는 동안, 나는 갑자기 대자연에 아주 달콤하고 자애로운 벗이 있다는 것을 느꼈다. 후두두 떨어지는 빗소리에서, 집 주변의 모든 소리와 광경에서, 나를 떠받치는 대기처럼 무한하고 형언할 수 없는 우정이 한꺼번에 몰려와 이웃에 사람이 있으면 좋겠다는 생각이 하찮게 느껴졌고, 그 후 다시는 그런 공상을 하지 않았다,"(193). 고독에서 자연과 돈독한 우정을 쌓아가는 소로에게 "가장 즐거운 시간 중 하나는 봄이나 가을에 폭풍우가 계속될 때였다. … 쉴 새 없이 포효하는 바람과 세차게 때리는 빗소리를 들으며 마음을 달랬다. 이른 황혼이 긴 밤을 불러들이기 때문에 그런 밤이면 많은 생각이 뿌리를 내리고 가지를 뻗었다,"(194).

사람들은 자주 소로에게 "그곳에선 무척이나 외롭지요? 특히 비가 오거나 눈이 내리는 낮과 밤이면 사람들에 더 가까이 있기를 원하겠네요."라고 묻는다. 그는 "두 사람의 마음을 훨씬 더 가깝게 하는 것은 결코 뻔질나게 놀리는 발," 즉 공간거리가 아니라는 것을 알았다. 지구 전체가 우주공간에서 무한히 작은 하나의 점에 불과한 것인데, 그런 지구에서 외로움을 느낄만한 공간이라도 있다는 것인가! 외로움은 마음의 상태로서, 반드시 어떤 사람과 육체적으로 가까운 것으로 치유되는 것은 아니다. 더욱이, 최고의 동반도 얼마 후에는 싫증나게 된다. 소로는 교우交友를 포기하는 것이 아니다. 되레 인간과의 시시한 교제를 자연과의 깊은 친교로 대치한 것이다. 마음이 열려있지 않으면, 친구들에 에워싸였을 때도 외로움이 발생할 수 있다. 소로는 왜 잠시나마 사회를 떠나 자연에서 살고 싶었을까? 한마디로, '영원한 생명의 근원' 가까이서 살고 싶었기 때문이다. "버드나무가 물가에 서서 물 쪽으로 뿌리를 뻗듯이, … 생명이 분출한다고 알려진 곳 가까이서"(195) 살고 싶었던 것이다. 그에게 필요한 정신의 양분은 콩코드 마을에서가 아니라 자연에서 발견할 수 있는 것이다. 그에게 자연은 육체와 정신을 포함하는 '생명의 영원한 근원'이다. "모든 사물의 존재를 형성하는 힘," "부단히 실행되는 가장 숭고한 법칙," "우리를 만드는 일꾼,"(196) "하늘과 땅의 오묘한 능력들"(197)은 인간사회가 아니라 자연에서 더 친근하게 역사役事한다.

고독과 함께 "사색을 하면 우리는 건전한 의미에서 자기를 잊을 수 있다. 우리는 정신의 의식적인 노력을 통해 행위와 그 결과로부터 초연해질 수 있다. 그러면 좋은 것이든 나쁜 것이든, 만사가 급류처럼 우리를 지나가버린다,"(197). 소로는 '외로움'은 슬프고 유해한 '고립'

이라는 생각에 도전한다. 그는 유해한 '외로움'을 생산적인 '고독,' 즉 자기발견의 통로로 전환했다. 월든 호숫가에서 2년여 간 '고립'의 삶을 산 셈이지만, 그의 삶은 분명 슬픈 '외로움'의 삶은 아니었다. 그의 '고독'은 불필요한 사회적 압력을 벗어나, 자연과의 친화와 내적 성찰로 자신을 살찌우고, 삶의 지혜를 터득하는 실험이었고, 그의 실험은 '고립'을 피하기는커녕 포용함으로써 내적 성장을 위한 강력한 '고독'이 될 수 있다는 것을 증명했다.

2. 숲속의 친구들

사람들은 흔히 혼자 있을 때보다 다른 사람들의 주변에 있을 때 더 외롭다고 생각한다. 그러나 소로는 숲속에서도 온갖 부류의 사람들로부터 유쾌한 방문을 받았다. 학생이나 농부가 외롭지 않은 것은 주변에 사람들이 있어서가 아니라, 그들이 열중하는 일이 그들의 기대를 충족시키기 때문이다. '고독'은 '외로움'과는 다른 마음의 상태이다. 고독은 신비에 가까운 상태이다. 고독상태에서의 명상이 마냥 즐거운 것은 어떤 중매의 도움도 없이 일시에 성장盛裝한 자연을 신부로 맞아들여 정신적 부자가 되는 시간이기 때문이다. 세속의 바쁜 삶을 비우고, 육신의 욕망과 지성의 메시지까지도 일시 정지하고, 우주의 리얼리티를 직시하는 시간이 바로 고독이다. 소로에게 자연은 고독을 함께 나누는 친구이니, 그의 "집에는 아주 많은 벗이 있다. 아무도 찾아오지 않는 아침에는 특히 그러하다,"(200). 호수와 되강오리, 민들레, 콩잎, 괭이밥, 말파리, 호박벌, 풍향계, 북극성, 남풍, 4월의 소낙비, 1월의 해빙, 거미 등등 모두가 친구이기에, 소로는 결코 외롭지 않다.

월든 숲의 소로는 사람들과 어울리는 대신에 숲속의 친구들과 만난다. 그는 말한다, "숲속에 눈이 펑펑 내리고 바람이 세차게 부는 긴 겨울밤이면, 나는 이 숲의 옛 개척자이자 본래 주인이었던 이의 방문을 이따금 받는다. 월든 호수를 파고, 돌을 쌓고, 호숫가에 소나무 숲을 조성했다고 알려진 이다. 그는 내게 지나간 세월과 새로운 영원을 이야기한다,"(200~201). 숲과 목양牧羊의 신인 판Pan과의 만남을 가상假想하는 대목이다. 뿐만 아니라, '나이 지긋한 부인,' 즉 '대자연'Mother Nature이 그의 이웃에 산다. 판과 마찬가지로 '대자연'은 "대부분의 사람에게는 보이지 않는다. 내[소로]는 때때로 부인의 향기로운 약초원을 거닐면서, 약초도 캐고, 그녀의 우화에 귀 기울이기를 좋아한다. 부인은 비할 데 없이 풍요로우며, 그 기억력은 신화 이전의 먼 과거까지 거슬러 올라가, 모든 우화의 기원은 물론 그 우화가 어떤 사실에 근거하고 있는지도 들려줄 수 있다,"(201). 소로에게 '대자연'은 "가장 달콤하고 부드러우며, 가장 순수하고 용기를 북돋우는 벗"(192)이다. 초원의 민들레가 외롭지 않은 것처럼 소로도 외롭지 않다. 외로움이나 우울증이 발붙일 여지가 없다. 소로는 대자연의 일부로 산다. 소로는 말한다, "우리를 계속 건강하고, 평온하고, 만족스럽게 하는 묘약은 무엇인가? 그것은 나와 당신의 증조부가 처방한 약이 아니라, 우리 공동의 증조모인 대자연이 처방하는 보편적인 식물성 약이다. … 나는 희석되지 않은 순수한 아침 공기를 한 모금 마시겠다,"(202). 인간이 살아가기에 필요한 유일한 '묘약'은 한 모금의 '아침 공기'이다.

WALDEN

방문객들

1. 접대의 예의

　소로가 고독을 즐겼다고 해서 사회를 멀리한 것은 아니었다. 그는 "여느 사람들과 마찬가지로 교제를 매우 좋아하고, 순수한 사람이 눈에 띄면 언제든지 거머리처럼 찰싹 달라붙어서 한동안 떨어지기 싫어한다,"(204). 그는 결코 '타고난 은둔자'가 아니었다. 콩코드에 자주 가서 오랜 친구들과 만나기도 하고, 계절이 요구하는 이런저런 일을 하기도 했다. 사람은 어디에 살든지 찾아오는 이가 있게 마련이다. 소로는 말한다, "나는 숲속에 사는 동안에 인생의 어느 시기보다 더 많은 방문객을 맞이했다. 방문객이 좀 있었다는 뜻이다. 나는 다른 어느 곳에서보다도 좋은 환경에서 몇몇 방문객을 맞이했다. 그러나 하찮은 일로 나를 만나러 오는 사람은 전보다 줄었다,"(209). 콩코드 마을과의 거리 때문에 필요한 벗들만 방문했기 때문이었다. 소로의 집은 공간이 넉넉하지 않아서, 의자도 3개밖에 없었다. "하나는 고독을 위한 것이고, 다른 하나는 우정을 위한 것이고, 나머지는 교제를 위한 것이었다."(204). 그러기에 그는 "개인 간에도 국가처럼 적당히 넓고 자연스러운 경계선은 물론 상당히 넓은 중립지대까지 있어야 한다."면서 작은 집의 한계성을 인식했다. 그러기에 그는 "아주 작은 집에 살면서 때때로 경험한 한 가지 불편한 점은 우리가 중요한 생각을 중요한 말로 나누기 시작했을 때, 손님과 충분한 거리를 두기가 어려웠다,"(205)고 말한다. 여기서 말하는 '거리'는 물리적 거리보다는 정신적 여백을 의미하는 것으로, 철학적인 대화를 나눌 때는 되레 손님과의 상당한 물리적 거리가 필요하다는 것이다. 왜냐하면, 영적인 대화는 각자 자신의 영혼을 자유롭게 펼칠 공간, 즉 숲이나 우주 전체를 꽉 채울 만큼 넉넉한 '마음의 공간'을 요하기 때문이다.

그러기에 손님을 접대할 때, 소로는 손님을 소로 자신의 생활스타일에 맞추는 방법을 찾았다. 손님을 한꺼번에 스물다섯 명에서 서른 명을 맞은 적도 있지만, 그럴 때면 응접실을 집 뒤의 소나무 숲으로 옮김으로써, 공간의 한계를 쉽게 극복했다. 그곳은 "항상 손님을 맞을 준비가 되어 있으며, 카펫에 햇볕이 들 염려가 거의 없는 곳이었다,"(206). 그리고 "손님이 한 사람일 경우에는 때때로 소박한 식사를 함께했다." 그러나 "스무 명이 와서 내[소로의] 집에 앉는 경우에는, 두 사람이 먹을 정도의 빵은 충분히 있는데도, 식사에 대해서는 아무도 일언반구를 하지 않았다. 모두가 먹는 습성을 아예 잊은 듯이 말이다. 우리는 자연스레 절식을 실천했다. 모두가 절식이 손님 접대의 예의에 반하는 불쾌한 행위가 아니라, 아주 적절하고 사려 깊은 과정이라고 느꼈다." 소로는 손님들에게 먹을 것보다는 정신의 양식을 제공하는 것이 더 자랑스럽다고 여겼기 때문에, "나[소로]는 이렇게 스무 명은 물론 천 명의 손님도 대접할 수 있었다,"(207)고 부끄럼 없이 말한다. 어느 날 플리머스 식민지의 지사가 그 고장의 인디언

추장을 방문했을 때, 추장은 손님에게 제공할 "식사에 대해서는 온종일 아무 말도 하지 않았고," 잠자리도 부족해서 추장 부부는 침대 "한 쪽 끝에 눕고," 지사 일행은 "다른 쪽 끝에 누웠으며,"(208) 다음 날 1시에야 잡은 물고기 두 마리로 끓인 죽을 마흔 명이 나눠 먹은 것으로 그쳤다. 그러나 인디언들은 손님과 잠자리를 나누는 것은 오히려 경의의 표시로 여겼고, 먹을 것이 없어서 제공하지 못한 식사를 "사과하는 것으로 대신할 수 있다고 생각할 만큼 어리석지도 않았다,"(209). 소로의 말대로, "당신의 평판을 당신이 제공하는 식사에 의존할 필요는 없다,"(207). 형편 이상으로 환대하는 것은 허례허식이며, 형편에 따른 대접이 어느 쪽의 명예에도 손상을 주지 않는 것이다.

2. 소로의 방문객들

소로는 숲속의 집으로 찾아온 나이 스물여덟의 캐나다 태생의 벌목꾼을 특히 좋아했으며, 그와의 교유交遊 이야기를 상당히 자세하게 기술한다. 그는 투박하고, "단단한 체격에 동작이 느렸으나, 몸가짐은 정중"한 성품을 가졌으며, "이 사람보다 단순하고 꾸밈없는 사람을 발견하기는 힘들 것이다. … 그는 아침 일찍 나의 콩밭을 지나갔지만, 양키들과는 달리 불안이나 성급한 기색을 보이지 않고 일터로 향했다,"(212~212). 소로가 보기에, 이 벌목꾼은 일찍 일어나고, 나무를 자르고, 동물을 사냥하고, 경제적 걱정 없이 먹고사는 수준의 삶을 살았기에, 완전히 자립自立의 삶을 사는 사람이었다. "그는 능숙한 벌목꾼이었고, 자신의 기술에 약간의 멋을 부리며 치장하기를 즐겼다." 점심때가 되어 도시락을 먹을 때면, 새들이 그의 어깨에 앉을 만큼 자연친화적인가 하면, 황소처럼 남자답기도 하다. 소로가 "그에게 흥미를 느낀 것은 그가 아주 조용하고 외로우면서도 행복해 보였기 때문이다. 그의 눈가에는 명랑과 만족의 샘물이 넘쳐흘렀다. 그의 기쁨에는 불순물이 섞여 있지 않았다,"(212). 한마디로, "그는 주로 동물적 인간성이 발달한 사람이었다,"(213). 그러나 "그의 안에 있는 지성적 인간과 소위 정신적 인간은 잠자고 있었으니, 갓난아이와 다를 바 없었다. … 그는 어떤 역할도 연출하지 않으려 했다,"(213~214). 소로는 말한다, "아무런 야심이 없는 그를 겸손하다고 말할 수 있을지 모르지만, 그는 그저 선천적으로 매우 겸손했다. 겸손의 개념조차 의식하지 못했기 때문에, 겸손이 그의 뛰어난 특질이라고 할 수도 없을 것이다,"(214). 그럼에도 불구하고, 소로가 그에게 철학적인 질문을 하면 단순하고도 진지한 대답을 했기 때문에, 소로는 "그가 셰익스피어만큼 현명한 사람인지, 어린애처럼 단순하고 무식한 사람인지, 아니면 그가 뛰어난 시적 의식을 소유한 사람인지, 어리석기 짝이 없는 사람인지, 갈피를 잡을 수 없었다,"(215). 소로는 그 벌목꾼의 지성이 발달을 멈춘 것이 안타깝지만, 되레 그의 무지에서 차원 높은 존재의 지혜를 발견한다. "그의 존재는 최하층의 인생에도 천재적인 사람들이 있을 수 있으며, 그들은 영원히 비천하고 무식하다 하더라도, 항상 자신의 견해를 가지고 있거나 아니면 아예 아무것도 못 보는 척한다는 사실을 암시했다. 그들은 비록 어둡고 진흙투성이일망정, 우리가 생각하는 월든 호수만큼이나 깊이가 무한한 사람들이다,"(218). 소로의 벌목꾼이 지성까지 겸비한다면, 아마도 소로가 염원하는 '철학자의 나라'가 가능할 터이다.

    소로의 다른 방문객들 가운데, 물을 청하는 사람들이 있었지만, 소로는 그저 "호수를 가리키면서 바가지를 빌려주겠노라고 말했다,"(218). 좀 별난 사람, 즉 "빈민 구호소와 그 밖의 곳에 사는 아둔한 사람들까지 내[소리]를 찾아올 때가 있었다." 소로가 보기에 무척이나 '아둔한' 사람들이지만, "그들 중 일부는 이른바 빈민 '감독관'이나 마을의 행정위원들보다 더 현명하다는 사실을 발견하고"는 "지능과 관련해서, 내[소리]는 아둔한 사람과 온전한 사람 사이에 별 차이가 없다는 사실도 알게 되었다. 어느 날 양순하고 순진한 거지가 내소리를 찾아와서, 자기도 내소리처럼 살고 싶다는 소망을 밝혔다. … 정말이지, 그는 자신을 낮출수록 그만큼 더 높아보였다,"(218~219). 소로는 분수를 잘 아는 이 거지의 진솔함과 솔직함에 감동을 받고, "우리 사이의 교제도 현인들 사이보다 더 좋은 어떤 것을 향하여 전진하리라"(219)는 생각이 들기도 했다. 소로를 찾아온 몇몇 극빈자들은 "대접을 바라는 것이 아니라 '자선'에 호소했고, 진정으로 도움 받기를 원하면서도 자력으로 살기를 포기하기로 결심한"(219~220) 사람들이었다. 소로는 "손님은 자선의 대상이 아니다,"라고 믿기 때문에, 이런 사람들은 조용히 돌려보냈지만, 또 다른 손님 중에는 소로가 "북극성 쪽으로 계속 도망치도록 도와주었던 진짜 도망노예도 한 사람 있었다,"(220).

    소로는 또한 가끔 만나는 농부, 철도 노동자, 우연한 방문객 등 폭넓은 사람들과 대화를 나눌 기회가 있었다. 사업가들과 심지어 농부들도 소로가 "고독한 삶과 일, 그리고 … 이런저런 것들과 동떨어져 사는 것만을 생각"한 나머지, 끼니도 못 찾아 먹고, 빈둥거리다가, 우울증에 걸리거나, 갑작스런 사고로 죽을지 모른다고 걱정을 하는 듯했다. "이들은 가끔 숲속에서 산책하는 것을 즐긴다고 말했지만, 그렇지 않은 것이 분명했다. 생계를 유지하는 데 모든 시간을 뺏기며 쉴 새 없이 바쁜 사람들도 방문했고, 신에 대한 독점권을 즐기는 듯 신에 관해 말하면서도 갖가지 다른 의견은 용납하지 못하는 목사들도 찾아왔다. 내[소로]가 외출했을 때, 내 찬장과 침대를 엿보는 의사, 변호사, 불안한 주부도 있었다."(221). 쉴 새 없이 바쁜 사람들도 소로를 방문했지만, 숲을 진정으로 즐기는 사람은 없었다. 그들은 자연의 자애로운 영향을 느낄 수 없는 경제적 세계에 기력을 너무 빼앗겨서, 정신적으로 피폐한 자들이었다. "이 모든 방문객은 현재의 위치에서는 내[소로]가 좋은 일을 많이 할 수 없다고 말했다. 그래! 바로 그것이 문제였다. 나이나 성별에 관계없이, 늙고 허약하고 겁 많은 사람들은 주로 질병과 갑작스러운 사고와 죽음을 생각했다. 그들에게는 인생이 위험이 가득한 것으로 보였다. 하지만 아무런 위험도 생각하지 않으면 무슨 위험이 있겠는가?"(221~222). "사람이 살아있으면 죽을 '위험'이 항상 뒤따른다. 사람은 무릅쓰는 만큼의 많은 위험을 이용하는 법이다,"(222).

방문객 가운데 가장 따분한 사람들은 자칭 '개혁자'라는 자들이다. 이들은 우선 자신들을 개혁하지 않은 채로, 주제넘게 세상을 바꾸려고 덤비는 자들로서, 멀리 소로에게까지 설교를 하고자 찾아오는 것이었다. 말하자면, 자력으로 지은 집에서 독립적으로 사는 '소로'를 감히 병아리로 본 '인간 솔개들'이었다. 이런 사람들과 달리 호수를 즐기는 유쾌한 방문객들도 있었다. 이들은 "호수를 들여다보고, 꽃을 바라보면서 시간을 선용했다,"(221). 소로는 아직 이런 사람들이 있어서 기쁘다. "딸기를 따러 오는 아이들, 깨끗한 셔츠 바람으로 일요일 아침에 산책을 하는 철도 종사자들, 어부와 사냥꾼, 시인과 철학자가 그들이다. 요컨대 그들은 진정으로 마을을 버려두고 자유를 위해서 숲으로 나온 사람들이고, 모두 정직한 순례자들이다,"(223). 소로는 이미 이런 종족과 친교가 있는 사이였기에 더욱 반가웠다.

소로는 스스로 사회를 사랑한다고 말하지만, 사회보다는 숲속의 고독을 더 좋아했다. 그러나 소로는 사회적인 독자들의 호감을 사기 위해서 짐짓 "나는 타고난 은둔자가 아니며, 일 때문에 술집에 가게 되는 경우 술이 가장 센 단골보다 어쩌면 더 오래 앉아 있을 것이다."(204)라면서, 그 역시 그들과 다름없이 친구를 좋아하는 보통사람이라는 것을 강조한다. 그러나 「고독」에서 자연과 만날 때와는 달리, 「방문객들」에서는 그의 방문객 중에서 벌목꾼처럼 이상적인 손님들도 있었지만, 대체로 그들과의 만남이나 대화에서는 별다른 영감과 환희가 뒤따르지 않는다.

WALDEN

콩밭

1. 콩밭의 의미

월든 숲의 소로는 약 2.5에이커의 콩, 그리고 더 작은 양의 감자, 순무, 완두콩을 심고, 여름 내내 가꿨다. 오전 시간은 주로 콩 농사를 짓는데 쓰고, 오후와 저녁 시간은 주변을 산책하거나, 명상을 하거나, 독서를 하면서 보낸다. 내핍耐乏과 간소, 그리고 고독의 가치들을 내세우면서, 축소지향의 생활스타일을 부단히 실천하는 만족감을 누린다. 유유자적하는 그의 삶은 물질적 부富에 인생을 걸고, 노역勞役에 시달리며 절망하는 삶과는 사뭇 다르다. 그는 매일 이른 아침에 콩밭에서 일한다. 그러나 그의 일은 단순히 먹을 것을 자급하는 노력 이상으로 훨씬 중요한 일이 되었다. 소로는 이렇게 자문自問한다, "'헤라클레스 노동'Herculean labor의 축소판 같은 이런 노동의 의미가 무엇인지," "왜 콩을 길러야 하는가?."(224) "콩에서 무엇을 배우고, 콩은 내게서 무엇을 배울 것인가?"(225) 이런 자신의 질문에, 소로는 "하늘만이 안다,"(224)고 대답함으로써, 자신이 하는 일에 뭔가 철학적인 의미를 부여하고자 한다.

어떤 철학적인 의미가 있을까? 몇 가지를 찾을 수 있을 터이다. 소로는 말한다, "이랑과 콩이 내가 바란 것보다 훨씬 많았지만, 나는 그것들을 사랑하게 되었다. 나는 그것들로 인해 땅에 애착을 느끼게 되었고, 안타이오스Antæus같이 땅에서 힘을 얻었다."(224). 여기서 콩밭은 땅의 제유提喩로서, '헤라클레스 노동'의 축소판 같은 콩밭의 노동이 되레 땅에 사랑을 느끼게 하고, 땅과의 밀착에서 힘을 얻는다는 것은 땅은 인간의 고향이며, 인간이 땅을 떠나서는 살 수 없다는 만고의 진리를 확인하는 과정이라 할 터이다. 여기서 생산되는 콩은 다름 아닌 영원한 사랑의 결실일 게다. 노동은 그저 육체적인 활동으로 그쳐서는 아니 될 것이니, 몸과 마음이 하나가 될 때에 진정 사랑의 열매가 뒤따를 것이다. 이런 의미에서 콩밭은 인간의 내적 토양의 메타포로 이해할 수 있다.

그러기에 소로는 콩밭에서의 노동을 '기이한 노동'이라고 표현한다. "내가 여름 내내 매달린 기이한 노동은 다름 아니라 양지꽃, 블랙베리, 물레나물 등에 이어서 달콤한 야생 열매와 아름다운 꽃만을 생산했던 지표의 일부인 이 땅에 그것들 대신 이 콩을 생산하게 하는 것이었다. 나는 콩에서 무엇을 배우고, 콩은 내게서 무엇을 배울 것인가? 나는 콩을 애지중지하고, 김을 매주고, 아침저녁으로 살핀다. 이것이 내 일과다."(224~225). 소로는 자신을 경작하고, 자신을 개선하기 위해서 월든 호수에 왔다. 우리는 이 점을 명심하고, 그가 어떻게 콩밭을 경작했는지 읽어야 할 터이다. 소로는 "우리 가족은 내가 네 살 때 보스턴에서 이곳 고향 마을로 돌아왔는데, 바로 이 숲과 들을 지나서 이 호수에 이르렀던 기억이 생생하다."(225)고 이곳과의 인연을 회상하면서, "마침내 나도 어릴 적 꿈꾸었던 환상의 풍경에 현실의 옷을 입히는 일에 일조한 것이었다. 그리하여 나의 존재와 그 영향력의 결과 가운데 하나를 바로 이런 콩잎들, 옥수수 잎, 감자 넝쿨에서 보게 된 것이다."(225~226)라고 흐뭇해한다. 어릴 적 꿈을 현실로 바꾼 것이다. 하루가 다르게 쑥쑥 자라는 여름 내내, 소로가 콩밭에 매달리는 것이 일과였다는 점에서, 그가 추구하는 내적 발전과 완성의 과정에 적합한 메타포를 콩밭에서 발견했다는 것을 알 수 있다. 그가 경작한 밭이 잡초 대신 콩을 생산하면서, 소로의 정신 또한 예술가의 그것으로 성장을 거듭한다. 도예가가 흙으로 도자기를 빚듯이, 소로 또한 사랑의 혼으로 콩밭에서 콩을 빚은 것이다. 콩은 콩 이상의 의미를 가진다. 예술품은 흙, 손, 그리고 사랑의 삼위일체에서 탄생하는 법이다.

2. 일과 놀이

소로는 매일 맨발로 콩밭의 김을 매면서, 때때로 주변의 야생 생물을 잠시 관찰한다. 그는 말한다, "나는 말이나 가축, 어른이나 어린 일꾼, 또는 개량된 농기구의 도움을 별로 받지 않았으므로, 일은 훨씬 더디었지만, 그 대신 콩과 한층 친해졌다." 그는 왜 '훨씬 더딘' 손노동에 의존했는가? 그는 대답한다, "손노동에는 변치 않는 불멸의 도덕성이 있으니, 학자는 그것으로 고전적古典的인 결과를 얻는다."(227). 소로의 손노동은 그가 자신의 기대대로 고상하게 그 자신을 부양하는 길이었다. 손노동은 훨씬 더딘 노동이지만 콩과 한층 친하게 한다. 다시 말해서, 그가 농기구를 쓰지 않은 것은 자연 및 자신과의 연대를 돈독히 하고, 정신적으로 부자가 되는 길이었다. 비록 콩밭의 일이 '헤라클레스 노동'의 축소판, 즉 '끝없는 노동'이지만, 콩 농사를 실제적인 수확보다는 실용을 초월한 정신적 행위로 끌어올린다. 마을을 지나 어딘지 모를 서쪽으로 향하는 나그네들에게, 소로는 아주 '근면한 농부'로 비쳤다. 소로가 기계나 일꾼에게 일을 맡긴다면, 더 생산적이거나 경제적일지 모르지만, 그것은 콩, 땅 그리고 자연과의 접촉으로부터 그를 떼어놓는 일이 될 것이다. 소로는 단순히 먹기 위해서 콩을 경작한 것이 아니었다. 그는 콩을 경작함으로써, 땅을 온몸으로 사랑하는 경험을 하고 싶었는지 모른다. 소로 이전의 많은 사람들도 그리하지 않았는가! 소로에게는 "수레 대신에 호미 한 자루와, 호미를 끄는 두 손이 있을 뿐이었다. … 게다가 썩은 톱밥을 구하려면 아주 멀리 가야 했다."(228). 그러기에 소로는 거름도 전혀 쓰지 않았다. 그의 콩 농사는 수익을 위한 것이 아니었다. 소로의 콩은 생산성과는 거리가 먼 '야생의 원시 상태'로 기꺼이 돌아가고 있었지만, 그의 "호미는 그런 콩을 위해 '알프스의 목가'를 부른 것이었다."(229). 바꿔 말해서, 소로의 콩 농사는 '일'이 아니라 즐거운 '놀이'이었다.

그럼에도, 소로는 스스로 의문을 제기한다, "그건 그렇고, 인간에 의해 개발되지 않은 아주 조악한 이런 밭에서 자연이 생산해내는 작물의 가치를 누가 평가하겠는가?" 이 질문에 대한 대답은 "내 밭은 풀이 무성한 들판과 경작지를 연결하는 고리인 셈이었다. … 내 밭은 경작되는 중이었지만, 나쁜 의미에서 그런 것은 아니었다."(228)에 그 단서가 있다. 우선 콩밭의 위치에 주목하자. 숲속에 있지만, 마을에서 그리 멀지 않은 곳이다. 그의 콩밭은 길들여지지 않은 '자연'과 질서정연한 '문명'의 '연결고리' 같은 곳에 위치한다. 소로가 콩을 위해 호미로 '알프스의 목가'를 부를 때면 아침의 갈색개똥지빠귀가 서툰 '파가니니Paganini' 연주로 웃거름을 주는가 하면, 오후의 쏙독새, 솔개, 산비둘기들이 아찔한 곡예비행과 날갯짓 소리로 반주伴奏를 한다. 그런가 하면 호미질 할 때, 역사에는 기록되지 않은 민족들이 전쟁과 사냥에 사용한 작은 도구들이 이 땅을 근래에 경작한 사람들의 도기며 유리 조각들과 섞여 있기도 했다. 소로의 "호미가 돌에 짤그랑 부딪히면, 그것은 음악이 되어 숲과 하늘로 메아리쳤으니, 이런 반주에 힘입은 내[소로의] 노동은 순간적으로 무한한 수확을 올리곤 했다,"(229~230). 그가 "호미에 몸을 기대고 잠시 일을 멈추면, 밭고랑의 어느 곳에서건 이러한 소리나 광경이 들리거나 보였다. 이것이야말로 이 땅이 제공하는 무궁한 여흥의 일부였다,"(230~231). 이 때 소로가 김을 매는 곳은 이미 '콩밭'이 아니었고, 김을 매는 이도 이미 소로가 아니었으니, 소로가 경험하는 것은 열반의 상태로서 삼라만상이 '하나'가 되었다. 그가 콩의 김을 매는 것은 더 이상 그 자신과 분리된 '콩'이 아니었으며, 콩의 김을 매는 소로도 더 이상 콩과 분리된 '소로'가 아니었다. 그것은 자연 또는 신과의 신비한 융합이기에 모든 개성個性이 일시에 사라지는 시간이었다. 그의 노동은 '노역'이 아니라 '놀이' 자체였다.

3. 자연과 문명의 결합

자연과 문명이라는 두 세계가 제각기 우리에게 가치 있는 것을 제공할 수는 없는 것인가? 소로는 숲속의 개간한 콩밭, 즉 문명의 언저리에서 일거리를 찾은 셈이지만, 가능한 한 자연의 상태로 남고 싶었다. 그는 한 걸음 더 나아가서 문명의 한복판에서도 야만에 머물지 않을 정도의 자연성 회복의 가능성을 탐색한다. 이런 의미에서 그의 콩밭은 친자연적인 문명의 상징으로 볼 수 있을 게다. 소로의 콩밭에서는 자연의 소리만이 아니라 문명의 소리 또한 메아리친다.

경축일에 읍에서 쏘는 '대포 소리'와 '군악 소리'가 숲까지 멀리 침투한다. 이럴 때면 막연한 '불안감'이 엄습할 때도 있지만, 그것이 포병들의 '축포' 소리라는 것을 알고 나면, 흩어진 "벌떼를 다시 벌통으로 불러들이려고 노력하는" 평화의 소리로 들렸을 뿐만 아니라, "매사추세츠와 우리 조국의 자유가 아주 안전하게 유지되는 것을 알고 자부심을 느꼈다,"(231)고 소로는 토로한다. 더구나 "여러 악단이 함께 연주할 때면, … 이 숲에 당도하는 소리는 때때로 정말 고상하고 고무적인 가락과, 영광을 노래하는 트럼펫"이었고, 소로 또한 "멕시코 병사와 대적하면 아주 신나게 포화의 불을 내뿜을 수 있을 듯한 기분을 느낀다,"(232)며 우쭐했다. 자연의 품에 안겨서 일하면, 멀리서 들리는 대포소리도 신명나는 음악으로 들리는 것 같다. 평화가 어디에 따로 있을까. 신명이 나면 대포소리도 영광과 승리의 트럼펫 소리로 들리지 않는가! 외딴 시골에서는 전쟁의 필요성이 멀게만 느껴진다. 자연의 경치와 소리들은 멀리서 들려오는 군사적 소리들과도 즐겁게 어울린다. 자연에서는 날씨의 변화, 하루의 자연스런 코스, 그리고 심지어 이런 군사적 소리들과의 만남까지도 시인의 상상력을 일깨우고 힘을 돋운다. 그러기에 소로는 "나는 아침 일찍 맨발로 일했기에, 이슬에 젖어 무너지는 모래흙을 밟으며, 조형 예술가처럼 물을 튀겼다,"(226)며 자신을 '예술가'에 비기는 용기가 생긴다.

여름, 아침, 그리고 이슬 등의 메타포는 '조형'에 적합한 환경과 반짝이는 예술품을 예고한다. 월든 숲에서의 콩 농사와 생활은 모두 자연과 문명, 비실용과 실용의 결합을 목표로 한다. 그러기에 소로는 월든 숲에서 만난 벌목꾼을 누구보다 기리지만, 결국 그의 삶을 받아들일 수는 없었다. 소로는 순수한 벌목꾼을 자연 못지않게 존중하지만, 벌목꾼은 문명의 초월에 필수적인 지성, 직관, 그리고 상상력이 부재不在한다. 진정한 정신적 삶은 글자 그대로 '자연스러운' 삶이어야 한다. 그러나 '야만'을 벗어난 지성적 가치와 결합하지 못하면, 유치한 어린이에 지나지 않을 것이다.

4. 심각한 목적을 위한 놀이

소로는 작물 경작에 15달러 미만의 비용을 들이고, 거의 24달러를 벌어서, 약 9달러의 순익을 남긴다. 그는 콩을 많이 먹는 사람이 아니기에, 콩을 쌀과 바꿔 먹었고, 순무와 완두콩은 자급자족했다. 그는 말한다, "내가 콩과 맺은 오랜 교제는 독특한 경험이었다. 나는 콩을 심고, 김을 매고, 수확하고, 타작하고, 점검하고, 팔았다. 파는 일이 제일 힘들었다. 나는 콩을 맛보기도 했으니, 그 경험도 덧붙일 만하다. 나는 콩을 알기로 결심했다."(232~233). 소로는 우선 잡초와의 전쟁을 벌였다. "호미를 가지고 아주 불공평한 차별 대우를 하며, 어떤 잡초는 줄줄이 몽땅 쓰러뜨리면서," 잡초와 다를 바 없는 콩은 "정성을 다해 기른다."(233). 그는 신선한 흙에 순종 씨를 골라서 심고, 해로운 동물이나 새를 경계하고, 첫 서리 전에 수확해야 한다는 것도 경험했다. 그는 순익을 남겼음에도, '콩을 알기로 결심했다.'고 말한다. 도대체 이것은 무슨 뜻인가? 소로는 말한다, "나는 이처럼 뉴잉글랜드의 다른 농부들과 함께 농사에 전념했다. 콩이 먹고 싶어서 그랬던 것은 아니었다. 콩이 죽을 의미하건 투표를 의미하건, 콩에 관한 한, 나는 본래 피타고라스 같은 사람이어서, 그것을 먹지 않고 쌀과 교환했기 때문이다. 그러나 단지 비유와 어구를 찾기 위해서라도, 또는 후일에 어느 우화 작가에게 도움을 주기 위해서라도, 누군가가 콩밭에서 일을 해야만 한다."(234). 소로의 콩 농사는 일종의 '문학수업'이었다.

소로의 콩 재배는 일과 놀이가 결합된 흔치 않은 즐거운 일이었다. 그의 밭일은 예술적 비유의 발굴을 위한 '놀이'이었다. 그러나 숙명처럼 콩의 재배에만 매달리는 이웃 농부들은 콩을 기르면서, 콩이 속삭이는 언어, 즉 미래를 위한 새로운 씨앗의 파종과 재배의 필요성을 끝내 들을 수 없었음이 틀림없다. 소로는 한 해 여름 콩을 재배하고, "콩 농사는 대체로 진기한 즐거움을 맛보게 한다. 하지만 너무 오래 계속하면 정력 낭비가 될 것"(234)이라고 말한다. 그러기에 그는 "내년 여름에는 콩과 옥수수 씨 말고 성실, 진리, 소박, 믿음, 순수 등의 씨앗이 죽지 않았다면, 그런 씨앗을 심고, 좀 더 적은 노력과 거름으로도 그것들이 이 흙에서 자라 내 양식이 될 수 있을지 볼 것"(237)이라고 다짐한다. 콩이라는 육체의 양식에만 매달리지 않고, 정신의 양식을 위한 미덕美德의 씨앗들을 심는 것이 더 절실하고, 효율적인 에너지의 사용이 될 것이라는 생각이다. 소로는 물질적 가치에 매달리는 그의 이웃과 독자들의 미래를 위해 정신적 가치의 중요성을 일깨우고자 한다. 그러나 그는 "독자 여러분에게 고백하지 않을 수 없는 사실은 내가 심었던 것들은 설사 그것이 미덕의 씨앗이라 하더라도 벌레를 먹었거나 생명력을 상실해서 싹이 트지 않았다는 것,"(237)이라면서 개인적 실패를 고백했다. 콩을 재배하면서 미래 세대를 위해 새로운 미덕의 씨앗을 싹틔울 새로운 비전을 실행하고자 한 것은 분명 기이하고 거대한 경험이 될 것이다. 이런 경험은 내적 자아를 상실하지 않은 채 일에 종사하는 사람, 즉 일이 "심각한 목적을 위한 놀이"[4]인 사람에게만 가능한 경험일 것이다. 시인이 추구하

---

[4] 로버트 프로스트의 시, 「진흙 시간의 두 뜨내기 일꾼」Two Tramps in Mud Time의 한 구절 참조: "사랑과 필요가 하나가 되고／일이 심각한 목적을 위한 놀이인

는 진리는 일상에서 일탈한 기이한 것이다. 따라서 이를 표현하는 언어 역시 충분히 일탈적인 것이라야 한다. 소로가 「콩밭」에서 말한 비유, 표현, 우화 등은 일상적 구어나 문어와는 다른 '상상의 언어'를 가리킨다. 소로는 말한다, "나는 우리 뉴잉글랜드 주민이 현재처럼 비천하게 사는 것은 사물의 표면을 꿰뚫어 보지 못하기 때문이라고 생각한다. 우리는 눈에 '보이는 것'이 '존재하는 것'이라고 생각한다,"(146). 상상의 눈이 없으면, 상상의 언어를 볼 수 없으며, 실로 무엇이 리얼한 것인지 분간하지 못한다.

소로가 경험한 또 한 가지 기이한 일은 농부들이 '농업'husbandry이라고 부르는 직업이 고대의 시와 신화에서는 '성스러운 예술'로 칭송되었다는 것을 잊었다는 것이다. 그는 말한다, "우리 누구도 자유롭지 못한 탐욕과 이기심, 그리고 땅을 재산이나 재산 획득의 수단으로만 보는 비굴한 습관 때문에, 풍경은 불구가 되고 농사일은 품위를 잃었다. 결국 농부는 누구보다 비천한 삶을 영위한다,"(239). 농업에 상업이 끼어들어서 대형 농장에서 제조할 상품을 위한 곡물의 생산에만 몰두한 나머지, 농사, 자연, 농부 모두 품위를 잃고 타락했다는 것이다. 그 결과 "농부는 자연을 알고 있되, 강도의 심보로 알고 있다,"(239). 소로는 자연은 그 해의 작물이 성공이냐 실패냐는 상관하지 않는다면서, 태양은 쟁기질한 땅과 공한지 땅에 똑같이 비치며, 어느 작물의 일부는 우드척이나 다람쥐에게 바치는 제물로서의 의미가 있다는 생각이다. 잡초는 배고픈 농부에게는 저주이지만, 새에게는 축복이다. 소로는 진정한 농부라면 "다람쥐가 올해 숲에 밤이 열릴지

경우에만/ 그 행위는 과연/ 하늘과 미래를 위한 것이다." Only where love and need are one,/ And the work is play for mortal stakes,/ Is the deed ever really done/ For Heaven and the future's sakes.

아닐지 전혀 근심하지 않듯이, … 근심을 비우고 그날그날의 노동을 마칠 것"(240)이라는 생각이다. 소로가 콩밭에서 수확한 것은 '성취', '만족', 그리고 '평온'이었다.

마을

1. 물질의 유혹

여름철의 소로는 아침 일을 마치고 한 번, 오전 일 마치고 또 한 번, 두 번 미역을 감는다. 소로는 이렇게 "노동의 먼지를 씻어 내거나, 공부로 인해 생긴 주름살을 말끔히 폈다." 그리고 "오후에는 완전한 자유인이 되었다." 소로는 "매일 또는 하루걸러 마을로 산책을 갔다. … 새와 다람쥐를 보려고 숲속을 거닐었던 것처럼, 어른과 아이들을 보려고 마을을 거닐었다,"(242). 자연을 관찰하는 소로의 습성은 마을에서도 작동한다. 마을 강가의 초원엔 사향뒤쥐들의 집이 있고, 그 맞은편 마을엔 사람들의 집이 있다. 소로의 눈에는 "마을 사람들이 프레리도그들prairie dogs처럼 신기하게만 보였다. 각자 자신의 굴 입구에 앉아 있거나, 이웃의 굴 앞으로 달려가서, 가십을 주고받는 것이었다,"(242~243). 소로는 숲속의 새나 개구리를 관찰하듯이, 마을의 사람들을 관찰한다. 숲이건 마을이건, 무엇인가가 일어나고 있다는 게 정말 기적이고, 나름대로 정말 신선하고 재미가 있다. 소로가 보기에, 마을에는 또 다른 종류의 동물이 서식한다.

소로가 마을에 가는 것은 주로 "입에서 입으로, 또는 신문에서 신문으로 쉴 새 없이 마을에 떠도는 '가십'gossip을 듣기 위해서였다." 달리 말하면, 사회와의 접촉을 위해서였다. 숲속의 살랑거리는 나뭇잎 소리나 개골거리는 개구리 소리는 들을 때마다 신선하고 재미가 있을 터이다. 그러나 소로는 마을의 '가십'도 "아주 조금만 들으면, 살랑거리는 나뭇잎 소리나 개골거리는 개구리 소리 못지않게 나름대로 정말 신선하고 재미가 있다,"(242)고 말한다. '아주 조금만,' 또는 '나름대로'란 수식어가 붙은 것은 왜인가? '마을 사람들이 프레리도그들처럼 신기하게만 보였다,'는 소로의 말에서 단서를 찾을 수 있다. '신기하게' 보인다는 것은 무슨 뜻인가? 일부 마을 사람들이 숲속에서 사는 소로를 '신기하게' 바라보면서, 그를 '괴짜'crank나 '게으름뱅이'idler로 생각했듯이, 소로의 눈에는 가십을 일삼는 마을 사람들이 '신기하게' 보였던 것이다. 소로가 「방문객들」에서 사회를 사랑했다는 것을 강조하고 나서, 사실은 어떻게 사회를 좋아하지 않았는지 보여주었듯이, 「마을」에서는 마을의 가십이 '신선하고 재미가 있다'고 시작하고는, 마을 사람들이 '신기하게' 보인다고 비아냥거린다. 소로의 유머 감각이 돋보이는 대목이다.

소로를 더욱 짜증스럽게 한 것은 '마을의 심장부' 방문이었다. 마을의 심장부는 식료품점, 술집, 우체국, 은행이었다. 중심부에서는 크게 두 가지 경험을 한다. 첫째는 뉴스에 목마른 사람들이 "줄지어 사다리에 걸터앉아 일광욕을 즐기며, 상체를 앞으로 숙이고, 눈을 이리저리 굴리며, 기사를 훑는 모습이 보인다." 마을 전체가 마치 '큰 뉴스 열람실'처럼 보이지만, 이들에게는 그런 뉴스 또한 "감각의 마비와 고통의 무감각을 초래할 뿐, 사람의 의식에는 아무런 영향도 주지 않는다."(243). 더욱 불편한 것은 즐비한 상가商街를 지나갈 때면, 그를 물질적인 생활로 끌어들이려는 상인들의 '태형'과 '광고'의 횡포였다. 소로는 이런 물질의 유혹에 저항하면서 거리를 내려간다. "상가들이 행인을 최대한 끌어들이도록 좁은 길에 서로 마주보는 형태로 배치되어 있기 때문에, 나그네는 모두 일종의 태형을 견뎌내야 했으니, 상가의 남녀노소 누구나 그에게 아첨을 떨었다."(244). 그를 유혹하려는 사람들의 폭력적 행위와 아첨을 한참 기술하고 난 뒤, 소로는 이렇게 말한다, "나는 때로는 갑자기 달아났기에, 아무도 내 행방을 알 수가 없었다. 나는 체통을 고집하지 않고, 울타리의 개구멍 앞에서도 망설이지 않았다. 어느 집에 불쑥 들어가는 짓에도 익숙했으니, 그 집에서 대접을 잘 받고, 그 집의 제분기로 곱게 빻아 체로 걸러낸 뉴스의 알맹이와 핵심, 전쟁과 평화에 대한 전망, 세계가 훨씬 더 오래 단결할지 아닐지 등등을 알고 난 연후에, 뒷길로 빠져나와 다시 숲으로 도망쳤다."(245). '개구멍'을 통해서 '불쑥' 들어간 집은 물론 에머슨의 집이다. 스승 에머슨을 찾아뵙고, 그분이 걸러낸 '알맹이' 뉴스를 새겨듣고, 월든 숲으로 돌아갔다는 이야기이다. 소로가 마을을 찾는 주요 목적이 스승 에머슨을 찾아뵙는 것이었다는 것을 쉽게 알 수 있다.

2. 제도적 폭력과 시민 불복종

마을 방문을 마친 소로는 자주 어둠속에서 월든 호수로의 도전적인 귀갓길에 오른다. 그는 마치 시각장애인처럼 길을 더듬어 돌아가야 되었다. 그러나 경험이 쌓이면서, 길에 익숙해지고, 이웃의 나무나 발밑의 발자국으로 더듬어 어렵사리 길을 찾는다. 소로는 그의 귀갓길을 항해에 비유한다, "우리는 무의식적이지만 언제나, 도선사처럼 잘 아는 등대나 갑岬을 보고 항해의 키를 조종한다. 그리고 통상적인 항로를 벗어난 경우라도 우리는 여전히 가까이에 있는 갑의 방위를 명심한다. 이 세상에서는 누구든 눈을 감고 한 바퀴만 회전해도 방향 감각을 상실하는 법이니, 우리는 완전히 길을 잃거나 한 바퀴 헤매고 제자리에 돌아와야 비로소 대자연의 방대함과 낯설음을 깨닫게 된다." 다른 사람들은 밤 시간의 걷기에 적응되지 않아서, 마을 안에서 조차 길을 잃고 여러 시간 헤매기도 한다. 소로는 이렇게 가끔 다니던 길에서 일탈하는 것이 좋은 경험이라고 생각한다. "세상을 잃어보아야 비로소 우리 자신을 발견하고, 우리가 처한 위치를 인식하며, 우리가 맺는 관계의 범위가 무한함을 깨닫기 시작"(247)하기 때문이다. 새로운 삶을 창조하는 것은 마치 사람이 실종한 것처럼 전에 한 번도 보지 못한 세계를 보는 데 달려있지 않은가 말이다! 이것이 소로와 같은 초월주의자들이 추구하는 새로운 비전의 리얼리티이다.

새로운 비전의 리얼리티를 창조하는 데 주요 장애물은 '국가'와 국가를 지원하는 사회적 '제도'들이다. 소로는 매사추세츠 사회가 제안하고 주州의 법으로 시행하는 삶과는 크게 다른 새로운 삶, 즉 사회적 제약을 벗어나 개인적인 삶을 창조하기 위해서 월든 호수로 갔다. 그는 다수의 의지에 순응하며 살고 싶지 않았다. 소로는 "한 인간이 어디를 가든, 사람들이 뒤를 좇아와 더러운 제도의 앞발로 그를 할퀴면서 온갖 방법으로 가망 없는 비밀공제조합의 일원이 되도록 압박을 가한다,"(248)는 사실을 발견했다. "첫 여름이 거의 끝나가던 어느 오후, 내[소로]는 구둣방에 맡긴 구두를 찾으려고 마을에 갔다가 체포되어 투옥되었다. … 내[소로]는 상원 의사당 앞에서 남녀노소 할 것 없이 인간을 가축처럼 팔고 사는 국가에 대해 그 권위를 인정하지 않았고, 세금도 납부하지 않았기 때문이다,"(247~248). 감방에서 하룻밤을 보내고, 월든 호수로 돌아온 소로는 자신의 감금에 대해 별로 흥분하지 않았다. 그는 정부의 개입 말고는 누구에게도 자신의 삶을 방해받지 않고 조용히 살고 있는지 생각해본다. 왜일까? 가진 것이 없기 때문에, 다시 말해 자물쇠를 채워서 간직한 재산이 없기 때문이 아니겠는가! 그러기에 언제 누가 찾아오건 환영할 수 있지 않은가! "절도와 강도질은 어떤 사람은 넘치는 재물을 소유하고 있지만 다른 사람은 충분히 가지지 못한 사회에서나 발생하는 것"이기 때문이다. 소로는 자신이 도둑질의 표적이 된 적이 없었으니, 모든 사람이 자기처럼 소박하게 살면 도적질은 사라질 것이라고 믿는다. 그가 '자발적 빈곤'을 택한 것은 철학적인 선택일 뿐만 아니라 정치적 선택이기도 했으니, 그의 선택은 모든 형태의 제도적 폭력에 대한 불신을 의미한다. 공자의 말씀대로 "그대 정치하는 사람들이여, 형벌을 사용할 필요가 어디 있는가? 덕을 사랑하라, 그러면 백성의 덕도 높아질 것이다. 군자의 덕은 바람과 같고, 소인의 덕은 풀과 같은 것이니, 풀은 그 위에 바람이 불면 고개를 숙이느니라."(249).

WALDEN

호수들

1. 낚시질과 사유思惟

소로는 마을 방문을 마치고 숲으로 돌아오는 길에 때때로 늘 다니던 곳에서 훨씬 더 서쪽으로 발길을 돌려서 신선한 숲과 새로운 목초지를 찾는다. 해가 저무는 무렵이면 페어헤이븐 언덕에 올라 월귤과 블루베리 열매로 저녁을 때우기도 한다. 과분이 벗겨지지 않은 진짜 딸기 맛을 즐기는 것이다. 그날의 김을 매고 나서 마을에 갈 일이 없으면, 때때로 호수에서 낚시질을 하는 어떤 친구와 합류했다. 그 친구는 낚시 보트에 조용히 앉아서 이런 저런 철학을 수행한다. 소로는 회상한다, "그는 보트 한쪽 끝에 앉고 나는 다른 쪽 끝에 앉아있을 뿐, 우리 사이에 많은 말이 오가지는 않았다. … 그가 이따금 흥얼거리는 찬송가는 내 철학과 아주 잘 조화를 이루었다. 이처럼 우리의 친교는 대체적으로 완전한 하모니를 이루었으며, 말을 통해 사귐을 유지하는 경우보다도 훨씬 더 기억에 남고 즐거웠다."(251). 따뜻한 저녁이면, 소로는 종종 보트에 앉아서 피리를 불기도 했다. 그는 호수 옆에서 살기 전에도, 어두운 여름밤이면 때때로 친구와 함께 모험하는 기분으로 이 호수에 온 적이 있었다.

소로는 마을에서 밤늦게 돌아와 호수에서 낚시질을 하기도 한다. "올빼미와 여우가 세레나데를 불러주었으며, 때로는 바로 옆에서 이름 모를 새가 찍찍 울기도 했다. … 부드러운 밤의 미풍에 표류하면서, 60피트의 낚싯줄을 이리저리로 질질 끌고 다니노라면, 이따금 낚싯줄을 타고 오는 가벼운 진동을 느꼈다. … 내[소로]의 생각들이 다른 천체들의 방대하고 우주론적인 주제로 꿈꾸듯 흘러갔을 때, 이런 어렴풋한 입질을 느끼는 것은 아주 야릇한 기분이었으니, 그런 입질로 인해 나는 꿈에서 깨어나 다시 자연과 연결되었기 때문이었다. 다음 번에는 아래쪽의 이런 호수뿐만 아니라, 그보다 낚을 것이 더 많은 위쪽의 하늘로도 낚싯줄을 던질 수 있을 듯했다. 이처럼 나는 말하자면 하나의 낚싯바늘로 두 마리의 물고기를 낚았던 것이다."(252~253). 소로가 낚는 '두 마리의 물고기' 중 한 마리는 '자연'을 상징하고, 다른 한 마리는 '이상'을 상징한다. 소로는 호수에서 '땅'과 '하늘'을 동시에 낚으면서, 사유思惟의 삶을 즐기고 있었다. 밤에 낚시질을 하는 동안, 그는 자연세계와 정신세계의 통합이 발생한다고 느꼈다. 그의 '낚싯줄'은 자연계와 정신계를 연결했다. 그의 '자아'는 두 세계가 완전히 하나 되는 지점, 즉 월든 호수라 할 터이다.

2. 월든 호수의 상징성

이제 월든 호수 자체에 대한 긴 명상으로 이어진다. 호수 자체는 특별히 크지 않다. 그리고 "월든 호수의 경치는 수수하고 아름답기는 하지만, 장관에는 이르지 못하여, … 관심을 가진 이가 많지 않다.

그러나 이 호수는 특출하게 깊고 맑기 때문에, 각별히 기술할 만한 가치가 있다."(253). 소로에게 월든 호수의 의미는 다양하다. 월든 호수는 소로가 정신적으로, 철학적으로, 그리고 개인적으로 값지게 생각하는 거의 모든 것을 뜻한다.

월든 호수는 일차적으로 사회와 대비되는 자연을 의미한다. 그러기에 소로가 월든 호수로 거처를 옮긴 것은 사회적 인습과 의무로부터의 철수를 의미한다. 월든 호수는 또한 자연의 일부에 그치지 않고, 인간생활의 어떤 측면들을 응시할 수 있는 또 다른 기회를 제공한다. 월든 호수의 상징성은 바닥이 없다고 알려진 깊이, 청정, 그리고 거울 같은 투명성에서 비롯된다. 소로는 호수만큼이나 깊은 삶을 추구한다.

소로는 월든 호수의 이름과 탄생에 대해 몇 가지 설화를 전한다. 첫째 이야기는 아메리카 인디언들이 전하는 전설이다. "옛날 옛적에 인디언들이 이곳의 어느 산 위에 모여 의식을 치르고 있었는데, 그 산은 지금의 호수가 땅속으로 함몰한 깊이만큼이나 하늘로 높이 치솟아 있었다. 인디언들은 결코 신성모독의 죄를 범하는 종족이 아니었지만, 전해지기로는 이 의식에서는 신성모독이 많이 저질러졌고, 그러는 동안에 산이 흔들리면서 갑자기 함몰했다는 것이다. 이때 '월든'Walden이라는 한 노파만 도망쳐 목숨을 건졌는데, 그 노파의 이름에서 호수의 이름이 유래했다는 것이다. 산이 흔들리면서 이런 자갈들이 산허리를 굴러 내려와 지금의 호숫가에 깔렸다고 사람들은 추측한다."(261).

둘째 이야기는 소로 자신이 상상한 이야기인 듯하다. 소로가 「고독」의 말미에서 언급한 "이 숲의 옛 개척자이자 본래 주인,"(200) 즉 그리스 신화의 '목양신'牧羊神인 '판'Pan이 직접 팠다는 것이다. 소로에

의하면, "그 개척자는 자기가 탐지 지팡이를 들고 이곳에 처음 왔을 때, 풀밭에서 엷은 수증기가 올라오는 것을 보았고, 개암나무 지팡이가 계속 아래쪽으로 향했기 때문에, 이곳에 샘을 파기로 결심했노라고 또렷이 기억하고 있다,"(262).

셋째 이야기는 소로 자신의 과학적 추정이다. 월든 호수의 호반을 에워싼 "자갈에 대해서는 여전히 많은 사람들이 산에 부딪치는 물결 작용으로 설명하기가 어렵다고 생각한다. 하지만 내가 관찰해보니, 주변 산에는 이와 똑같은 종류의 자갈이 놀라울 정도로 풍부하고, 호수에서 제일 가까운 곳에 철도를 부설할 때도 이런 자갈을 처리하기 위해 철로 양쪽에 자갈로 담을 쌓아야 했다. 더욱이 가장 가파른 호반에 자갈이 가장 많다. 그러므로 유감이지만 이제 자갈의 유래는 나에게 더 이상 신비로운 일이 못된다. 나는 자갈을 깐 문제의 포장공이 누구인지 안다,"(262). 소로가 안다는 '포장공'은 다름 아닌 '빙하'氷河이다. 언젠가 빙하의 작용으로 호수가 되고, 물과 함께 언덕의 자갈들이 호숫가로 내려와 깔렸다는 추론이다. 자갈들이 호수를 담처럼 에워쌌다는 의미에서 '월든'Walled-in으로 명명되었다는 것이다.

『호수들』은 콩코드 지역의 여러 호수를 지칭하지만, 이 챕터의 대부분은 월든 호수에 대한 사실적 묘사와 함께 그 상징적 의미를 정의하는 데 초점을 맞춘다. 소로가 생각하는 월든 호수의 상징적 의미를 서너 가지로 나누어 읽을 수 있을 것이다. 첫째, 월든 호수는 소로에게 하나의 성지聖地로 기능한다. 어떤 사람들은 월든 호수가 바닥이 없다고 믿지만, 소로가 실제로 재본 월든 호수의 깊이는 100피트 정도이니, 호수치고는 꽤 깊은 편이다. 소로는 그의 이웃들보다 더 높은 수준의 삶을 경험하고자 했기 때문에 월든 호수가 아예 바닥이 없다는 소문을 환영해마지않는다. 왜냐하면 바닥을 모르는 '무한'infinity을 신봉하고 싶기 때문이다. 소로에게 월든 호수는 단순히 자연현상이 아니라 '무한'의 믿음에 대한 안성맞춤의 '메타포'로 보인다. 월든 호수는 "소나무와 떡갈나무 숲 한복판에 자리 잡은 영원한 샘물로서, 구름과 증발 외에는 눈에 띄는 유입구나 유출구가 하나도 없다,"(253~254). 그야말로 신비한 호수이다. 호수의 색깔은 바라보는 지점과 시간에 따라 푸르게 보이기도 하고, 초록색으로 보이기도 한다. 땅과 하늘의 색깔을 모두 가지고 있는 것이다. "하지만 빛에 비추어 본 한 잔의 호수 물은 똑같은 양의 공기처럼 색깔이 없다,"(255). '무한' 또한 '무색'無色 아닌가!

소로는 호수 옆에서 살기 시작하기 전에도 때때로 호수에서 보트를 타고 낚시질했던 기억이 있다. "월든 호수의 물은 수정처럼 맑기 때문에, 거기서 목욕하는 사람의 몸이 설화석고처럼 백색으로 보이는데, 이것은 한층 더 기이한 색조로서 기괴한 효과를 연출한다. 그리하여 팔다리가 확대되거나 뒤틀려 보이기도 하니, 미켈란젤로 같은 화가에게 좋은 연구 대상이 될 것이다,"(256). 흰색은 순수의 상징이기 때문에, 호수 자체를 성스럽게 만든다. 기독교에서 물은 세례洗禮를 통한 정화淨化의 상징이다. 월든 호수는 수정처럼 맑은데다가 모랫바닥이기 때문에 세례의식에는 그지없이 적합한 성소聖所이다. 월든 호수는 소로에게 교회가 수행하는 역할의 일부를 담당하는 듯 보인다. 소로는 매일 아침 목욕을 하고, 그것을 '종교적 경험'으로 여긴다. 자연은 끝없이 생명을 새롭게 하는 능력이 있고, 소로는 더 높은 차원의 정신적 활력을 자연에서 받는다. 호수의 유리 같은 표면은 하늘을 반영하기에 "완전한 숲의 거울"(269)이자 땅 위의 '작은 하늘'이라 할 것이다. 뱀이 허물을 벗음으로써 자신을 정화하는 것과 똑같이, 소로 또한 매일 월든 호수에서 목욕함으로써 자신을 부단히 정화한다. 소로는 월든 호수의 물을 매일 마신다. 그에게 월든 호수의 물은 "최소한 갠지스 강만큼 신성해야 할 물"(273)이다.

월든 호수는 '영원한 젊음'의 상징이기도 하다. 소로는 말한다, "여러 민족이 잇달아 이 호수에서 물을 마시고, 감탄하고, 그 깊이를 재고, 사라졌지만, 그 물은 여전히 변함없이 초록색이고 투명하다. 맥박이 멈추지 않는 샘물! 아담과 이브가 에덴에서 추방되던 그 봄날 아침에도 월든 호수는 이미 존재했을 테고, 그때도 안개와 남풍을 동반한 부드러운 봄비에 얼음이 녹고 있었을 것이며, 호수를 뒤덮은 수많은 오리와 기러기가 타락의 소식을 듣지 못한 채, 그처럼 맑은 호수들에 마냥 행복했을 것이다."(258). 소로에게 월든 호수는 에덴동산의 샘물이다. 월든 호수의 "호반은 한두 군데 짧은 모래사장을 제외하고는 도로 포장용 자갈처럼 매끄럽고 둥근 하얀 자갈이 깔려 있다. … 흙탕물인 곳은 한 군데도 없으며, 무심하게 보면 수초가 전혀 없다고 할 정도다. … 한겨울에도 바닥에 쌓여 있던 싱싱한 녹색 풀이 보트의 닻에 걸려 올라오기도 한다."(257). 이처럼 월든 호수는 겨울에도 변함없이 어머니 품처럼 따뜻하다. 월든 호수는 세계 유일의 월든 호수로서 천상의 이슬을 증류하고 있으니, "이 호수야말로 콩코드가 쓰고 있는 왕관에 박힌 일등급 보석이다."(258).

그러나 호수의 배경背景을 이루는 월든 숲은 이제 소로의 가슴에 새겨진 옛 모습이 아니다. "맨 먼저 벌목꾼이 호반의 여기저기를 벌거벗겼고, 아일랜드 일꾼들이 호수 근처에 돼지우리 같은 집을 지었으며, 철도가 호수의 변두리를 잠식했고, 한때는 채빙업자가 호수의 얼음을 걷어갔지만, 호수 자체는 변하지 않고, 여전히 내[소로]가 어릴 때 본 모습 그대로다. 변한 것은 내[소로] 자신뿐이다. 호수에 온갖 잔물결이 일었지만, 영원히 남을 주름살은 하나도 생기지 않았다.

호수는 영원히 젊다." 그러니 소로가 알고 있는 "모든 인물들 가운데서 월든 호수가 최고의 청정淸淨을 지니고, 그것을 가장 잘 보존하고 있을 것이다."(274). 소로가 호수를 '인물'이라고 부르는 사실은 그 자신이 호수의 청정한 인품을 상속하고픈 소망을 드러낸다. "월든 호수가 숲속의 은자처럼 이렇게 오랜 세월을 과묵하고 검소하게 생활함으로써 그처럼 놀라운 순수성을 얻었는데, 상대적으로 불결한 플린트 호수의 물이 월든 호수의 물과 섞이거나, 월든 호수 자체가 흘러 바다의 물결 속에서 그 상큼한 맛을 허비한다면, 그 누가 애석해 하지 않겠는가?"(276).

월든 호수는 또한 '지구의 눈'이다. 소로는 "월든 호수는 잘 파 놓은 나의 우물이었다. 연중 4개월은 그 물은 항상 청정한 만큼이나 차갑다. 이때의 물은 마을에서 최고는 아닐지라도 어느 것 못지않게 좋다는 게 내 생각이다."(262)라고 말한다. 월든 호수는 사시사철 거의 일정한 온도를 유지한다. 게다가 "다른 곳보다 물이 더 깨끗하기 때문에, 모래무지, 메기, 농어 등 실로 이 호수에 서식하는 물고기는 모두 다른 호수에서 서식하는 물고기보다 훨씬 깨끗하고, 잘생기고, 살이 단단해서 쉽게 구별할 수 있다."(264). 월든 호수는 "인간의 손이 미친 흔적이라고는 거의 찾아볼 수 없다. 물은 1,000년 전이나 다름없이 호반을 어루만진다."(266). 월든 호수는 거울처럼 맑은 "지구의 눈이어서, 그 눈을 들여다보는 사람은 자신의 본성의 깊이를 잰다." 이 '지구의 눈'은 더럽힌 적 없이 언제나 깨끗하다. 월든 호수는 "호수의 동쪽 끝 매끈한 모래사장에 서면, '명경지수明鏡止水'라는 표현이 어디서 유래했는지 알 수 있다."(266)고 말할 정도로 맑은 눈이다. 혹여 "물고기 한 마리가 도약하거나 곤충 한 마리가 호수 위에 떨어져도, 아름다운 선을 그리는 동그라미 잔물결이 영락없이 그 사실을 말해준다. 말하자면, 그 잔물결은 끊임없이 솟아오르는 호수의 분수이고, 부드럽게 고동치는 호수의 생명이며, 부풀어 오르는 호수의 가슴이다. 기쁨과 고통의 전율이 구분되지 않는다. 이 호수에서 일어나는 현상은 얼마나 평화로운가! '인간의 작품'이 다시 봄날처럼 빛나는구나! 그래, 지금 오후 한창인데도, 모든 잎과 가지와 자갈과 거미줄이 봄날 아침에 이슬을 머금은 듯 반짝이는구나! 노와 곤충이 움직일 때마다 섬광을 발하는구나! 노가 물을 칠 때 생기는 메아리 또한 얼마나 감미로운가!"(268~269). 여기서 '인간의 작품'이란 말은 '신의 작품,' 즉 '자연'을 재미있게 표현한 것이다. 아마 소로 자신의 본성도 '인간의 작품'일 터이다. 소로는 월든 호수의 보기 드문 깊이와 청정을 크게 감탄할 뿐만 아니라 자연의 변화를 반영하는 완전한 '숲의 거울'이라면서 높이 칭송한다. 그는 또한 계절의 변화에 따른 호수의 변이變移를 환경의 변화에 따라 늘 변하는 탄력적인 인성人性의 메타포로 여기기도 한다.

월든 호수는 소로가 추구하는 '완전한 자아'의 상징이기도 하다. 소로는 어렸을 때의 월든 호수 방문을 회고하면서, "20년 이상 거의 매일 본 호수이지만, 나는 오늘 밤 또 다시 처음 보는 것 같은 감동을 받았다. 아, 여기에 월든 호수가 있구나! 내가 여러 해 전에 발견한 것과 똑같은 숲속의 호수! 작년 겨울에 호숫가의 수목이 베여 쓰러진 곳에서 또 다른 수목이 전과 다름없이 기운차게 올라오고 있다,"(274). 호수의 신성은 환경의 변화에도 불구하고 바뀌는 적이 없다. 소로에게 월든 호수는 신이 자신의 생각에 따라 깊이 파고, 물을 정화한 다음, 콩코드에 물려준 '신의 작품'일 뿐만 아니라, 그와 동시에 그가 이루려는 '완전한 자아'를 상징하기도 한다. 소로는 자신의 '완전한 자아'와 '월든 호수'를 동일시한다, "나는 그대의 자갈 깔린 호반이고,/

그대 위를 스쳐가는 산들바람이네./ 내 우묵한 손바닥에는/ 그대의 물과 모래가 담겨 있고,/ 그대의 가장 깊은 곳은/ 내 생각 안에서 높이 자리하는구나."(275).

그러기에 월든 호수는 소로에게 시적 '영감'inspiration의 매체媒體로 작용한다. "이 샘물에 맨 먼저 왔던 사람들은 그들의 발자취를 얼마간 남긴 듯하다. 나는 호수를 빙 둘러, 최근에 울창한 나무를 잘라낸 호숫가에도, 가파른 산허리에 얹은 선반처럼 좁은 통로가 번갈아 오르고 내리면서, 물가와 가까워졌다가는 다시 멀어지는 것을 보고 놀란 적이 있는데, 아마도 이곳의 종족만큼이나 오래된 길일지니, 원주민 사냥꾼들의 발에 밟혔었고, 지금도 때로는 이 땅의 주민들이 무심코 밟고 다닌다,"(258). 호수 주변에는 사라진 지 오래인 이전 세대들이 다진 발자취들이 있다. 소로가 놀란 것은 월든 호수가 에덴 이래의 역사의 흔적 일부를 간직할 뿐만 아니라, 지금도 이 땅의 주민들이 밟고 다닌다는 사실이다. 이 오솔길은 호수와 마을, 자연과 문명을 연결하는 고리가 아닌가! 이뿐만이 아니다. "들판 같은 호수는 공중에 서려있는 정기를 드러낸다. 그것은 상공으로부터 끊임없이 새로운 생명과 운동을 받아들인다. 호수는 그 본성에서 땅과 하늘의 중간에 위치한다,"(269). 소로가 관찰하고 기술하는 콩코드의 식물과 동물은 생물학자에게 요구되는 수준의 과학적 구체성이 있는 게 사실이지만, 때때로 과학적인 의미보다는 정신적 비전으로 탈바꿈한다. 상공으로부터 오는 '새로운 생명과 운동'이 정확히 무엇을 의미하는지 정의하기는 어렵다. 아마도 하늘로부터 개인의 정신으로 유입되는 시적 '영감'을 의미할 게다. 월든 호수는 "눈에 띄는 유입구나 유출구가 하나도 없다"(254)는 말도 이런 영감의 흐름에 신비감을 더하는 시적 장치일 것이다. 사실 호수는 땅과 하늘의 중간에 위치하지 않는다. 그러나 하늘이 거울처럼 맑은 호수의 수면에 반영되는 것도 사실이니, 이럴 때의 직관直觀의 눈에는 호수가 신의 계시를 전달하는 통로로 보일 터이다. 이렇게 소로는 월든 호수에서 초월주의적인 비전을 본다.

소로는 「소리들」에서 기적汽笛이 상징하는 문명세계와 새소리가 상징하는 자연세계의 통합을 꿈꾸면서, 기적도 긍정적인 자연의 소리 중 하나로 듣고자 노력했지만, 현실은 이를 허용하지 않았다. 「호수들」에서는 사정이 더 악화된다. 소로는 "악마 같은 저 철마의 귀청 떨어지게 하는 울음소리가 온 마을에 울리니, 보일링 샘물이 악마의 발에 짓밟히고 말았구나! 월든 호반의 숲을 모두 갉아먹은 것도 바로 그 철마이다,"라면서 노골적인 적대감을 나타낸다. 문명과 자연을 통합하려는 소로의 꿈은 깨지고 말았다. 소로가 호반을 떠난 이후, "벌목꾼들이 그곳을 더욱 황폐하게 만들었으니, 이제 앞으로 여러 해 동안 가끔 숲속의 오솔길 사이로 호수의 경관을 바라보며 산책하는 즐거움은 없을 것이다. 마을 사람들은 호수가 어디에 있는지도 거의 모른다. 그들은 호수에 가서 목욕을 하거나 물을 마시는 대신, 파이프로 그 물을 마을로 끌어와서 접시를 닦을 생각이나 한다." 소로는 절규한다, "이후로 나의 뮤즈Muse가 침묵한다면 그것은 그녀의 탓이 아닐 것이다. 새들의 숲이 베여 쓰러지는 데, 어찌 새들이 노래하기를 기대할 수 있겠는가,"(273). 울창한 숲도 사라지고, 새들의 노래도 그치고, 시인의 시심詩心도 침묵할 것인가! 돈만 아는 현대인들의 꿈이 이런 것인가!

호수에 대한 소로의 광범하고 면밀한 관찰과 기록은 그의 깊은 존경을 증명한다. 그는 호수가 자연의 일부로서 정신적 위용을 갖췄다고 믿는다. 자연에서 고독을 즐길 수 있듯이, 호수는 밤낚시를 하면서 침묵의 고독을 즐길 수 있는 곳이다. 기차의 기관사, 화부, 승무원,

승객이라면 이 호수를 단 한 번만 보았어도, "거리의 먼지와 기관차의 검댕을 모두 씻어내는 데 도움을 준다. 어떤 이는 월든 호수를 '신의 약수'로 부르자고 제안한다,"(275~276). 그러거늘 하물며, 호수의 얼음을 채빙해서 팔려는 업자들까지 있다니 어인 일인가! 그러나 소로는 말한다, "나는 돈이 많은 부자는 아니지만, 햇빛 밝은 시간과 여름날만큼은 마음껏 누리고 아낌없이 썼을 만큼 부자였다. 또한 이런 시간을 공장이나 교단에서 더 낭비하지 않은 것을 결코 후회하지 않는다,"(273). 그러기에 소로는 "진정한 부를 즐길 수 있는 가난이 더 좋다. 농부들이 가난한 정도에 비례해서 그들에 대한 내 존경심과 관심도 높아진다. 나는 가난한 농부들이 좋다!"(279)고 힘주어 말한다.

    월든 호수를 묘사하고 나서, 소로는 그 지역의 다른 호수로 관심을 돌린다. 월든 호수에서 약 1마일 거리에 '플린트 호수,' 일명 '모래 호수'Sandy Pond가 있다. 월든 호수보다 얕고, 맑지도 않지만, 훨씬 더 크고, 물고기도 풍부하다. 그러나 소로는 무엇보다도 이 호수의 이름이 마뜩하지 않다. "이 천상의 호수 근처에 농장을 일구어서, 호반을 무자비하게 벌거벗겨놓았던 불결하고 멍청한 농부가 무슨 권리로 자기의 이름을 호수에 붙였다는 말인가?"(278). 소로는 '멍청한 농부'나 다른 인간의 이름을 따서 호수의 신성을 더럽혀서는 안 되고, "차라리 그 속에서 헤엄치는 물고기, 그곳을 자주 찾는 야생 조류나 네발짐승, 호반에서 자라는 야생화, 호수 자체의 내력과 밀접하게 얽혀 있는 미개인이나 어린이의 이름을 따서 호수의 이름을 짓는 편이 좋았을 것"(278)이라며, "상대적으로 불결한 플린트 호수의 물이 월든 호수의 물과 섞이거나, … 그 상큼한 맛을 허비한다면, 그 누가 애석해 하지 않겠는가?"(276)라면서 월든 호수의 영원한 청정을 기원한다.

플린트 호수로 가는 길목에 규모가 작은 '구스'Goose 호수가 있고, 구스 호수에서 남서쪽으로 1마일 지점에는 '페어헤이븐'Fair-Haven 호수가 있고, 여기서 1마일 반쯤 되는 곳에 40에이커 면적의 '화이트'White 호수가 있다. '화이트 호수'는 월든 호수의 쌍둥이 동생이다. 소로는 "물이 남달리 맑은 데서 유래했든 모래 색깔에서 유래했든, '화이트 호수'라는 평범한 이름은 무엇인가 부족한 느낌이 든다."고 아쉬워하면서도, 콩코드의 "모든 호수 중에서 화이트 호수가 가장 아름답지는 않더라도 가장 매력적이고 숲의 보석이라 할 것"(280)이라며 칭송한다.

또한 화이트 호수는 "낚시꾼을 유혹하는 물고기가 별로 없어서 호수가 낚싯배에 더럽혀지는 일은 별로 없다."(282)면서, 화이트 호수와 월든 호수는 "지상의 거대한 수정 보석"이며 "빛의 호수들"이라고 치켜세운다. 인근의 다른 호수들에 비하면, 월든 호수는 전설의 주인공이 될 정도로 놀랍고 신비한 호수이다. 그러기에 소로는 월든 호수는 "너무 순수하여 시장가치를 매길 수 없다. 거기에는 불순물이 전혀 없다. 우리의 인생보다 얼마나 더 아름다우며, 우리의 인격보다 얼마나 더 투명한가! 우리는 호수로부터 천박함을 배운 적이 없다."고 외친다. 그러나 그는 "자연에는 그것의 가치를 고맙게 여기는 인간이 없다. … 자연은 그들이 살고 있는 마을에서 멀리 떨어져 홀로 번성한다."면서, 이제 인간이 자연의 일부라는 것은 아득한 옛날의 이야기일 뿐인 것을 안타까워한다. 그렇다, 이제 인간과 자연은 완전히 분리되었다. 소로는 절규한다, "자연을 옆에 두고 천국을 운운하다니! 너희는 땅에 불충하는 인간이로다!"(283).

WALDEN

베이커 농장

1. 소로의 무지개

　소로는 앞 장 「호수들」에서 하나의 낚시로 '자연'과 '이상'이라는 두 마리 물고기를 낚는다. 「베이커 농장」에서도 소로는 그가 월든 호수에서 낚은 것, 즉 '자연'과 '이상'이 하나인 '완전한 자아'를 찾아서 숲속의 성지聖地들을 순례하는 것으로 시작한다. 그는 때때로 "소나무가 우거진 숲으로 산책을 갔다. 우뚝 선 소나무들이 신전들이나 한껏 돛을 올린 바다의 함대들처럼, 가지를 흔들며, 햇빛과 함께, 물결 춤을 추었다,"(284). 소로는 이렇게 콩코드의 숲을 종교적 신앙심으로 접근한다. '신전'temple처럼 서 있는 소나무 숲, '탑'pagoda처럼 우뚝한 솔송나무 모두 우뚝 솟은 것이 발할라Valhalla 전당 앞에 서면 딱 어울릴 모습들이다. 그런가 하면 호랑가시나무 열매들은 "너무 아름다워서 보는 이로 하여금 집에 갈 생각을 잊게 한다. 따먹기에는 너무나 아름다운 이름 모를 금단의 야생 열매들이 보는 이의 눈을 유혹하고 마음을 어지럽힌다,"(285). 콩코드의 숲은 다름 아닌 에덴이지만, 금단의 열매가 있음에 유의해야 한다. 여름이건 겨울이건, 소로가 방문한 성지는 바로 이런 나무들이었다.

이러는 가운데, 소로는 월든 호수를 들여다보는 것 못지않은 황홀경을 경험한 적이 있었다. 그는 언젠가 "우연히 무지개의 아치 끝자락에 선 적이 있다. 무지개가 낮은 대기층을 꽉 채우고 주변의 풀과 나뭇잎을 물들이고 있어서, 마치 채색된 수정을 통해 세상을 보는 것처럼 눈이 황홀했다. 세상은 무지갯빛의 호수였으며, 그 속에서 나[그]는 잠깐이나마 돌고래처럼 유영했다. … 철둑길을 걸을 때면, 내[그의] 그림자 주변에 생기는 후광을 보고 신기해하면서, 어쩌면 내[그]가 선택받은 사람 중 하나일 것이라는 공상에 빠지기도 했다,"(286). '돌고래'는 전통적으로 불멸을 상징한다. 그러기에 우리는 무지갯빛의 호수에서 유영하는 돌고래의 이미지에서 불멸의 소로가 염원하는 '완전한 자아'를 읽을 수 있다. 그러나 소로는 이내 나는 "선택받은 사람 중 하나일 것이라는 공상에 빠지기도 했다,"고 말함으로써 그것이 헛된 신기루인 것을 고백한다. 따라서 그는 첼리니 Benvenuto Cellini가 가졌던 비슷한 경험을 소개하면서, "첼리니처럼 흥분하기 쉬운 상상력을 가진 경우에는, 그 빛이 미신의 바탕이 되고도 남으리라,"(286~287)고 덧붙인다. 그러나 "어쨌든 스스로 선택받은 존재라고 의식하는 사람들은 진정 기품 있는 자들이 아닐까?"(287)라는 질문을 던짐으로써, 비록 공상에 그칠지라도 '완전한 자아'의 꿈을 가진 자와 갖지 않은 자 사이에는 큰 차이가 있다는 메시지를 전하는 것 같다.

2. 존 필드의 가난

소로는 "어느 날 오후 숲을 지나서 페어헤이븐 호수로 낚시를 하러 갔다. 채소 위주의 빈약한 식단을 보충하기 위해서였다,"(287). 낚싯줄을 드리우기 무섭게 천둥과 함께 비가 내리기 시작했다. 소로는 근처 오두막으로 비를 피했다. 우중충하고 음울한 오두막이었다. 오랫동안 사람이 살지 않은 집이었지만, 뜻밖에도 아일랜드 노동자 존 필드, 그의 아내, 그리고 몇 명의 자녀가 살고 있었다. 존 필드 가족은 글자 그대로 피곤하고 처량한 삶을 살고 있었다. 존 필드는 "분명 정직하고 열심히 일하지만, 주변머리가 없는 사람이었다. 그의 아내 역시 … 여전히 언젠가는 형편이 나아질 것이라고 생각하고 있었다. … 그는 이웃 농부와 계약하여 향후 1년 동안 거름을 써서 그 땅을 경작하는 조건으로, 1에이커에 10달러의 임금을 받기로 하고는, 삽이나 늪지용 괭이로 목초지를 뒤집으면서, 아주 열심히 '흙 갈아엎기'를 하고 있었다는 것이었다,"(289). 꿈의 미국으로 건너와서 기껏 소작농의 일을 하고 있는 것이었다.

소로 또한 자신의 이야기를 존에게 들려준다, 소로는 사람들의 눈에 "이곳으로 낚시나 다니는 게으름뱅이로 보이겠지만, 나[소로] 역시 그와 마찬가지로 일을 해서 생계를 유지하는 사람이다. 그리고 내[소로]는 탄탄하고 밝고 깨끗한 집에서 살고 있으며, 그 집을 짓는 데는 그의 오두막처럼 낡은 집의 1년 치 집세보다도 더 적은 비용이 들었고, 그가 선택하면 역시 한두 달 안에 대궐 같은 집을 지을 수 있다. 내[소로]는 차도 커피도 버터도 우유도 신선한 고기도 먹지 않기 때문에, 그런 것을 얻기 위해 일할 필요가 없다. 게다가 열심히 일을 하지 않으니, 열심히 먹을 필요가 없고, 따라서 음식에 드는 비용도 얼마 되지 않는다."(290)고 말했다. 이어서 소로는 존 필드에게 "당신은 아주 열심히 늪을 뒤집어엎는 일을 하기 때문에, 두툼한 장화와 튼튼한 옷이 필요하지만, 금방 때에 찌들고 해집니다. 그러나 나는 가벼운 구두와 얇은 옷을 입으므로, 그 비용이 당신의 절반도 들지 않습니다. 그런데도 당신은 내가 신사복을 입었다고 생각할 것입니다. (하지만 신사복이 아닙니다.) 그리고 나는 원하면 한두 시간 이내에 일이 아니라 즐기는 기분으로 이틀 분의 물고기를 잡을 수도 있고, 일주일 먹고 살기에 충분한 돈도 벌 수 있습니다. 만약 당신과 당신의 가족이 소박하게 살고자 하면, 여름철에 놀이 삼아 월귤을 따러 갈 수도 있을 것입니다."(291)라고 말했다. 소로는 자신의 자립적인 소박한 삶을 설명하고, 그들도 먹고살려고 그렇게 열심히 일할 필요가 없으며, 그들을 옭아매고 있는 막대한 비용을 피해서 유유자적하는 삶을 살 수 있으니, 그 또한 그렇게 살 의향이 없는지 떠본 것이었다.

그러나 존은 소로의 말을 듣고 한숨을 내쉬었고, 그의 아내는 양손을 허리에 대고 소로를 노려보았다. 그들은 소로가 설명하는 삶은 유지하기 어려운 삶이라고 생각하고, 관심을 보이지 않을 뿐만 아니라, 다소 적대감까지 드러낸다. 두 사람 모두 소로가 사는 소박한 자립의 삶을 시작할만한 자본도 없으려니와, 그런 삶을 이행할 만한 계산 능력도 없는데, 어쩌겠느냐는 표정이었다. 소로가 보기에 "그들은 거대한 삶의 기둥에 날카로운 쐐기를 박아 쪼갠 다음 그것에 세밀한 홈을 팔 기술을 가지고 있지 않기 때문에, 여전히 자신들의 방식대로 삶에 덤벼들어서 얼굴과 얼굴을 맞대고, 이빨로 물어뜯고, 손톱으로 할퀴고 있을 것이다."(291). 한마디로, 아등바등 살고 있지만 존 필드 부부는 "엄청나게 불리한 싸움을 하고 있다. 슬프다, 존 필드! 아무런 계산 능력도 없이 그렇게 실패를 거듭하고 있다니!"(292). 존 필드 부부는 미국 땅에서 "차와 커피와 고기를 매일 먹을 수 있으니, … 오길 잘했다고" 생각하는 듯하지만, "진실로 참다운 미국은 그런 것 없이도 살 수 있는 삶의 양식을 마음대로 추구할 수 있고, 그런 것들을 사용함으로써 직간접으로 초래되는 노예제도, 전쟁, 그리고 기타 쓸데없는 비용을 국민에게 부담시키려고 노력하지 않는 나라"(290)인 것을 그들이 어찌 알겠는가! 존 필드는 아일랜드에서는 구할 수 없는 사치품들 때문에 미국에 왔다. 그러나 그 비용을 충당하기 위해 아침부터 저녁까지 뼈 빠지게 일하지만, 만족하지 못하고, 끝내 인생까지 허비한다. 존 필드 부부는 차, 커피, 버터, 우유, 고기 등 사치스런 식품들이 허리가 휘도록 일할 만한 가치가 있다고 생각한다. 그러나 소로가 보기에는 그런 것들을 위한 노동은 헛된 '노역'에 불과하다.

  소로는 자신의 경험을 들려줌으로써 존 필드 가족을 도와주고 싶었다. 그러나 그들의 반응은 의외로 냉담했기에 어정쩡한 분위기가 감돌았다. 비가 그치는 듯했다. 소로는 분위기 전환을 위해 필드에게 '혹시 낚시를 하나요?'하고 물었지만, 존 필드는 난색을 보였다. 소로는 집을 나오면서 마지막으로 물 한 그릇을 청했다. 부인은 물을 끓이는 듯, "오래 지체한 끝에, 목마른 자에게 물 한 그릇이 전해졌다. 하지만 아직 식지도 않고, 불순물도 가라앉지 않은 물이었다." 숲속에서 살면서 깨끗한 샘물 하나 찾지 못하고, 얕은 여울물을 마시는 부부였다. 물을 마시고, 소로는 그들의 어리석음을 깨우치려는 노력을 포기하고, 소로 자신의 행복한 삶으로 돌아가기 위해, 오두막을 나와 호수로 다시 발걸음을 옮겼다. 때마침 "소나기는 그쳤고, 동쪽 숲 위에 뜬 무지개가 맑은 저녁을 약속했다,"(292). 소로가 "붉게 물들어 가는 서쪽을 향하여 언덕을 달려 내려갈 때, 어깨 위에 무지개가 걸렸고, 맑은 대기를 통해 희미한 말방울 소리가 들려왔다. 어딘지 모르는 곳에서 내[그의] '수호신'이 이렇게 말하는 것 같았다, '날마다 멀리, 그리고 널리 돌아다니며, 낚시와 사냥을 하라. 더 멀리, 그리고 더 널리 돌아다니라. 또한 여러 시냇가와 난롯가에서 마음 놓고 쉬라. 젊은 시절에는 그대를 지은 이를 기억하라. … 밥벌이를 그대의 직업으로 삼지 말고, 도락으로 삼아라. 땅을 향유하되 소유하지 말라. 사람들은 모험심과 믿음의 부족으로 현재의 위치에 머물면서, 농노처럼 제 삶을 사고팔면서 낭비하느니라,'"(293). 농노와 다를 바 없는 부류의 사람들은 오늘도 인근의 들이나 길거리에서 일을 하다가 밤이 되면 축 늘어져 귀가한다. 일터에서도 가정의 의무가 그들을 짓누르기 때문에, 그들은 내쉬었던 숨을 또다시 호흡하듯, 노예의 노동을 매일 되풀이 한다. "그러니 아침저녁 그들의 그림자들이 일상의 발걸음보다 더 멀리 축 늘어지는 것이다. 우리는 멀리서, 모험에서, 위험에서, 그리고 매일의 발견에서, 새로운 경험과 인격을 가지고, 귀가해야 한다,"(294~295). 소로에게 삶은 부단히 새로운 경험과 인격을 쌓는 모험이다. 당신의 지평선을 멀리 바라보라!

　소로가 호수에 당도하기 전에, 존 필드가 뒤따라 와서 소로의 낚시보트에 동승했다. 그 나름의 새로운 충동으로 마음을 바꾸었는지, 그날의 '흙 갈아엎기'를 팽개치고 달려온 것이었다. 그러나 소로가 한 꿰미 풍성하게 낚는 동안 존 필드는 겨우 한두 마리가 입질했을 뿐이었다. "그는 그것이 자신의 운이라고 말했다. 하지만 함께 탄 보트에서 서로 자리를 바꿔 앉자, 운 또한 자리를 바꿔 앉았다. 딱하구나, 존 필드! … 모래무지를 미끼로 농어를 잡으려 하다니, 이렇게 젊고 원시적인 나라에서 늙은 나라에서 쓰던 전래의 방법으로 살려는 것 아닌가!" 모래무지를 미끼로 쓰는 것은 이젠 버려야 할 전래의 방법이지 않은가! 존 필드는 "아일랜드의 빈곤과 가난한 삶, 그의 조상의 조상 때부터 내려오는 늪의 방식을 물려받고 가난하게 태어났기에, 그도 그의 후손도 … 이 세상에서 일어서지 못할 것이다."(295). 그러나 존 필드가 '가난하게 태어났기' 때문에, '아일랜드의 빈곤과 가난한 삶'을 물려받아야 하는가? 그것이 피할 수 없는 '운명'이란 것인가? 한 번 생각해볼 일이다.

WALDEN

도덕률

1. 야성野性과 영성靈性

소로는 언젠가 귀갓길에 우드척이 그의 길을 가로질렀을 때, "야릇하고도 야만적인 기쁨의 전율을 느끼면서, 그놈을 잡아 날것으로 먹고 싶은 강렬한 유혹을 느꼈다. 배가 고파서가 아니라, 그것이 상징하는 야성野性에 구미가 돌았던 것이다. 어쨌든 호숫가에 사는 동안, 나는 한두 차례 이상하게도 반은 굶주린 사냥개가 걸신들린 듯이, 잡아먹을 수 있는 짐승을 찾아서 숲을 누비고 다녔다."(296)고 고백한다. 소로는 인간의 두 가지 본능인 야성野性과 영성靈性이 그에게도 공존하는 것을 발견하고, "나는 두 본능을 모두 존중한다. 나는 선성善性 못지않게 야성을 사랑한다."고 선언한다. "낚시꾼, 사냥꾼, 벌목꾼 등은 들과 숲에서 인생을 보내면서, 자기들도 자연의 일부라는 독특한 감각을 지니게 된다. 그리하여 그들은 흔히 생업을 추구하는 틈틈이, 기대를 가지고 자연에 접근하는 철학자나 시인보다도 더 호의적인 마음으로, 자연을 관찰한다. 자연도 그들에게 자신의 모습을 드러내기를 두려워하지 않는다." 소로의 말대로, 낚시꾼, 사냥꾼, 벌목꾼 등은 야성이 더 강한 부류로서, 영성이 더 강한 철학자나 시인 등보다도 '더 호의적인 마음으로' 자연에 접근한다고 할 것이다. 소로는 "내가 자연과 아주 친한 친구가 된 까닭은 아마도 아주 어렸을 때부터 즐긴 낚시와 사냥 덕택일 것"이라면서, "사냥꾼과 낚시꾼이 체험이나 본능으로 알고 있는 사실들을 과학이 보고하는 경우, 우리는 아주 흥미로워한다. 그런 과학만이 진정한 '인문학'humanity이나 인간 경험의 보고서이기 때문이다,"(297)라고 말한다. 이런 의미에서 그의 『월든』이야말로 진정한 인문학적 보고서라 할 터이다.

소로는 소년기 교육에서 사냥의 중요성을 믿는다. 그러나 사냥감이 점점 줄어듦에 따라, 생업으로서의 사냥꾼이 사라지게 되었을 뿐만 아니라, 자비慈悲의 관점에서도 사냥을 찬성할 수 없게 되었다. 그러기에 오늘의 사냥꾼은 사냥되는 동물의 가장 친한 친구로 변신했다. 소로가 숲에 들어오기 전에 이미 총을 팔아치운 것은 어쩌면 당연한 일이었다. 그럼에도 불구하고, 소로는 "사냥을 대신할 만큼 좋은 스포츠가 있는지 의심하지 않을 수 없다,"(299)며 사냥을 옹호한다. 그의 논리는 의외로 간단하다. 인류의 역사에도 수렵시대가 있었듯이, 인간의 성장과정에도 사냥교육이 필요한 기간이 있다는 것이다. 달리 말하면, 소로 자신과 같이 '자연과 아주 친한 친구'가 되는 교육이 필요하다는 주장이다. 그의 몇몇 친구가 자식에게 사냥을 시켜야 할지 걱정스레 물으면, 소로는 그가 받은 최고의 교육이 바로 사냥이었음을 기억하고 이렇게 대답했다. "그래, 소년기의 자식들을 사냥꾼으로 키워라. 처음에는 스포츠맨으로 키우되, 가능하면 마침내 위대한 사냥꾼이 되도록 키워라. 그리하면 그들이 이곳이나 어떤 삼림에서도 충분한 사냥감을 발견하지 못할 것이니 ― 사냥꾼은 물론이거니와 사람을 낚는 어부가 되게 키워라,"(299)라고 대답한다.

"인정 있는 사람이라면, 그의 생각 없는 소년기가 지나면, 자기와 똑같은 생명권을 가진 동물을 제멋대로 죽이지 않을 것이다,"(300). 사냥이나 낚시를 통해서 숲, 호수, 그리고 생명을 아는 과정을 거쳐야 비로소, 소년은 온전한 어른으로 성장한다. "보통 젊은이는 이렇게 숲을 알고, 그다음에 자신의 근본을 알게 된다. 그는 처음에는 사냥꾼이나 낚시꾼으로 숲에 간다. 그리고 그에게 더욱 훌륭한 생의 씨앗이 있다면, 그는 마침내 시인으로든 박물학자로든 자신의 올바른 목표를 식별하고, 총과 낚싯대를 버린다. 이런 점에서 대중大衆은 여전히 그리고 언제나 미숙하다,"(300). 대중은 흔히 사냥이나 낚시를 통해서 숲이나 호수를 아는 과정이 미흡하거나 생략되기 때문에, '자신의 근본'을 알기에 '여전히 그리고 언제나' 미숙하다. 그러나 오늘의 문명사회에서도, 인간은 수렵기를 거쳐야, 바꿔 말해서, 시간이 흐르면서 서서히 더 정신적이고 덜 동물적인 상태로 진화하는 과정을 거쳐야 비로소, 올바른 인간으로 성장할 수 있다는 게 소로의 믿음이다. 그렇지 못하면, 오롯이 야성의 지배를 받는 '동물인간'이 되고 말 것이며, 인간사회 자체가 동물사회로 퇴보하고 말 것 아닌가!

2. 채식과 육식

소로는 능숙한 낚시꾼이다. 그러나 낚시를 할 때마다 "낚시를 안 했더라면 더 좋았으리라는 느낌이 든다,"면서 "현재 나는 전혀 낚시꾼이 아니다,"(301)라고 말한다. 소로가 물고기 먹기를 꺼려하는 이유는 무엇인가? 그의 경우 "육식을 반대하는 실질적인 이유는 그것이 불결하기 때문이다. 물고기들을 잡아서 깨끗이 손질하고 익혀 먹는 경우에도, 내[그에]게 본질적인 양식을 공급한 것 같지 않기 때문이다. 그것은 시시하고 불필요해 보였으며, 얻는 것보다 잡는 비용이 더 많이 들었다." 소로는 물고기나 우드척을 직접 잡고, 손질하고, 요리하고, 먹고, 설거지한 흔치 않은 완벽한 체험에서 가장 소박한 음식이 최고의 음식이며, 만약 직접 도살해야 한다면 고기를 먹을 사람이 별로 많지 않을 것이라고 증언한다. 소로가 동물성 식품뿐만 아니라 차, 커피 등을 멀리하는 이유도 검소하게 살고 소박하게 먹는 것이 여러 점에서 더 아름다워 보였기 때문이다. 게다가 그는 "자신의 정신적 또는 시적 능력을 최고 상태로 보존하고자 항상 열심인 사람들은 누구나 동물성 식품을 멀리하고, 어떤 식품이건 과식을 삼가는 성향이 두드러진다,"(302)고 생각한다.

　소로가 채식주의에 기운 것은 육식이 불결하다거나 비용이 더 들기 때문만이 아니라, 육류나 값비싼 음료는 그의 '소박한 삶'의 원칙에 위배될 뿐만 아니라, 과식을 초래함으로써 정신력이나 상상력의 증진에 해롭다고 믿기 때문이다. 육식이건, 채식이건, 가장 문제가 되는 것은 식욕과 과식이다. 소로는 식욕과 과식의 문제를 미숙과 성숙의 문제, 즉 성장과정의 문제로 접근한다. 나비는 미숙한 유충의 단계에서는 게걸스럽게 먹지만 성숙한 나비의 단계에서는 한두 방울의 꿀이나 그 밖의 단물을 먹는 것으로 만족하고 하늘을 난다. 나비의 '과식'은 미숙을 의미하고, '소식'은 성숙을 뜻한다. 비슷하게 인간도 성장과정에서 수렵기의 젊은이는 총과 낚싯대를 들고 육식을 선호하지만, 수렵기를 지나면 자연스럽게 총과 낚싯대를 내려놓게 되며, 인류의 발전과정에서 보아도, "인류가 점차 발전하면 결국 육식 습관을 버리게 될 것"(304)이라고 소로는 낙관한다. 인간의 미숙은 육식과 과식을 의미하고, 성숙은 채식과 소식을 뜻한다고 할 것이다. 아무튼,

육체의 양식과 정신의 양식이 따로 있는 것이 아니라면, 같은 음식으로 육체와 정신을 키우고 유지해야 한다. 이를 두고 소로는 "육체와 상상력 모두 같은 식탁에 앉아야 한다."(303)라고 말한다. 육체와 정신을 동시에 만족시키는 음식은 소박하고 청정한 음식이다. 그러나 이런 음식을 준비하고 요리하기는 쉽지 않은 일이다. 음식에 과다한 양념을 치면 독이 될 터이고, 과일을 먹더라도 식욕이 부끄럽지 않도록 절제해야 하며, 육식이건 채식이건, 남의 손에 의존하는 것이 부끄러운 줄 알아야 할 것이다. 무엇보다도 우리 자신이 육식동물이라는 사실을 수치로 알아야 할 것이니, 고기와 지방脂肪은 우리의 상상력과 공존할 수 없기 때문이라고 소로는 믿는다.

소로는 어떤 근거에서 인류가 발전하면 결국 육식을 버리고, 청정하고 건전한 채식을 택하게 될 것이라고 낙관하는가? 그는 대답한다, "누구든지 자신의 천성이 속삭이는 아주 희미하지만 지속적인 암시들에 귀를 기울인다면, 그것들은 분명 진리의 목소리이기에, 그것이 그를 어떤 극단이나 광기로 인도할지 알 수 없다. 하지만 그런 식으로 그의 결심과 믿음이 점점 강해지면서, 그가 가야 할 길이 뻗는다. 어떤 건전한 인간이 느끼는 자신 있는 거부감은 아무리 미약한 것이라도 결국 인류의 주장과 관습을 이길 것이다. 이제껏 아무도 자신의 천성을 따르다가 잘못 인도된 사람은 없었다. 그 결과가 육체적 허약이라 할지라도, 아무도 그 결과를 두고 유감스럽다고 할 수 없을 것이다. 그런 결과는 도덕률에 부합하는 삶이기 때문이다."(304). 소로가 말하는 우리의 '천성'은 '도덕률'을 따르라고 속삭인다. 도덕률에 부합하는 삶은 낮과 밤을 기쁨으로 맞이하고, 꽃과 향긋한 약초처럼 향기를 발산하며, 더욱 탄력적이고, 더욱 별처럼 빛나며, 더욱 영원하다. 그것이 바로 성공적인 삶이다. 그런 삶이야말로 모든 자연이 축하하고, 시시각각 스스로 축복할 삶이 될 터이다.

소로는 말한다, "내가 오랫동안 물을 마신 것을 기쁘게 생각한다. 나는 항상 맑은 정신을 유지하고 싶다. 사람이 무엇에 취하든, 그 정도는 천차만별이다. 나는 물이 현명한 사람을 위한 유일한 음료이고, 술은 그다지 고상한 음료가 아니라고 믿는다. 한 잔의 뜨거운 커피로 아침의 희망을 박살내고, 한 잔의 차로 저녁의 희망을 박살낸다고 생각해보라! 아, 이런 음료의 유혹을 받을 때, 얼마나 타락하겠는가!"(305). 갈증을 해소하는 데는 물보다 좋은 음료가 없다. 이렇게 소박한 맛을 선호하는 성향은 다른 즐거움에도 영향을 미친다. 소로가 음악보다도 신선한 아침 바람의 속삭임을 더 좋아한 것은 음악마저도 때로는 유혹의 소리가 될 수 있기 때문이다.

소로는 그의 식습관에서도 '야성'과 '영성'의 통합을 추구하지만, 충분히 성공하지 못했음을 인정한다, "[나는] 아주 유감스럽게도 세월이 흐르면서 아무것이나 먹게 되고, 식탁에 무관심해졌기 때문이라는 것을 고백하지 않을 수 없다. 아마도 대부분의 사람은, 시詩에 대해 그러하듯이, 이런 문제들에도 젊은 시절에만 관심을 둘 것이다. 이제 나도 의견만 남아있고 실천은 '어디에도 없는' 사람이 되고 말았다,"(305~306). 그러나 이런 가운데서도 소로는 상당한 소득이 있었다고 믿는다. 인간은 야성이 시들면서, 그의 영성은 점차 신성神性에 접근한다. 소로는 우리에게 선택권이 있다고 말한다. 우리는 정결하거나 육욕적이거나, 순수하거나 불결하거나, 어느 한 쪽이 되고자 노력할 수 있다. 소로는 정결하고, 순수한 채식 쪽을 선호했고, 때때로 형언할 수 없는 만족을 맛보았다. 그는 이렇게 말한다, "내가 일반적으로 둔한 미각 덕분에 정신적 지각을 얻었고, 내가 입천장을 통해서 영감을 받았으며, 산기슭에서 따먹은 산딸기들이 내 천성에 양식을 공급했다는 사실을 생각하면 짜릿한 감동을 느낀다."(306). 사람을 천하게 만드는 것은 음식 자체가 아니라 감각적으로 맛을 탐닉하는 식욕이다. 그러나 소로는 "우리의 전체적인 삶은 놀랄 만큼 도덕적이다."(307)라면서 결국 '도덕률'이 승리한다고 믿는다.

3. 도덕률

인간의 내부에는 동물성이 도사리고 있다. "그 동물성은 우리의 도덕적 본성이 잠자는 정도에 비례해서 깨어난다. … 우리는 그 동물성으로부터 물러설 수는 있겠지만, 결코 그것의 본성을 바꿀 수는 없을 것이다. 동물성은 나름의 활력을 가지고 있으므로, 우리의 육체는 건강하면서도 순수하지 못할 수 있다."(307~308). 동물성을 자극하는 것은 음식 자체가 아니라 음식을 소비하는 식욕이다. 우리가 타고 나는 "생성의 에너지는 우리가 방탕할 때는 허투루 쓰여서 우리를 불결하게 만들지만, 절제할 때는 활력과 영감을 준다. 정결은 인간이 활짝 꽃핀 상태이고, 이른바 '천재성'Genius, '영웅적 용기'Heroism, '신성'Holiness 등은 개화의 결과로 얻는 열매에 불과하다. 인간은 청결의 물길이 열릴 때 곧장 흘러서 신神에 이른다."(308). 이처럼 소로는 인간은 순수한 삶을 살고 식욕을 통제함으로써 신성에 접근할 수 있고, 그의 육체를 성스러운 사원寺院으로 유지할 수 있다고 믿는다. 모든 것이 우리가 생성의 에너지를 건설적으로 쓸 때 가능하다. 이 때 우리의 "정신이 당분간 육체의 모든 부분과 기능에 스며들어 통제하고, 외형상 아주 천박한 관능을 순결과 헌신으로 변형시킬 수 있다."(308). 우리의 "지혜와 순결은 노력에서 온다. 그리고 무지와 관능은 나태에서 온다."는 지점에서 우리가 할 수 있는 것이 있다. 우리는 도덕률과 충돌하지 않을 정도로까지 우리의 야성, 즉 동물성을 조절하도록 부지런히 노력해야 한다. 우리의 "본성Nature은 극복하기 어렵지만, 극복해야 한다."(310). 이런 의미에서 "모든 사람은 육체란 이름의 사원을 순전히 자기 식대로 지어서 자신이 숭배하는 신에게 바치는 건축가이므로, 육체 대신 대리석을 망치질하는 것으로 끝내서는 안 된다. 우리는 모두 조각가이고 화가이다. 우리의 재료는 우리 자신의 살과 피와 뼈다,"(311)라는 사실을 한시도 잊지 말아야 한다. 사람이 바르게 생각하고 행동하면 용모에 품위를 더하게 되지만, 나쁘게 생각하고 행동하면 야수성을 더한다. 우리의 몸을 선성善性의 자아에 적합한 사원으로 건축함으로써, '완전한 자아'에 도달하는 것은 전적으로 우리의 책임이다.

결론적으로, 소로는 평범한 '농부 존'John Farmer을 소환한다. 존은 힘든 하루 일을 마치고 돌아와 문간에 앉아 있다. 이런저런 생각이 꼬리를 무는 가운데 멀리서 피리 소리가 들렸다. "그가 일하는 세계와는 다른 세계에서 들려왔으며, 그의 내부에서 잠자는 어떤 능력들이 해야 할 일을 암시했다. 그 가락은 그가 살고 있는 거리와 마을, 국가의 존재를 조용히 소멸시켰다." 그는 '어떤 능력들,' 즉 '도덕률'이 지시하는 새 출발을 결심한다. 그러나 "그가 궁리할 수 있는 것은 고작 새로운 내핍耐乏을 실천하는 것, 그의 정신을 육체 안으로 내려 보내서 육체를 구원하며, 점점 커지는 존경심으로 자신을 대하는 것이었다,"(312). 그렇다, 그의 여건에서 달리 무엇을 할 수 있겠는가! 우선 '새로운 내핍'耐乏을 실천하고, '정신을 육체 안으로' 내려 보냄으로써, '자존自尊의 사원'을 건축하는 것만으로도 성공적인 삶이 아니겠는가? '농부 존'은 소로 자신의 자화상이라 할 것이다.

WALDEN

동물 이웃들

1. 본능적 야성

「동물 이웃들」이란 타이틀에는 두 가지 의미가 있다. '동물'brute은 소로의 오두막 주변의 숲과 호수에 사는 야생동물들 및 그들의 야성적 습성을 의미하고, '이웃들'neighbors로 부른 것은 그들을 이웃으로 생각한다는 것을 뜻한다. 다시 말해서, 소로는 동물을 단순한 동물 이상의 가까운 이웃으로 생각한다는 것과 동시에 소로 자신도 동물성을 공유한다는 것을 함의한다.

소로는 이따금 함께 낚시질을 하는 친구가 있었다. 「동물 이웃들」은 은자隱者(소로 자신)와 은자를 방문한 시인詩人(소로의 친구 채닝) 간의 가상적 대화로 시작한다. 은자와 시인은 각각 인간의 영성과 야성을 상징한다. 은자는 "개 짖는 소리 때문에 도무지 사색할 수 없는 곳에서 누가 살고 싶을까?"(314) 등등 "세상이 어떻게 돌아가는지"(313)를 명상하는 중이다. 나뭇잎 바스락거리는 소리와 함께 시인이 들어와서는, "내가 먹고 살기는 해야 하는데, 오늘 아무것도 먹지 않았으니,

낚시를 해야겠다고 생각했어. 낚시질은 시인에게 딱 맞는 사업이지 않은가. 내가 배운 유일한 직업이 그거니까 말이야. 어서, 같이 가자고,"(314~315)라며 은자에게 함께 낚시를 가겠는지 묻는다. 은자는 "사람들은 왜 사서 고생할까? 먹지 않는 사람은 일할 필요도 없는데 말이야,"(314)라면서 먹고 살기 위한 낚시질을 마뜩찮게 생각하면서도 친구의 청을 뿌리칠 수도 없기에, "천국에 갈까? 아니면 낚시를 갈까?"(315)를 한참 고민하다가, 일단은 시인과 함께 콩코드 강으로 낚시를 떠나기로 결심한다.

　소로는 낚시에 대한 본능을 하등 동물에 속하는 본능으로 규정하고, "그것이 때때로 되살아난다,"(301)고 말한 바 있다. 소로가 친구와 낚시를 가기로 동의한 것은 그의 '영성'이 되살아난 '야성'에 잠시 굴복한 것을 의미한다. 이를 계기로 주변의 들쥐, 딱새, 울새, 다람쥐, 자고새, 고양이, 개미떼, 되강오리 등 여러 동물들을 관찰하고, 그들의 '습성'에 초점을 맞춰서, 그들은 어떤 본능으로 움직이며, 그들이 전하는 메시지는 무엇인지 생각해본다. 그는 자신의 생각들을 밝히면서, "동물들은 어떤 의미에서는 모두 '짐 나르는 짐승'들로서, 인간의 생각을 일부 전하도록 창조된 게 아닌가 생각한다,"(317)고 전제한다. 단순히 농부의 '짐 나르는 짐승'으로 그치는 것이 아니라, 사람의 '생각을 나르는 이웃'으로 존재한다는 것이다. 소로는 지금 낚시꾼, 사냥꾼, 벌목꾼처럼 '자연의 일부'로 살고 있다. 그는 무엇보다 동물들의 꾸밈없고, 자유로운 삶에 친근감을 느낀다. 딱새는 소로의 헛간에 집을 지었고, 울새는 오두막에 맞붙어 자라는 소나무에 안식처를 정한다. 들쥐는 친구처럼 소로의 옷소매를 기어올라, 손에 쥔 치즈를 조금씩 갉아 먹는다. 소로가 정오에 그늘에서 한두 시간 쉬면서, 점심을 먹고, 그가 파놓은 샘물 옆에서 약간의 독서를 하노라면, 누른도요가 샘물 근처로 새끼들을 데리고 와서 진흙을 뒤져 벌레를 잡아먹는다. 이 때 소로가 접근하면, 어미 새가 주위를 빙빙 돌면서 새끼들이 달아나도록 유도한다. 거북비둘기들도 샘물 위쪽에 내려와 앉고, 붉은 다람쥐도 나뭇가지를 타고 내려와서, 소로에게 친근하고 호기심 어린 표정을 짓는다. "아주 많은 동물이 사람의 눈에 띄지 않고 숲속에서 야생 상태로 자유롭게 살지만, 놀랍게도 먹을 것은 마을 근처에서 조달한다."(319). 이렇게 동물과 사람은 더불어 사는 관계이다. 소로가 "숲속의 어느 매력적인 곳에 오래 앉아있노라면, 이렇게 숲의 모든 주민들이 차례로 찾아온다."(320). 숲속의 동물들은 모두 그의 친구들이다.

소로는 인간과 동물이 어떻게 같은 생존본능을 공유하는지에 대한 그의 견해를 밝힌다. 그가 언급하는 동물들은 그의 주변에 사는 동물들이다. 동물과 인간 모두 살아남기 위해서 먹을 것과 살 집을 구하는 피조물인 것이 분명하다. 그 대표적인 예가 소로와 집을 함께 쓰는 쥐이다. 쥐는 순전히 놀러온 것 같지만, 사실은 살아남기 위해서, 먹을 치즈 조각을 얻으러 온 것이다. 사실 쥐와 소로의 관계는 함께 놀이를 즐기는 진정한 친구 사이가 아니다. 쥐가 그의 집을 찾은 것은 순전히 먹이를 얻기 위한 것이다. 너구리도 먹이를 나눠먹기 위해 나타난다. 다시 말해, 모두가 생존본능에 따라 행동하는 동물들이다.

2. 동물의 본성

(1) 자고새의 본성

소로는 몇몇 동물을 특별히 관찰하고, 그들의 이야기를 자세히 전한다. 6월이 되면 자고새가 어린 새끼들을 데리고, 숲에서 나와, 소로의 오두막을 지나, 어디론가 이동한다. 소로는 자고새에서 놀라운 생존본능을 발견한다. 위험이 닥치면, 자고새 새끼들은 납작 엎드리며 색깔이 비슷한 나뭇잎에 머리를 처박고 움직이지 않는다. 사람이 다가가도 일어나서 달리거나 머리를 들지 않는다. 누군가가 그런 새끼들을 아예 밟거나 잠시 쳐다보고 있어도 발견하지 못하는 수가 많다. 자고새의 본능은 너무나 완벽하다. 하지만 이것으로 끝나지 않는다. 소로가 특별히 감동한 것은 새끼들의 눈이다. 그들의 눈에는 지성이 번득인다. 자고새는 야성野性과 영성靈性을 겸비한 것 같다. 소로는 말한다, "이런 새끼들의 동그랗고 평온한 눈동자에 담긴 놀랄 만큼 어른스러우면서도 순진한 표정은 결코 잊을 수 없다. 모든 지성이 그런 눈에 어려 있는 듯하다. 그들의 눈은 유아기의 순수뿐만 아니라, 경험으로 명료해진 지혜까지 암시한다. 그런 눈은 그 새가 태어날 때 생겨난 게 아니라, 그 눈이 반사하는 하늘과 같이 태어났다. 숲은 그런 보석을 두 번 다시 생산하지 않는다. 그와 같은 투명한 샘을 나그네가 들여다볼 기회는 흔치 않다,"(319). 자고새의 눈은 평온하고, 투명한 '샘'이자, '하늘'과 함께 태어난 '보석'이다. 소로가 보기에 자고새는 순수한 지성과 성숙한 지혜를 전하는 하늘의 메신저이다. 소로는 월든 숲을 누빈다는 날개 달린 고양이에 대해서도, "내가 만약 고양이를 길렀다면, 바로 이런 부류의 고양이가 적당했을 테니, 시인의 고양이라면 시인이 타는 말처럼 날개가 달려 있어야 하지 않겠는가?"(327)라며 경탄해마지 않는다. 소로에게 그 고양이는 시인에게 '상상의 메시지를 전하는' 매신저이다. 동물은 숲속에서 자유롭게 살아야 동물이다. 그러기에 마을의 개가 숲속에 나타나서, 오래된 여우굴이나 우드척 구멍의 냄새를 맡아보지만 헛수고였다. 야성을 잃었기 때문이다. 고양이도 숲으로 돌아가야 야성을 회복한다.

(2) 개미들의 전쟁

자연계 또한 항상 평화로운 것은 아니다. 소로는 어느 날 그의 장작더미에 갔다가 개미 두 마리가 사납게 싸우는 광경을 보았다. 알고 보니, "두 개미 간의 결투가 아니라 두 종족 간의 전쟁이었다." 전쟁터를 뒤덮은 전사戰士들은 종족을 수호하겠다는 결의와 영웅심으로 불타는 듯했다. 소로는 말한다, "한쪽은 붉은 공화주의자 개미 군대이고, 다른 한쪽은 검은 제국주의자 개미 군대로, 그야말로 대격전이었다. 사방에서 개미 군대가 필사적인 전투를 벌이고 있었지만, 내 귀에는 아무런 소음도 들리지 않았으니, 인간의 군대가 그처럼 결연하게 싸운 적은 없었으리라,"(321). 붉은 개미들은 숫자가 많고, 검은 개미들은 크기가 크다. 인간의 전쟁에 비유하면, 한쪽은 병력이 많고 다른 한쪽은 화력이 크다. 이처럼 개미들의 전쟁과 인간의 전쟁은 본질적으로 차이가 없으니, 모두 살아남기 위해서 목숨을 걸고 싸우는 것이다. 소로는 개미들이 목숨을 걸고 싸우는 모습을 상술하고 나서, "나는 개미들이 우리의 조상처럼 신념을 위해 싸웠지, 자기들의 차茶에 부과되는 3페니의 세금을 피하기 위해 싸우지는 않았다는 것을 추호도 의심하지 않는다,"(323)면서, 그들의 전투는 '보스턴 티파티'Boston Tea Party처럼 시시한 것이 아니라, 적어도 미국 독립전쟁 기간의 '벙커힐 전투'만큼이나 명예로운 것이라고 평가한다.

소로는 개미들의 전투를 얼마간 지켜보다가, 두 마리의 붉은 개미와 한 마리의 검은 개미가 맞붙어 싸우는 나무토막을 가져와서, 집 창문턱 위에 놓고, 현미경으로 싸움의 경과를 지켜보았다. 세 마리 모두 중상이었지만, 두 마리의 붉은 개미는 한 시간도 못돼서 전사하고, 한 마리의 검은 개미는 처절하게 절뚝거리는 상태로 창문턱을 넘어서 사라졌다. 그러나 "검은 개미가 마침내 그 전투에서 살아남아서 여생을 '앵발리드 요양원'Hotel des Invalides 같은 곳에서 보냈는지 어떤지는 모른다. 하지만 그의 굽히지 않는 정신은 이후 별 쓸모가 없었으리라,"(324~325). 개미들의 전쟁은 소로에게 인간의 전쟁을 생각해보는 계기가 된다. "생각하면 할수록, 인간과 개미 사이에는 차이가 없었다,"(323). 소로는 "어느 쪽이 승리했는지, 또는 전쟁의 원인이 무엇이었는지 알지 못했다. 하지만 그날 내내 인간이 벌이는 전쟁의 처절함과 잔인함, 그리고 살육의 현장을 바로 내 집 문 앞에서 목격한 것처럼 내 감정이 쥐어뜯기는 듯 아픔을 느꼈다,"(325)고 그의 심경을 토로했다. 전쟁은 개인의 희생을 요구한다. 전쟁은 잔인하지만 반복된다. 역사는 이런저런 전쟁의 기록이며, 인간과 동물 사이에는 차이가 없다. 소로는 개미들의 전투에 대한 역사적 기록을 간단히 언급한 다음, "내가 목격한 개미의 전투는 웹스터Webster의 '도망 노예 법'이 통과되기 5년 전, 포크Polk 대통령 재임 시절에 일어났다,"(325~326)고 말한다. 이렇게 소로는 그의 개미들의 전쟁 목격담을 미국의 역사적 시기와 연관을 지음으로써, 남북전쟁의 불가피한 도래를 예견한 것 같다.

(3) 되강오리의 지능

가을이 되면, 되강오리가 월든 호수를 찾아와서 목욕도 하고, 털갈이도 한다. 월든 호수에서 '정화'purification와 '재생'rebirth의 과정을 거치는 것이다. 그러나 여기서도 전쟁은 계속된다. 소로가 "일어나기도 전에 녀석[되강오리]의 거친 웃음소리가 온 숲에 울려 퍼졌다,"(328). 사냥꾼들이 몰려온다. 한 마리에 적어도 열 명의 사냥꾼이 따라붙는다. 그러나 되강오리의 신출귀몰하는 잠수능력에다가, 어떤 때는 성난 파도까지 그의 편을 들기 때문에, 대개 되강오리의 승리로 끝난다. 고요한 10월의 어느 오후, 소로는 북쪽 호숫가를 따라 노를 젓고 있었다. 갑자기 되강오리 한 마리가 물가에서 호수 가운데를 향하여 헤엄쳐 나오더니, 불과 몇 로드 떨어진 수면에서 "거친 웃음소리를 내면서 자신의 존재를 알렸다."(329). 소로는 그를 잡고 싶었다. 소로와 되강오리 사이에 쫓고 쫓기는 게임이 벌어진다. 소로가 노를 저어 뒤쫓으면 되강오리는 잠수했다가, 약을 올리려는 듯, 더 가까운 수면으로 올라온다. 성급히 잡으려면 다시 잠수한다. 소로는 그가 잠수한 방향으로 노를 저었지만, 이번에는 50로드나 떨어진 먼 수면으로 올라온다. 소로가 방향을 잘못 짚은 것이다. 되강오리는 다시 오랫동안 크게 웃었다. 소로의 어리석음을 조소하는 것이다. 그는 오래 잠행을 해도 지치지 않으며, 요리저리 전진과 후퇴를 거듭하면서, 잡히지 않는다. 소로는 되강오리의 괴상한 웃음소리, 악마 같은 웃음, 그리고 괴상한 울부짖음 소리를 가장 놀라워한다. 꼭 사람 목소리를 닮은 것이 섬뜩하기까지 하다. 잔잔한 수면에서 소로와 되강오리 사이에 쫓고 쫓기는 멋진 대결이 벌어지지만, 번번이 소로의 패배로 끝난다. "녀석은 가장 깊은 지점의 호수 바닥까지 헤엄쳐 잠수할 수 있는 여유와 능력을 갖추었기 때문이다. ⋯ 녀석은 수면에서처럼 물밑에서도 자신의 항로를 확실히 아는 듯했고, 오히려 물밑에서 훨씬 더 빨리 헤엄을 쳤다."(330). 그는 소로를 따돌릴 때마다, 오랫동안 조소의 큰 웃음을 웃었다. 이러는 가운데, 소로에게 뭔가 놀라운 메시지를 전하는 장면이 있었다. 되강오리의 하얀 가슴, 고요한 대기, 잔잔한 수면 등 모든 조건이 되강오리에게 불리했다. 마침내 되강오리는 "50로드 떨어진 수면으로 올라와서는 마치 자기를 도와달라고 제 신을 부르는 듯이 길게 울부짖는 소리를 내었다. 그러자 금방 동쪽에서 바람이 불더니 수면에 잔물결이 일어났고, 대기에는 온통 안개

비가 충만했다. 마치 되강오리의 기도가 이루어지고, 녀석의 신이 내게 노하는 듯했다. 그래서 나는 멀리 거친 수면으로 사라져가는 녀석을 바라보고만 있었다."(331). 그는 특유의 생존본능에다가 적을 따돌리는 지능까지 갖추었다. 뿐만 아니라 절체절명의 위기에는 신의 가호加護를 구한다. 그는 소로에게 '완전한 자아'의 상징으로 다가온다. 소로가 되강오리를 잡는 데 실패한 것은 결국 그가 '완전한 자아'의 경지에 이르지 못했다는 것을 암시하는 것이 아닐까?

전체적으로 소로가 동물들을 의인화하는 것은 역逆으로 인간도 동물이라는 사실에 주목하고, 동물들과의 연대감을 강화함과 동시에 동물들에 대한 경외감을 전달하는 예술적 장치의 하나라 할 것이다. 되강오리의 본능은 너무나 완벽했다, 소로가 사용한 "유아기의 순수"(319)라거나 "아주 교활하게 움직였다"(329) 등등의 구절들은 동물이 야성적인 본능만이 아니라 감성과 지성까지 소유하고 있다는 것을 암시한다. 소로의 복잡하고 열정적인 어조는 그가 왜 야생동물을 높이 사는지 이해하는 데 일조한다. 소로는 가을이면 월든 호수를 찾아와 사냥꾼들을 약삭빠르게 피하여 호수의 먼 부분에 내려앉는 오리들에게서도 소로 자신의 자화상을 본 듯이 이렇게 말한다, "녀석들도 나와 같은 이유로 월든 호수를 사랑하는가 보다."(332). 오리들이 해마다 '털갈이'와 '목욕'을 위해 월든 호수를 찾는 것처럼, 소로 자신도 같은 이유로 월든 호수를 찾는다. 사람과 동물은 다를 바 없다.

WALDEN

난방하기

1. 겨울 채비

　소로는 봄부터 여름까지 행복하게 살았다. 이 시기는 자연의 부활과 성숙의 계절이자 소로의 정신적 각성과 성장의 계절이었다. 그는 자연과 더불어 새로워지고, 활기가 충만했다. 그러나 어느새 9월 1일, 단풍이 들기 시작한다. 호수 맞은편의 "작은 단풍나무 두세 그루가 벌써 진홍색으로 바뀌었고, 그 아래에는 사시나무 세 그루의 하얀 줄기가, 호숫가 갑(岬)의 끄트머리에서, 양쪽으로 갈라져 뻗고 있었다." 여름이 가고 가을이 온 것이다. 가을의 단풍은 눈부신 풍경이다. 가을의 색깔은 수많은 이야기를 전한다. 가을이 깊어지면서, "모든 나무가 특성을 드러내고, 거울 같은 잔잔한 호수에 비친 저마다의 모습을 자랑했다. 매일 아침 이 화랑의 매니저는 벽에 걸린 낡은 그림 대신, 더 눈부시고 조화로운 채색으로 돋보이는 새로운 그림을 내걸었다."(336). 그러나 그림이 바뀔 적마다, 한 발짝 다가서는 것은 겨울이다. 눈부신 풍경에 마냥 취할 상황이 아니다. 급속히 다가오는 겨울과 함께, 자연의 격려도 사라진다. 만물이 안으로 움츠러드는 계절이다. 오로지 '나'에게 생존을 의존할 수밖에 없는 상황이다. 고난의 겨울이 임박한 상황이니, 이제 옷깃을 여밀 때가 아닌가!

 10월이 되면, 소로는 겨울 채비에 들어간다. 그는 첫 제스처로 초원을 누비면서, 포도송이를 잔뜩 땄다. 먹기보다는 그 아름다움과 향기를 맛보기 위해서다. 야생사과도 따 들이고, 밤도 주워서, 겨울에 대비한다. 진주처럼 눈부신 덩굴월귤 열매는 눈요기로 그치기로 한다. 하지만, 농부들은 이런 초원의 보석들을 마구 긁어모아서 도시에 팔고, 도시는 그것들을 잼으로 으깨서, "자연을 사랑한다는 사람들의 입맛을 충족시킨다."(333). 뿐만 아니라, 직업적 도살자들은 "드넓은 초원에서 들소의 혀들을 갈퀴로 긁어모은다."(334). 살생을 마다하지 않고, 돈을 모으는 것이다. 이렇게 자연의 하사품들이 상업적 목적에 으깨지거나 약탈되는 것이다. 소로는 어느 날 지렁이를 파내다가 덩굴에 딸려온 인디언감자를 발견하고, 그 감자의 슬픈 역사를 회고한다. 인디언감자는 밤 못지않게 좋은 대용식품이다. "이제껏 오글오글하고 비로드처럼 보드라운 빨간 꽃이 다른 초목의 줄기에 기대어 있는 것을 자주 본 적이 있었지만, 그것이 바로 인디언감자의 꽃인 줄은 몰랐다. … 그 맛은 서리 맞은 감자처럼 달콤하다. 구운 것보다는 삶은 것이 더 맛이 있었다."(335). 그러나 경작이 본격적으로 시작된 이후, 덩굴식물인 인디언감자는, 주식主食으로 삼던 아메리카 인디언과 운명을 같이하듯이, 거의 멸종되었다. 소로는 인디언감자에 대한 애정을 이렇게 표현한다. "인디언의 케레스Ceres나 미네르바Minerva가 틀림없이 인디언감자의 창조자이자 증여자였을 것이다. 그리고 이곳에서 시詩의 지배가 시작된다면, 인디언감자의 잎과 줄기는 우리의 예술 작품에 다시 표현될 것이다."(335~336). 가을은 정녕 쇠퇴의 계절인가!

10월의 날씨가 추워지면서, 말벌이 수천 마리씩 떼를 지어, 겨우살이 할 곳을 찾아왔다는 듯이, 소로의 오두막에 와서는 창문과 머리 위의 벽에 자리를 잡나 했더니, 소로도 모르는 어떤 틈으로 서서히 사라져서 동면을 시작한다. 소로 또한 따뜻한 난로를 찾아 집안으로 들어갈 때가 된 것이다. 11월, 겨우살이 거처로 들어가기 전에, 소로는 북동쪽의 월든 호반을 자주 찾아서 따스한 햇살에 몸을 녹인다. 그는 말한다, "햇빛으로 몸을 녹일 수만 있으면, 인공적인 난로보다 훨씬 더 상쾌하고 건강에 좋다. 햇빛은 사냥꾼처럼 훌쩍 떠나버린 여름이 남긴 불등걸이었으니, 나는 이처럼 아직 꺼지지 않은 불등걸에 내 몸을 덥혔다,"(337). 그 불등걸이 영원히 꺼지지 않는다면, 겨울도 오지 않을 것이다.

2. 벽난로와 굴뚝

가을 햇살로도 몸을 덥힐 수 없으니, 벽난로와 굴뚝을 올릴 때다. 따뜻한 방으로 들어가 월동을 하기 위해서다. 소로는 벽돌 쌓는 일과 흙손 쓰는 법을 공부한다. 헌 벽돌을 흙손으로 다듬고, 모르타르를 모래와 섞어서, 벽난로와 굴뚝을 세운다. 손님으로 온 친구 채닝 시인이 2주간 거들었다. 소로는 벽난로가 집의 "가장 중요한 부분"(337)이라고 생각하고 정성을 들인다. 굴뚝은 살아있음의 증거이자, 하늘을 우러르는 희망의 사다리를 상징하지 않는가! 소로는 굴뚝에 사용할 헌 벽돌을 문지르고 닦음으로써, '정화'의 과정을 거친다. 마침내 벽난로 조립을 마친 소로는 여러 통의 물을 사용하여, 새 벽난로에 '세례'를 주었다. 이렇게 굴뚝과 벽난로는 소로에게 그의 몸과 영혼의 은유로 기능한다. 소로의 굴뚝 세우기는 느리게 진척되지만, 반듯하고 단단하게 올라가는 것이 마냥 즐겁다. 그는 말한다, "굴뚝은 어느 정도 독립된 구조물이다. 그것은 땅을 딛고 섰지만, 집을 거쳐서 하늘로 올라간다. 집이 불탄 뒤에도 여전히 땅위에 서있을 때가 있으니, 그것의 중요성과 독립성은 명백하다,"(338). 여름이 끝날 즈음에 세우기 시작한 벽난로와 굴뚝은 11월에야 완성되었다.

북풍으로 호수는 이미 차가워지기 시작했다. 소로는 저녁에 난로를 피우기 시작했다. 벽에 회반죽을 바르기 전이기에, 판자와 판자 사이의 수많은 틈으로 굴뚝 연기가 술술 빠져나갔지만, 바람이 잘 통하고 서늘한 그 집에서, 소로는 며칠간 즐거운 저녁을 보냈다. 벽에 회반죽을 바르고 나니, 오두막은 그가 들어갈 아늑한 '껍질'shell이 되었다. 소로는 전보다 더 당당하고 만족스러운 기분으로 장작을 쑤석거려 불을 돋우었다. 방 한 칸뿐인 오두막이 되레 자랑스럽기는 "집이 가진 모든 매력이 방 하나에 집중되어서, 부엌, 침실, 응접실, 거실을 겸했다. 부모나 아이, 주인이나 하인이 집에서 얻는 만족이 무엇이든 간에 내소리는 그런 만족을 모두 즐겼다,"(339). 더구나 지하 저장실에는 "작은 통에 든 감자, 바구미가 섞인 완두콩 2쿼트가 있었고, 선반에는 약간의 쌀과 당밀 한 병, 호밀가루와 옥수수 가루 각 1펙(약 9리터)씩 비치되어 있었다,"(339~340). 더 이상 무엇이 부럽겠는가! 굴뚝을 갖춘 집과 먹을 것이 준비되었으니, 이젠 연료만 비축하면 겨울을 날 수 있다.

3. 꿈의 집

사실 소로는 "더 크고 사람도 더 많이 사는 집을 꿈꾼다. 탄탄한 자재를 쓰고, 값싸고 번지르르한 소용돌이 장식도 없으며, 방은 여전히 하나인 집이다. 천장도 없고, 회반죽도 바르지 않았으며, 그저 광대하고, 투박하고, 견실하고, 원시적인 하나의 홀이다. 휑뎅그렁한 서까래와 도리가 사람의 머리 위에서 낮은 하늘을 떠받치고 있으니, 비와 눈을 막기에 알맞다,"(340). 집이 곧 부엌이자 식료품 저장실이고, 응접실이자 침실이며, 창고이자 다락방이다. 집을 드나드는 모든 사람이 집안의 모든 '소유물'과 모든 '거주자'를 한눈에 볼 수 있다. "냄비가 끓는 소리도 들을 수 있으며, 정찬을 요리하는 불과 빵을 굽는 오븐에 경의를 표할 수도 있다. 필요한 가구와 가정용품이 곧 집을 꾸며주는 주요한 장식이다." 집이란 게 무엇인가? 비와 바람을 막아주는 '겉옷'이 아닌가? 칸막이 없이 탁 트인 집이 더 좋지 않겠는가? "이런 집의 손님이 된다는 것은 그 집을 마음대로 돌아다닐 수 있는 자유를 얻는 것이다,"(341). '영국인의 집은 그의 성이다,'라는 전통적 사상을 완전히 뒤집는 생각이 아닌가!

'대접'hospitality이란 무엇인가? 집을 완전히 개방하고, 꾸밈없이 접대하는 게 아닐까? 그러나 소로는 "요즈음은 집주인이 '자신의' 난롯가로 손님을 들이는 것이 아니라, 미장공을 시켜 집의 뒷골목 어딘가에 손님을 위한 벽난로를 따로 짓게 한다. 그리하여 손님 접대는 손님을 가급적 멀리 '떼어놓는' 기술이 되어버렸다,"(341)고 한탄한다. 그렇게 우리의 응접실 언어는 실제 삶과는 겉도는 가운데, "그 자체가 활력을 모두 상실하여 완전히 '잡담'으로 전락하고, … 응접실 정찬도 어느 정찬의 우화寓話에 지나지 않는다,"(342). 소로의 손님들 가운데에서 함께 머물면서 옥수수 죽을 나누어 먹은 사람은 겨우 한두 명뿐이었다. 그러나 옥수수 죽을 진짜 '정찬'으로 나눠먹은 손님은 꽤 많았다. 소로가 꿈꾸는 집은 사생활을 중시하는 오늘의 관점에서는 상상하기 어려울 것이다. 그러나 그가 강조하는 '평등'과 '소통'의 측면에서는 분명 이해할 만하다. 특히, '응접실문화'의 위선에 대한 그의 비판은 그 누구도 부정할 수 없을 터이다.

4. 필수 연료

점점 추워지면서, 월든 호수가 얼기 시작한다. 소로는 호수의 물이 얼음으로 변하는 과정을 관찰하기를 크게 즐긴다. 호수의 물이 청록색에서 흰색으로 변하는 데 걸리는 시간을 비롯해서, 기러기가 따뜻한 남쪽을 찾아 이동하는 날짜까지, 겨울의 변화를 아주 과학적으로 관찰하고 기록한다. 소로는 유리처럼 투명한 얼음을 통해 호수 밑바닥을 관찰하면서 여러 시간을 보냈다. 모랫바닥에 생긴 이랑들, 카디스caddis 유충들의 집, 그리고 기타 재미난 것들이 보였다. 그러나 얼음 자체가 가장 흥미로운 대상이었다. 기포가 얼음 밑에 형성한 무늬들 때문이었다. "얼음이 언 다음 날 아침에 자세히 살펴보면, 처음에 얼음 안에 있는 것으로 보였던 기포 대부분이 얼음의 아래 표면에 붙어있다는 것을 알게 되고, 더 많은 기포가 호수 바닥에서 계속 올라오고 있는 것도 발견한다."(344). 날씨가 따뜻하면, 기포들이 팽창하여 "더 이상 한 기포가 다른 기포 바로 위에 있지 않고, 흔히 자루에서 쏟아져서 서로 포개진 은화들처럼, 한 기포가 다른 기포 위에 겹치거나, 얇은 조각들 형태로 가느다란 틈새를 점령하고 있는 듯했다." 이렇게 되면 "얼음의 아름다움은 사라졌고, 호수 바닥을 관찰하기에는 너무 늦었다."(345). 얼음이 녹을 때면 기포들은 "그 크기에 따라 볼록렌즈 작용을 해서 … 얼음을 우지끈 깨는 데 한몫 끼는 작은 공기총"(346)이 된다. 소로의 자연 관찰과 기록은 과학적이면서도 시적이다.

마침내 본격적인 겨울이 시작되었다. 벽에 회반죽을 바르는 작업도 때마침 끝났다. 11월 25일부터 호수는 이미 눈에 뒤덮였고, 12월 22일 월든 호수 전체가 꽁꽁 얼었다. 소로가 이제 "집밖에서 할 일은 숲속에서 죽은 나무를 모아서, 양손에 들거나 어깨에 지고 집으로 가져오거나, 때로는 죽은 소나무를 양 겨드랑이에 끼고 헛간으로 끌고 오는 것이었다."(346~347). 그는 때로 집 밖으로 나가 밥 지을 땔감을 마련한다. 그 땔감으로 만든 빵과 구운 고기는 특별히 다디달다. 그는 또한 겨우내 벽난로에 장작을 피워서 방을 따뜻하게 한다. 겨울에는 방문객도 별로 없으니, 벽난로에서 춤추는 불꽃을 지켜보는 것이 마냥 즐거웠다. 불꽃은 충실한 친구이자 동반자의 얼굴인 것만 같다. 이렇게 소로는 그의 "껍질 속으로 더욱 깊숙이 침잠하여, 집과 가슴의 내부에 계속 불을 활활 지피려고 노력했다,"(346). 그의 가슴 내부의 '불'은 '영감'inspiration의 전통적인 상징이다. 소로는 이 상징을 씀으로써, 그가 월동을 위해 준비한 벽난로와 굴뚝에 정신적 의미를 부여한다. 벽난로가 오두막 내부의 실제적인 불의 유지에 필수적인 것처럼, 영감의 '불'은 강한 정신적 자아의 보전에 필수적이다.

그러기에 소로는 화목火木을 모으는 일이 즐겁기만 하다. 그것은 그의 몸은 물론 정신을 보전하는 데 필수적인 연료이기 때문이다. 연료는 필수품이다. 장작의 수요가 증가하면서 값도 매년 오른다. 장작에 대한 새로운 존경심이 생긴다. 장작을 공급하는 숲은 너무나 장엄하고 아름답다. 그러기에 소로는 "숲이 어떤 신에게 바쳐진 것이라고 여기기를 바란다,"(348). 소로가 나무를 보존하는 일에 벌목꾼보다도 더 많은 관심을 기울이는 이유이다. 그는 말한다, "세계 도처의 왕자와 농부, 배운 사람과 못 배운 사람 모두가, 똑같이 자기 몸을 따뜻하게 하고 밥을 지으려면 적어도 몇 개의 나뭇가지를 숲에서 얻을 필요가 있다. 나 역시 나무 없이는 살 수 없을 것이다."(349). 소로는 주로 소나무 그루터기들을 모아서 장작더미를 쌓고, 마른 낙엽들을 불쏘시개로 쓴다. 그가 창문 앞에 쌓아놓은 장작더미를 애정의 눈으로 바라보기는, "마을 사람들이 지평선 너머에서 불을 지필 때, 나[소로] 역시 굴뚝으로 가늘고 긴 연기를 내보내서, 월든 계곡에 사는 여러 야생의 주민들에게 내[소로]가 깨어 있다는 것을 알려주기"(350~351) 때문이다. 그는 산책을 나갈 때도 때때로 잘 피워놓은 난로를 그대로 두고 나갔다. 서너 시간 뒤에 돌아와 보면, 아직도 불이 살아서 이글거리고 있었다. 하지만, 놔두고 간 난롯불의 불똥이 침대에 옮겨 붙어 가까스로 진화한 적도 있었다. 겨울이 깊어지면서, 소로는 그의 지하실에 둥지를 튼 두더지와 함께 따스한 집에 들어가, 밥을 짓고, 몸을 덥히면서, 겨울을 난다.

이렇게 동물이나 사람이나 "아주 주의 깊게 아늑하고 따뜻한 잠자리를 확보하기 때문에, 용케도 겨울을 살아남는다. … 동물은 단지 바람을 막을 수 있는 곳에 잠자리를 마련하고, 그곳을 자신의 체온으로 따뜻하게 한다. 하지만 불을 발견한 인간은 널따란 방에 공기를 가두어 놓고, 체온을 빼앗기는 대신에 공기를 덥혀서 그곳을 따뜻한 잠자리로 만든다. 그는 그 안에서 오히려 거추장스러운 옷을 벗어던지고 움직이면서, 한겨울에도 여름처럼 지낸다."(352). 소로의 몇몇 친구들은 소로가 '얼어 죽으려고' 일부러 숲으로 가는 것인 양 말했지만, 그는 몹시 사나운 강풍에도 오두막의 온화한 분위기에 안겨서 유유자적의 시간을 보낸다. "가장 사치스러운 집도 이런 점에서 뽐낼 것이 별로 없다."(353).

소로는 다음 해 겨울에는 화목을 절약하기 위해 벽난로 대신 스토브를 사용했다. 스토브가 안전과 효율성에서 벽난로보다 낫기 때문이었다. "하지만 스토브는 앞이 트인 벽난로만큼 그렇게 좋은 화력을 유지하지 못했다. 이제 밥 짓기는 더 이상 시적인 작업이 아니라 단순히 화학적인 작업이 되어버렸다. … 스토브는 자리를 차지하고 집에 냄새를 풍길 뿐만 아니라, 그 불도 노출되지 않기 때문에, 내[소로]는 친구 하나를 잃은 느낌을 받았다. 스토브와는 달리 벽난로 불에서는 항상 어떤 얼굴을 볼 수 있다. 노동자는 저녁에 벽난로 불을 들여다보며 낮에 쌓인 삶의 찌꺼기와 저속함을 마음에서 정화한다."(353). 벽난로여, "어째서 너는 우리의 가정과 홀에서 추방되었는가?/ 모든 사람이 환영하고 사랑했던 너 아닌가?"(354). '문명의 이기'가 정말로 이기인가! 한번쯤 생각해볼 일이다.

WALDEN

예전 주민들과 겨울 방문객들

1. 예전 주민들

한겨울이다. 소로는 "몇 차례의 눈보라를 즐겁게 맞으면서, 난롯가에서 유쾌한 겨울밤을 보냈다,"고 기운차게 말한다. 그러나 겨울은 역시 죽음의 계절이다. 쌓인 눈이 친구들의 발길마저 거의 끊어버렸다. "밖에서는 눈발이 사납게 휘날리고, 부엉부엉! 울어대던 올빼미마저 침묵했다." 자연과의 대화도 단절된 듯하다. 소로는 매일 산책길에 나서지만, 만나는 사람이 드물다. 사람들과의 교유交遊가 그립다. 이런 상황에서, 그는 예전에 이 숲에 살았던 주민들을 '상상의 마법'으로 불러낼 수밖에 없었다. 월든 숲에는 한때 "옛 주민들의 웃음과 잡담 소리가 울려 퍼졌고, 길과 접한 숲의 여기저기에는 옛 주민들의 작은 집과 텃밭이 여기저기 흩어져 있었다."(355). 비좁지만 이륜마차가 다닐 수 있는 숲길도 있었다. 소로는 자기보다 먼저 이곳에 살았던 옛 주민들을 소환하여, 그들의 이야기를 들려준다. 겨울은 과거를 돌아보는 계절이다.

소로의 콩밭 동쪽 길 건너에는 카토 잉그램Cato Ingraham이라는 노예가 살았다. 그의 주인이 이곳에 집을 한 채 지어주고 살도록 한 것이다. 그러나 그의 땅은 결국 더 젊고 피부가 하얀 투기꾼에게 넘어갔고, 집터에는 반쯤 파괴된 지하저장실이 남아있지만, 주변 소나무에 가려 보이지 않는다. 소로의 콩밭 모퉁이에는 흑인 노처녀 질파Zilpha의 작은 집이 있었다. 아마포를 짜면서 인간 이하의 힘든 삶을 살았지만, 크고 특이한 목소리를 가진 그녀가 노래를 부를 때면, 날카로운 소리가 월든 숲에 울려 퍼졌다. 그녀의 집은 '1812년의 전쟁' 때 불타 사라지고, 이제는 떡갈나무 숲이 들어선 집터에 벽돌 몇 개가 보일뿐이다. 여기서 더 내려가서 오른쪽 브리스터 언덕에는 브리스터 프리먼Brister Freeman이 살았다. 프리먼 또한 마을 유지의 노예였다. 그가 심었다는 사과나무 열매는 아직 야생 그대로 새콤한 맛이다. 그의 상냥한 아내 펜다Fenda는 몸집이 크고 둥글둥글하고 피부가 까만 여자로서, 기분 좋게 점을 쳐주는 점술가였다.

마을 가까이로 좀 더 내려가면, 길 건너편 쪽 숲 끝자락에 이발사 브리드Breed의 집터가 있다. 그는 럼주에 중독된 주정뱅이다. 그의 오두막은 불과 12년 전까지도 그 자리에 있었지만, 어느 선거일 밤에 개구쟁이 소년들이 그 집에 불을 질렀다. 당시 소로는 소방대의 뒤를 따라서 "콩코드여, 불 끄러 갑시다!"(360) 외치는 마을 사람들과 함께 현장으로 달려갔다. 그러나 현장에 도착해보니, 집이 거의 타버려, 그저 구경만 했다. 소로는 브리드의 집이 전소된 다음 날 밤 화재 현장 쪽으로 산책을 했다. 그 집안의 유일한 상속자가 엎드린 자세로 여러 각도에서 지하실을 들여다보면서, 무언가를 중얼거리고 있었다. 아무것도 남아있지 않았지만, 고맙게도, 불에 탈 수 없는 우물만은 건재했다. 그는 아버지가 깎아서 설치한 두레박틀을 찾아냈다. 아들은 그게 보통 '두레박틀'이 아니라는 사실을 자랑스러워했다. 소로는 지금도 산책할 때마다 그 두레박틀을 유심히 바라본다. "한 가문의 역사가 그것에 매달려 있기 때문이다,"(362).

숲속 깊숙이 들어가, 길이 호수와 가장 인접한 곳에 옹기장이 와이먼Wyman이 살았다. 그는 땅을 무단으로 점령하고, 마을 사람들에게 질그릇을 공급했지만, 세금 낼 여유도 없었다. 가업을 상속한 자손들 또한 여전히 가난하게 살았고, 땅도 땅 주인이 눈감아준 것이었다. 이 집에 마지막으로 산 사람은 아일랜드에서 이민 온 휴 코일Hugh Quoil이었다. 그는 소로가 숲에 들어온 직후 브리스터 언덕 기슭에서 객사하고 말았다. 소로는 문상을 갔다. 소문에 따르면, 그는 '워털루Waterloo 전투의 용사'였다고 한다. "높은 판자 침대 위에 그의 낡은 옷이 구겨진 채로 놓여있는 것이, 마치 그 자신이 누워 있는 듯했다,"(364). 그는 알코올 중독으로 섬망증譫妄症에 걸려서 한여름에도 두툼한 외투를 입었고, 얼굴은 짙은 자주색이었다. 그의 난로 위에는 깨진 담배 파이프가 놓여 있었다. 이곳을 지나노라면 "때때로 움푹한 우물터가 보이는데, 한때는 샘물이 흐르던 곳이지만, 지금은 눈물조차 메마른 풀이 차지하고 있다. 아니면 이곳에 마지막으로 살았던 사람들이 떠나면서, 훗날 어느 때까지는 발견되지 않도록, 우물 위에 평평한 돌을 덮고 뗏장을 씌워서 깊숙이 숨겨져 있는지도 모른다. 우물을 덮다니 얼마나 슬픈 짓인가!"(366). '제행무상諸行無常'이라 했던가!

월든의 옛 주민들은 사라지고, 그들의 옛 집터와 지하실 구덩이들 사이에서, 소로 혼자서 살고 있다. "한때는 분주하고 시끌벅적한 삶이 있었고, 이런저런 형식과 언어로 '운명, 자유의지, 절대적 예지'를 번갈아 논의하던 곳에 남겨진 것은 버려진 여우 굴 같은 움푹 들어간

지하실 터와 옛 구덩이들뿐이었다."(366). 자연에서의 인간의 위치는 하찮고 무상하다. 그 옛날 앞마당 빈터에 심었던 라일락은 지금도 그것이 맞이했던 첫 번째 봄처럼 아름다운 꽃을 피우고, 달콤한 향기를 풍긴다. 그러나 나무를 심었던 아이들은 보이지 않는다. 유망해 보였던 이 작은 마을은 왜 사라지고 말았을까? 이곳 주민들은 깊은 월든 호수와 시원한 브리스터의 샘에서 건강에 좋은 물을 실컷 마실 수 있는 특혜를 받았으면서도, 고작 물로 술 맛을 부드럽게 했을 뿐이었으니 사라지고 만 것이다. 그들이 바구니, 마구간 빗자루, 매트를 만들고, 옥수수를 볶고, 아마포를 짜고, 옹기를 만드는 등 사업에 열심이었더라면, 번성하는 마을이 될 수 있었을 것인데, 모두가 '술에 목마른 종족'으로 그쳤으니 하늘이 응징한 것이 아니겠는가! 소로의 심경은 착잡하다, "슬프다! 여기서 살던 사람들에 대한 추억이 이렇게 아름다운 자연의 풍경에 별로 보탬이 되지 못하다니! 아마도 자연은 이 마을에서 나를 최초의 정착자로, 지난봄에 지은 내 집을 가장 오래된 집으로 삼고, 다시 한 번 시험을 할지 모르겠구나,"(367). 옛 주민들의 집은 사라졌어도 그들의 우물은 파괴되지 않고 덮여있을 뿐이니, 언젠가 우물의 덮개를 열면 물이 다시 솟을 것이다. 그러기에 소로는 자신이 새 마을의 창시자가 되는 꿈을 꾼다. 그는 "이 숲에 사람들이 다시 사는 날을 그리면서 스르르 잠들었다,"(368).

2. 겨울 방문객들

겨울철에는 방문객이 별로 없다. 소로는 초원의 쥐처럼 아늑하게 살았다. 월든 숲에 눈이 쌓이면, "폭설! 얼마나 듣기 유쾌한 말인가!"(368)라면서 되레 반긴다. 그도 그럴 것이 눈이 숲을 덮으면, 그는 큰길에서 집까지 이르는 약 반 마일 정도의 길을 구불구불 내고는, 날씨가 평온한 일주일 동안, 처음 낸 발자국을 따라, 정확히 똑같은 걸음 수와 똑같은 보폭으로 오가는 것이 즐거웠던 것이다. 뿐만 아니라, 아무리 눈이 쌓여도, 소로는 그것을 헤치고 8~10마일 정도를 걸어서, "너도밤나무나 노랑 자작나무나 예로부터 친구로 지내는 어떤 소나무와 한 약속을 지켰다."(369). 어느 산책길에서, 소로는 백송나무 하단의 죽은 가지에서 졸고 있는 줄무늬 올빼미를 만났다. 올빼미는 다른 자연과 마찬가지로 무기력해 보였다. 그러나 그가 가까이 다가가자, 갑자기 되살아난 듯했으니, "그의 꿈이 방해받은 것에 짜증이 난 듯이, 녀석은 불안해하며 횃대에 앉은 채, 느릿느릿 몸을 뒤척이는 것이었다. 그러다가 날개를 예상 밖의 너비로 쫙 펴고, 소나무들 사이를 살짝 스치면서 날아올랐다. 날갯짓 소리도 전혀 들리지 않았다. 이처럼, 녀석은 시력보다는 주변에 대한 예민한 감각으로 소나무 가지들을 요리저리 피해서, 말하자면 민감한 깃털로 해질녘의 길을 감지하면서, 새로운 횃대를 찾아내고는, 그의 하루가 동트기를 평화롭게 기다릴 것이다."(370). 그런가 하면, 한겨울에도 질척한 늪지에서는 풀이 여전히 파릇파릇 자라고, 가끔은 봄을 기다리는 더 강인한 새도 보인다. 자연의 겨울은 어둡고, 모질고, 길지만, 머지않아 새 봄에게 자리를 양보할 것이다. 이게 자연의 순환법칙이다. 인생의 계절 또한 '절망의 겨울'이 지나면 '희망의 봄'이 올 것이다. 이를 두고 시인 셸리Shelley는 '겨울이 오면 봄도 멀지 않으리!'라고 노래했을 것이다.

아무리 험한 날씨에도, 소로는 숲길을 걸으면서, 소나무, 너도밤나무, 노랑 자작나무, 줄무늬 올빼미, 그리고 텃새 등 숲속의 친구들을 만났다. 그러나 한겨울의 숲속에서 다른 사람들과의 접촉은 드물었다. 가끔 벌목꾼 테리앙Therien과 지나가는 농부 등의 방문을 받고,

이들과의 대화에서 많은 것을 배웠을 뿐이었다. 한 번은 산책에서 돌아와 보니, 벌목꾼 친구가 기다리다 갔는지, "그가 남기고 간 지저깨비가 벽난로 바닥에 수북이 쌓여 있고, 그의 파이프 냄새가 집 안에 가득했다." 어느 일요일 오후에는 명석한 어느 농부가 우정의 '잡담'을 하기 위해, 멀리서 숲을 지나 소로의 오두막을 찾아왔다. "그는 교수의 가운 대신 작업복을 입었으되, 자기 헛간에서 퇴비를 한 짐 끌어낼 준비가 된 것처럼, 교회나 국가에서도 도덕을 끌어낼 준비가 된 사람이다. 우리[농부와 소로]는 사람들이 엄동설한에 맑은 정신으로 모닥불 주변에 모여앉아 빈둥거리던, 단순하고 소박했던 시절에 대해 이야기했다."(371).

깊이 쌓인 눈과 험한 폭풍을 헤치고, 가장 먼 곳에서 소로의 집을 찾은 사람은 시인이자 친구인 채닝이었다. 두 친구는 묽은 죽 한 접시를 앞에 놓고, 쩌렁쩌렁한 환희의 웃음소리와 진지하게 속삭이는 대화를 나누면서, '아주 새로운' 인생론을 수없이 펼쳤다. 소로가 호수에서 보낸 마지막 겨울에 찾아온 잊을 수 없는 또 하나의 방문객은 철학자 올컷이었다. 그는 위대하고, 이상적인 사람이었으니, "지칠 줄 모르는 인내와 믿음으로 인간의 육체에 새겨진 형상은 신의 것을 따른 것이나, 이제는 일그러지고 기울어진 신의 기념비에 불과하다는 것"(373)을 밝혔다. 소로가 보기에, "그는 친절한 지성으로 아이, 거지, 실성한 사람, 학자를 포옹하면서, 모든 사람의 생각을 받아들여, 자신의 지성에 폭과 기품을 더한다. … 그는 세상 어떤 제도에도 저당 잡히지 않은, '타고난 자유인'이었다. 우리가 어느 쪽으로 발걸음을 옮기든, 하늘과 땅이 서로 만나는 것 같았다."(374). 소로와 철학자는 지성의 자유를 마음껏 나누었으니, 소로에게 철학자 올컷은 하늘과 땅이 서로 만나게 함으로써, 그의 정신적 '겨울'에 통합과 환희의 '훈

풍'이 불게 하였다. 소로를 찾은 또 한 사람의 방문객은 그의 스승 에머슨이었다. 에머슨과 소로는 콩코드의 에머슨 집에서 '알찬 시즌들'을 함께 보내는 사이였다. 마지막으로 소로가 기다린 분이 있었으니, 그는 "결코 오시지 않는 '방문객'Visitor"(375)이었다. 기다리고 기다렸지만, '그분'은 끝내 오시지 않았다. '그분'은 누구일까? 소로의 뮤즈 Muse 아닐까? 소로만이 알 테지만, 소로는 아마도 자신의 시심詩心이 분수처럼 치솟기를 애타게 기다리지 않았을까?

WALDEN

겨울의 동물들

1. 겨울 풍경

"호수들이 단단히 얼어붙으면, 얼음판에 여러 개의 새로운 지름길이 날 뿐만 아니라, 낯익은 주변의 풍경도 얼음판에서 보면 새롭게 보였다." 한겨울에는 콩코드의 모든 호수가 단단히 언다. 가장 넓은 플린트 호수도 얼고, 구스 호수도 얼고, 월든 호수도 언다. 플린트 호수의 눈 덮인 얼음판의 중앙에 서면, 지평선 끝자락을 링컨 마을의 언덕들이 병풍처럼 에워싼 듯, 신기한 풍경이 펼쳐진다. 얼음판 너머의 아득한 거리에서, 얼음낚시를 하려고, "늑대 같은 개들을 데리고 천천히 움직이는 낚시꾼들은 마치 배핀 만灣의 물개 사냥꾼이나 에스키모처럼 보였다."(376). 소로는 북극해의 풍경을 즐기는 것 같은 황홀한 기분에 취한다. 저녁에 링컨 마을에 강연이라도 하러 갈 때면, 이런 호수들의 얼음판을 가로질러서 거리를 단축했다. 특히, 월든 호수의 얼음판은 소로의 마당이나 다름없었으니, 그는 "마치 잘 다져 놓은 거대한 사슴 마당에서 뛰노는 것처럼 호수에서 미끄럼이나 스케이트를 탔다." 소로의 겨울은 이렇게 즐거운 시간도 있었지만, 겨울은 여전히 녹녹하지 않아서, "주변의 떡갈나무 숲과 근엄한 소나무들은 눈의 무게로 고개를 숙이거나, 고드름으로 머리칼을 곤두세우고 있었다,"(377).

2. 겨울 동물들의 생존방식

겨울철 월든 숲의 대표적인 소리는 올빼미 소리이다. "겨울밤에는 물론 종종 겨울 낮에도, 아득히 먼 곳에서 부엉부엉! 우는 올빼미 소리가 들린다. 그 소리는 쓸쓸하지만 아름다운 곡조이다. 마치 언 땅을 적당한 채찍으로 때리는 것만 같은 그 소리는 월든 숲의 '방언'이다. 내[소리]는 마침내 그 소리에 친숙해졌지만, 울고 있는 올빼미를 직접 본 적은 한 번도 없었다. 겨울밤에 문을 열면 거의 어김없이 그 낭랑한 소리가 들렸다,"(377). 겨울밤의 올빼미 소리는 슬프다. 그러나 소로는 애써 '낭랑한' 소리로 듣는다. 소로의 노력에 기러기가 한몫 거든다. 어딘가로 이동하는 "기러기 떼가 집 상공을 낮게 날면서, 날갯짓하는 소리가 숲속에 휘몰아치는 폭풍처럼 요란했다,"(377~378). 기러기가 텃새 올빼미를 압도하는 듯하다. 이에 텃새 올빼미가 질세라 응답한다, "나 올빼미에게 바쳐진 이런 늦은 시간에, 내 요새를 깜짝 놀라게 하는 너의 의도가 도대체 무엇이냐? 내가 이런 시간에 잠이나 자는 줄 아느냐? 내 폐와 후두가 너의 것만 못하리라고 생각하느냐?' 부엉, 부엉, 부엉!" 소로는 '요란한' 기러기 떼를 간단히 물리치는 올빼미의 '불협화음'에 "만약 분별 있는 귀를 가진 자가 있다면, 이 평원에서 보지도 못하고 듣지도 못한 화음의 요소들을 그 울음소리에서 감지했으리라,"(378)라며, 짜릿한 감동을 전한다.

올빼미는 소로에게 겨울의 생명력을 상징한다.

그러나 꽁꽁 언 월든 호수는 잠을 이루지 못하고, 온도의 변화에 따라, 몸을 뒤척이거나, 위장에 가스가 차서 악몽에 시달리는 듯하다. 소로 또한 밤이면 땅이 얼어서 쿵! 하고 갈라지는 소리에 잠이 깨기도 했다. 이런 조건에서도 월든 숲의 많은 야생 동물들은 죽음을 거부하고, 눈 덮인 숲을 누빈다. "달 밝은 밤에는, 여우들이 자고새나 다른 사냥감을 찾아서 숲속의 개처럼 미친 듯이 거칠게 짖으면서 쌓인 눈이 얼어붙은 숲을 누비는 소리도 들렸다." 여우 한 마리가 소로 집의 불빛에 이끌려 창문 근처까지 왔다가 소로에게 여우다운 저주를 퍼붓고는 물러나는 때도 있었다. 소로는 생각한다, "긴 세월을 두고 생각해보면, 인간과 마찬가지로 동물 사이에서도 문명화가 진행되고 있지 않을까?"(379). 새벽에는 보통 붉은 다람쥐가 그를 깨웠다. 지붕 위를 쏘다니고, 사면의 벽을 오르내리다가는 소로가 문간 옆에 던져놓은 옥수를 먹는다. 오전 한때 많은 옥수수 이삭을 허비한 다람쥐는 마침내 "자신보다 훨씬 크고 긴 통통한 옥수수 이삭을 잡고, 능숙하게 균형을 잡은 다음, … 그것을 질질 끌면서 … 제 집까지 끌고 갔다,"(380~381). 다람쥐가 터득한 생존의 방식이다.

어치들이 남의 눈에 띌세라 살금살금 나무에서 나무로 훌쩍 날아다니면서, 점점 가까이 접근하여 다람쥐가 떨어트린 옥수수 알맹이들을 줍는다. 그들의 목구멍에는 너무 큰 옥수수 알맹이를 급히 삼키려다가, 다시 토해내고는, 부리로 계속 쪼아서 잘게 부수어 먹는다. 박새들 역시 떼를 지어 찾아왔다. 녀석들은 다람쥐가 떨어트린 부스러기들을 주워서 가장 가까운 나뭇가지로 날아갔다. 박새들은 처음부터 작은 부리로 옥수수 알맹이를 목구멍으로 넘어갈 정도로 잘게 부수어 먹었다. 박새들은 소로가 안고 들어오는 장작개비 위에 내려앉을 정도로 친해졌고, 참새와 다람쥐도 그와 친해져서 어깨에 내려앉거나, 그의 구두를 밟고 가기도 했다. 땅에 눈이 많이 쌓이지 않은 초겨울과 눈이 녹기 시작하는 겨울의 끝자락에는, 자고새가 숲에서 나와 야생 사과나무의 '꽃눈'을 쪼아 먹기에 과수원에 적잖은 피해를 준다. 소로는 말한다, "녀석들이 먹을 것을 구하는 것이 기쁘다. 자고새야말로 꽃눈과 무공해 물을 먹고 사는 자연의 귀염둥이인 것이다."(383).

3. 사냥의 뒤안길

때때로 여우 사냥꾼들이 풀어놓은 사냥개들이 컹컹 짖으면서 온 숲을 누비는 소리가 들렸다. 사냥개들은 돌고 돌면서 기어이 여우의 최근 발자국을 찾아내기 때문에, 여우가 그들의 추적을 따돌리기는 어렵지만, 여우는 여우대로 추적을 따돌리기 위해 자신의 냄새를 차단하는 나름의 지혜가 있다. 사냥개와 여우는 쫓고 쫓기는 게임을 하기 일쑤였다. 사냥개들은 종종 본능적으로 여우사냥에 나선다. 어느 날 렉싱턴Lexington에서 왔다는 사람이 자기 사냥개의 행방을 묻기 위해, 소로의 오두막에 왔다. 그의 사냥개가 단독으로 사냥에 나선 지 일주일 되었다고 했다. 그러나 그는 사냥개의 행방보다는 소로의 정체가 더 궁금한 듯이, "이런 곳에서 뭘 하세요?"라고 물으면서 소로의 대답을 중단시켰다. 렉싱턴의 사냥꾼은 "개를 한 마리 잃은 대신에 사람 하나를 발견했던 것이다."(384). 이처럼 소로의 숲속의 삶은 일반 대중의 호기심의 대상이 되었던 것이다.

소로는 어느 늙은 사냥꾼의 여우사냥 이야기를 전한다. 그 사냥꾼은 여러 해 전 어느 오후에 총을 들고 월든 숲으로 사냥을 나갔다. 사냥개 짖는 소리가 들리더니, 이윽고 여우 한 마리가 눈 깜짝할 사이에 마을길의 담을 넘어 사라졌다. 사냥꾼은 재빨리 방아쇠를 당겼지만 놓쳤다. 조금 뒤에 어미 사냥개가 새끼 사냥개 세 마리와 함께 여우를 쫓아 숲으로 사라졌다. 오후 늦게 사냥꾼이 숲에서 쉬고 있는데, 아직도 여우를 추적하는 사냥개들의 소리가 저 멀리 들렸다. 이윽고 짖어대는 사냥개들 소리가 점점 가까워졌다. 사냥꾼은 그 소리에 귀를 기울였다. 이때 갑자기 여우 한 마리가 나타나더니, 재빠르고 조용하게 예의주시하면서, 추적하는 사냥개를 멀찌감치 따돌렸다. 이윽고 여우는 안도하는 듯이 바위에 펄쩍 뛰어올라, 사냥꾼을 등지고 똑바로 앉아서 귀를 쫑긋 기울였다. 사냥꾼은 순간적으로 불쌍하다는 생각이 들었지만, "더 이상 생각할 겨를도 없이 총을 겨누었다. 이윽고 빵! 바위에서 굴러 떨어진 여우는 땅바닥에 쓰러졌다."(385). 마침내 어미 사냥개가 미친 듯이 뒤쫓아 나타났다. 그러나 이미 총 맞아 죽은 여우를 발견하고는, 깜짝 놀라 갑자기 짖기를 멈추고, 침묵 속에서 여우 주위를 돌고 또 돌다가, 결국 숲속으로 사라졌다. 그날 저녁 사냥개 주인이 사냥꾼의 집으로 찾아와 개들의 행방을 물었다. 사냥꾼은 자초지종을 밝히고, 개 주인에게 여우 가죽을 내밀었다. 그러나 그는 사양하고 떠났다. 사냥개들이 결정적인 기여를 한 것은 사실이지만, 최종적으로 득점을 올린 것은 사냥개가 아니라 '늙은 사냥꾼'이었기 때문이다.

  콩코드에는 한때 사냥꾼들이 다수 있었다. 어떤 사냥꾼은 사냥한 곰의 가죽을 럼주와 바꾸어 마셨고, 다른 사냥꾼들은 사냥한 여우, 살쾡이, 사슴의 가죽을 상인에게 팔아서 수입을 올렸다. 길가의 나뭇잎으로 피리를 만들어 어느 나팔보다도 흥겹고 구성진 가락을 연주하는 삐쩍 마른 사냥꾼도 있었다. 그러나 이제 농업경제의 정착과 함께 사냥은 서서히 뒤안길로 사라지게 되었다.

4. 숲의 토착민들

소로의 오두막에 거처를 정하고, 그가 저장해둔 견과로 겨울을 살아남는 다람쥐와 들쥐도 있었다. 들쥐는 오두막 주변의 소나무 껍질을 갉아먹으면서 부족한 먹이를 보충해야 했기에, 피해를 보는 소나무도 있다. 오두막의 마룻장 밑에 굴을 파고, 새끼들과 함께 사는 산토끼도 있다. 겨울의 산토끼들은 보기에는 삐쩍 마르고 뼈만 앙상한 것 같지만, 소로가 한 발짝 다가서면, "몸과 다리를 우아한 길이로 쫙 펴고, 탄력 있는 용수철처럼 얼어붙은 눈 위를 질주하더니, … 저만큼 거리를 두고 숲속으로 사라졌다."(389). 자유로운 야생 동물은 이렇게 겨울에도 활기와 품위를 과시한다.

사자, 호랑이 등 맹수猛獸와 매, 수리 등 맹금猛禽이 숲을 지배하던 시절은 서서히 종말을 고한다. 육식동물의 시대가 저물어가고, 토끼와 자고새가 콩코드 숲의 진정한 주인으로 자리하고 있는 것이다. 가장 단순하고 토착적인 동물이자 흙의 진정한 토박이가 산토끼, 자고새, 다람쥐 아닌가! 이들은 자연 자체의 색과 본질을 가지고 있고, 나뭇잎과 땅과도 아주 친하니, 반드시 번성할 것이다. 숲에도 민주주의 시대가 오는 것인가! 산토끼와 자고새도 먹여 살리지 못할 정도로 메마른 숲은 이미 숲이 아닐 게다. 문제는 숲의 주인의 통로마저 가로막는 울타리와 이들의 목숨을 노리는 덫이 늘어난다는 것이다. 보이지 않는 문명의 손이 숲의 토착민들까지 위협하는 것이다. 하지만, 『월든』이 쓰인 지 170여 년이 지난 21세기에도 산토끼, 자고새, 다람쥐 등 콩코드 숲의 토착민들은 건재하다. 콩코드의 숲은 산토끼와 자고새도 먹여 살리지 못할 정도로 '메마른 숲'은 아직 아닌 것 같다.

겨울의 호수

1. 발밑의 하늘

어느 날, 소로는 의기소침한 상태로 잠에서 깼다. "꿈결에서 어떤 질문을 받고, 그것을 해결하려고 애썼으나 허사였다는 기억이 생생했다." 그 질문은 "무엇을, 어떻게, 언제, 어디서에 대한 것이었다." 그러나 꿈에서 깬 소로는 평온하고 만족스러운 자연의 얼굴에 진정되었으니, 청명한 아침이 '전진하라!'라고 명령하지 않는가! 새 아침의 "자연은 아무런 질문도 품지 않으며, 우리 인간이 던지는 어떤 질문에도 대답하지 않는다."(391). 소로는 활기찬 자연에 고취되어 아침 일을 시작한다. 도끼와 물통을 들고, 물을 찾아 호수로 간다. 호수는 눈꺼풀을 내리고 3개월 이상 동면에 들어갔다. 소로는 "우선 1피트 두께의 눈을 헤친다. 다음 1피트 두께의 얼음을 깨고, 발 아래로 창문을 하나 낸다. 그런 다음 무릎을 꿇고 물을 마시며, 물고기들의 조용한 거실을 내려다본다." 호수는 소로에게 마음의 거울이다. 소로는 물고기들의 조용한 거실을 들여다보면서, 자신의 마음도 들여다본다. 그는 물을 마시면서 선언한다, "하늘은 우리의 머리 위는 물론 발밑에도 있다,"(392). 하늘빛의 평온한 호수가 소로의 마음을 지배하니, 간밤의 뒤숭숭한 꿈자리도 간 곳이 없다.

이른 아침, 많은 사람들이 호수에 낚시질 하러 온다. 낚시꾼들은 그들 자신이 호수의 일부인 것 같다. 그들은 과학자나 지식인들처럼 공부가 아니라 경험으로, 그리고 본능적으로 호수를 안다. 예컨대, 어떤 낚시꾼은 먹이사슬을 잘 알고, 다 자란 농어를 미끼로 강꼬치를 낚는다. 소로는 말한다, "나는 그[낚시꾼]를 통해 대자연의 섭리가 수행되는 양상을 즐겁게 구경한다. 농어는 굼벵이를 삼키고, 강꼬치는 농어를 삼키고, 낚시꾼은 강꼬치를 삼킨다. 그리하여 존재의 사슬에서 모든 빈틈이 메워진다,"(393). 낚시꾼들이 낚은 강꼬치를 보면, 감탄성이 절로 나온다, "아, 월든 호수의 강꼬치들! 그들이 얼음판 위 또는 낚시꾼이 도려낸 작은 얼음 위나 우물에 누워 있는 것을 볼 때마다, 내소리는 그들의 진기한 아름다움에 놀란다. 그들은 전설의 물고기인 듯, 세속의 거리는 물론 숲과도 전혀 무관한 존재로 보이는데, … 세속의 거리에서 명성을 떨치는 송장 같은 대구나 명태와는 전혀 다르게, 눈이 부실 정도의 초월적인 미를 지니고 있다." 강꼬치는 초월적인 미美를 상징한다. "그들은 월든 호수의 진주이며 동물질의 '핵' 또는 수정이라 해야겠다. 물론 그들은 월든을 빼닮은 호수이고, 동물왕국에서는 그들 자신이 작은 월든 호수들, 즉 청정한 성도聖徒들이다,"(394). 소로는 자연에서 이런 '초월적인 미'를 낚는 낚시꾼이 되고 싶은 것이다. 사람들은 대부분 그들이 낚고자 하는 것이 물고기가 아니라는 것을 평생 모르고 낚시질을 한다. 낚시는 생계를 위한 게 아니라, 인생의 꿈을 성취하는 '무엇'something을 추구한다는 것을 의미한다. '무엇'인가를 하고, 그에 따른 성취감을 느끼는 것이 바로 소로가 추구하는 '낚시질'이다. 강꼬치 같은 '대어'big fish를 이따금 낚는 것이 낚시질의 재미이다.

2. 바닥없는 호수

사람들은 아주 오랫동안 월든 호수가 바닥이 없다고 생각했다. 소로는 호수의 밑바닥을 알고 싶어서, 1846년 초 얼음이 녹기 전에 낚싯줄에 약 1.5파운드 무게의 돌을 달아서 그 깊이를 세밀히 측정했다. 측정 결과 가장 깊은 곳은 정확히 102피트였고, 그 후에 불어난 5피트를 더하면 107피트였다, 예사롭지 않게 깊지만, 터무니없는 것은 아니며, 바닥은 단단하다. 사람들이 호수바닥을 측정해보려고도 하지 않고, 바닥이 없는 호수라고 믿다니 놀랍지 않은가! 그러나 소로는 말한다, "나는 이 호수가 하나의 상징이 될 만큼 깊고 맑은 것에 감사한다. 인간이 무한을 신봉하고 있는 한 어떤 호수는 바닥이 없다고 생각될 것이다,"(396). 유한한 인간은 무한을 믿을 필요가 있다. 어떤 호수가 바닥이 없다고 믿는 것은 다름 아닌 이런 소망의 표현이다.

한 공장주는 소로가 알아낸 호수의 깊이를 듣고는 그럴 리가 없다고 생각했다. 댐에 대한 그의 지식으로 판단하면, 매우 가파른 둔치에 모래가 쌓일 리가 없다는 것이었다. 그러나 소로는 호수는 산과 산 사이에 컵 모양으로 움푹 꺼진 구덩이가 아니라 평평한 풀밭 같은 것이기에, 둔치가 모래가 쌓이지 못할 정도로 가파른 게 아니라고 반박한다. 소나기가 온 뒤 생기는 웅덩이를 보면 알 수 있듯이, 호수나 바다의 깊이도 그 너비에 비하면 아주 미미할 것이라는 게 소로의 생각이다.

소로는 월든 호수의 깊이를 측정한 것으로 그치지 않고, 호수의 지형도까지 작성하고, 그 결과와 함께 자신의 생각을 밝힌다. 첫째, 지형도에서 "가장 긴 세로선이 가장 넓은 가로선과 교차하는 곳이 '정확히' 가장 깊은 지점이었다." 화이트 호수의 지형도를 실제로 작성해 비교했더니, 이와 비슷한 결과가 나왔다. 소로는 이것이 호수나 웅덩이는 물론 바다의 깊이나 산의 높이에도 통하는 '보편적 법칙'이 될 것이라고 생각한다. 둘째, "다섯 개의 작은 만 중에서, 수심을 측정한 세 곳은 모두 그 어귀 전체에 모래톱이 있었고, 모래톱 안쪽의 물이 더 깊다."(399). 그리고 만의 어귀가 길이보다 너비가 더 큰 것에 정비례해서 모래톱 너머의 물이 웅덩이의 물에 비해 더 깊었다. 소로는 만의 길이와 폭, 물가의 주변 특성을 알면, '보편적 공식'을 수립할 수 있으리라고 추론한다. 이에 따라, "우리가 대자연의 법칙을 모두 안다면, 단 하나의 사실이나 실제로 일어난 하나의 현상에 대한 기록만으로, 그 지점에서 일어날 수 있는 모든 구체적 결과를 추론할 수 있을 것"(400)이라고 소로는 생각한다. 셋째, 호수를 관찰하여 얻은 사실들은 인간의 윤리에도 통하는 '통용의 법칙'이 되어서, "한 인간의 특정한 일상 행동과 삶의 파도를 그 만과 후미까지 모두 재서, 전자를 세로로 하고 후자를 가로로 하는 선을 그으면, 두 지름이 교차하는 곳이 그의 인격에서 가장 높거나 깊은 곳이 될 것이다,"(402). 어느 인간의 정신적 깊이를 결정하는 것은 그의 행동과 환경이며, 그의 '만과 후미'들은 그의 생각 및 정서의 유입구와 배출구들이 될 수 있으리라는 뜻이다. 예컨대, "산이 많은 환경에 둘러싸이면, 준엄한 봉우리가 그의 가슴에 반영될 터이니, 그만큼 그의 마음도 깊어질 것이다. 그러나 낮고 평평한 해안 쪽에서는 그의 마음 역시 얕아진다,"(402). 이런저런 이유로, 어떤 사람의 만灣은 시적詩的이 되고, 또 다른 사람의 만은 과학적科學的이 되지만, 보통 사람들은 흔히 세속적世俗的 해류와 합류하여 개성을 발휘하지 못한다. 소로의 이런 생각들은 초월주의의 '상응의 원리'를 충실하게 반영한다고 할 것이다.

소로는 월든 호수에서 비나 눈이나 증발 이외의 유입구나 배출구를 발견하지 못했다. 그는 월든 호수의 물이 여름에는 가장 차고 겨울에는 가장 따뜻한 곳에 호수에 물을 공급하는 샘이 있을 것이라고 추측한다. 어떤 채빙인부들은 일부 구역의 얼음이 다른 곳의 얼음보다 2~3인치 얇다는 사실을 발견하고는 그곳에 유입구가 있다고 생각했고, 물이 산 밑으로 스며서 이웃 초원으로 흘러드는 '누수 구멍'으로 소로를 안내하면서, 그곳이 배출구라고 생각하기도 했다. 그 구멍은 수면보다 10피트 아래에 있는 작은 구멍이었다. 배출구로 보기에는 너무나 작은 구멍이었다. 수평기로 월든 호수의 16인치 두께의 얼음덩이를 관찰한 결과, 가벼운 바람에도 물결처럼 출렁거렸다. 소로는 정교한 측정 기구를 사용하면 지각의 파동도 탐지할 수 있을 것이라고 추측한다. 월든 호수는 작은 지구로, 바닥이 없다. 호수의 깊이를 측정하려고 얼음판에 구멍을 내면, 얼음 위에 고인 사방의 물이 뚫어놓은 구멍으로 시냇물처럼 흘러들면서, 얼음을 얇게 녹이고 붕 뜨게 했다. 이어서 비가 내린 다음에 구멍이 다시 얼면, 호수 전체가 다시 신선하고 매끄러운 얼음으로 덮이면서, 호수 내부에는 '장미꽃 무늬'라고 불러도 좋을 무늬가 생긴다. 이렇게 소로에게는 월든 호수가 비와 눈, 그리고 증발 이외에 유입구나 배출구가 따로 없는 '불멸의 호수'로 보인다. '무한'을 믿을 필요성 때문에, 사람들은 월든 호수가 바닥이 없다고 믿는다.

3. 채빙採氷의 명암

1월 어느 날, 소로가 호수를 내다보니, 백 명의 아일랜드 인부가 매일 양키 감독관과 함께 케임브리지에서 와서, 각종 기구를 동원해서 채빙을 했다. 약 2주간에 걸쳐서 순조로울 때는 하루에 천 톤, 한 해 겨울에 만 톤의 얼음을 채빙한다고 한다. 그들은 얼음을 여러 덩어리로 자르고, 썰매에 실어 호숫가로 운반한 다음, 얼음 적치대로 신속하게 끌어올리고, 말을 동원하고, 갈고랑쇠와 도르래와 자아틀을 이용해서 공터 한쪽에 높이가 각각 35피트에 6~7제곱로드의 더미로 얼음덩이를 쌓아놓았다. 여름철에 내다 팔려는 것이다. 이 가운데 일부는 멀리까지 팔려갔지만, 대부분 그 자리에서 녹아서 다시 호수로 돌아갔다. 처음에, 소로는 엄동설한에 "월든 호수의 유일한 코트, 아니 피부 자체"(406)를 벗겨먹으려는 그들을 못마땅하게 생각한다. 월든 호수의 '초월적인 미'를 낚는 얼음낚시꾼들과는 대조적으로, 채빙 인부들은 이미 50만 달러의 돈을 가진 어느 부자의 주머니를 더 채워주기 위해서, 호수의 겉껍질을 벗기는 것이었다. 소로에게 채빙업자들은 돈을 위해서 자연의 생명을 파괴하는 못된 자들이다. 게다가, 얼음만이 아니라 흙 자체를 갈고리로 사정없이 끌어 올리는 인부들도 있었다. 역시 내다 팔 목적으로 늪지의 이탄泥炭을 캐내는 무리들이다. "그러나 때로는 월든 호수의 신령이 그들에게 복수를 했다."(407). 언 땅에 쟁기 보습의 쇳조각이 떨어져나가 못 쓰게 되기도 하고, 쟁기가 고랑에 푹 박혀서 부러뜨릴 수밖에 없을 때도 있었다. 이탄을 실은 마차 뒤에서 걷던 어떤 인부는 푹 꺼진 땅속으로 미끄러져 황천에 갈 뻔했다. 소로의 오두막으로 피신한 이 인부는 난롯불이 얼마나 좋은지 모르겠다면서, 소로에게 무척이나 고마워했다. 하기야, 먹고살아야 하니까!

　월든 호수의 얼음이 어떤 얼음인가! 월든 호수의 얼음은 가까이서 보면 초록색이지만, 멀리서 보면 아름다운 하늘색이다. 아마도 얼음 안에 내포된 빛과 공기 때문일 것이다. 가장 투명한 물과 얼음이 가장 깨끗한 하늘색을 띤다. 얼음은 흥미로운 명상의 대상이다. 소로는 스스로 "한 통의 물은 곧 더러워지는 반면, 얼면 언제까지나 신선한 이유가 무엇인가?"라는 질문을 던지고, "이것이 바로 애정과 지성 간의 차이"(410)일 것이라고 답한다. 애정은 '물'이고, 지성은 '얼음'이라는 것이다. 소로는 월든 호수의 하늘색 얼음이 유린되는 모습을 보고, 얼음같이 냉철한 지성이 유린되는 것 같은 아픔을 느꼈을 터이다.

　소로는 백 명의 인부가 16일 동안 마치 농사짓는 농부처럼 채빙 작업을 하는 것을 지켜보았다. 그러나 이제 그들은 모두 가버렸고, 30일이 더 지나면 바다처럼 푸른 청정한 월든 호수의 물을 다시 보게 될 것이다. 그리고 호수는 구름과 나무를 비추면서 외롭게 수증기를 올려 보낼 것이다. 그러고 나면, "일찍이 그 위에 사람이 섰던 흔적 따위는 전혀 보이지 않으리라,"(410). 다시 생각해보니, 상업적 채빙이 반드시 악惡인 것만은 아닌 것 같다. 찰스턴과 뉴올리언스, 마드라스와 봄베이와 캘커타의 더위에 시달리는 주민들이 소로와 함께 월든 호수의 샘물을 마시게 될 것 아닌가! 소로는 아침에 힌두교 경전 『바가바드기타』를 읽다가, 그 책을 내려놓고 월든 호수로 물을 길러 간다. 그리고 그곳에서 브라만이 물 길러 보낸 하인을 만나서, '갠지스의 성스러운 물'과 '청정한 월든 호수의 물'이 뒤섞이는 상상을 한다. 이어서 갠지스 강의 물과 뒤섞인 월든 호수의 얼음을 채빙하여 배에 싣고, "전설적인 아틀란티스Atlantis와 헤스페리데스Hesperides섬의 유적지를 감돌아 한노Hanno가 두루 항해했다는 헤라클레스의 기둥을 돌고, 테르나테Ternate섬과 티도레Tidore섬과 페르시아 만 입구를 지나 인도양의 열대성 강풍에 녹으며, 알렉산드로스 대왕도 이름만 들었다는 항구에서 하역하는"(412) 상상의 여행을 한다. 동양과 서양, 과거와 현재가 하나로 결합된 얼음이다. 이제 곧 긴 겨울이 끝나고, 새 봄이 올 터이다.

WALDEN

봄

1. 호수의 해빙과 봄

　채빙 인부들이 넓은 면적의 얼음을 잘라내면, 호수는 통상적으로 더 일찍 얼음이 녹는다. 그러나 1847년의 월든 호수에는 그런 현상이 일어나지 않았다. 월든 호수가 곧바로 다시 얼었기 때문이었다. 월든 호수는 일시적인 온도 변화에 영향을 가장 덜 받기 때문에, 거의 일정하게 4월 1일쯤 얼음이 녹기 시작한다. 겨울이 마침내 지나고, 월든 호수의 얼음이 우지끈 깨지는 소리와 함께 봄은 극적으로 온다. 태양열이 겨울을 물리고, 봄을 불러오는 것이다. 호수의 온도는 태양열의 작용을 크게 받는다. 낮에는 얕은 곳의 물이 깊은 곳보다 더 빨리 따뜻해지고, 저녁에는 깊은 곳의 물이 얕은 곳보다 더 빨리 차가워진다. 하루는 1년의 축소판으로서, 밤은 겨울이고, 아침과 저녁은 각각 봄과 가을이며, 정오는 여름에 해당한다 할 것이다. 봄이 오면서, 월든 및 주변 호수들은 두꺼운 얼음이 천둥소리를 내면서 녹기 시작한다. 1850년 2월 24일, 추운 밤이 지나고 상쾌한 아침이었다. 소로는 하루를 보낼 생각으로 플린트 호수에 갔다. 도끼머리로 얼음을 두드렸더니, 징을 치거나 팽팽한 북을 친 듯이 얼음 소리가 사방으로 멀리 울려 퍼졌다. 그러나 해가 뜨고 약 한 시간 뒤, 호수는 햇빛의 영향을 받아 "잠에서 깨는 사람처럼 기지개를 켜고 점점 요란한 소리를 내며 하품을 했는데, 이런 상태가 서너 시간 계속되었다,"(415). 소로는 해빙과 함께 봄이 오는 것을 실감한다. 아무리 크고 차갑고 두껍게 언 호수라도, 봄이면 어김없이 천둥소리를 내며 녹는다. "땅은 완전히 살아있으며, 예민하고 작은 돌기로 뒤덮여 있다. 아무리 큰 호수라도 … 대기의 변화에 예민하다,"(416).

숲에서 사는 매력 가운데 하나는 봄이 오는 모습을 지켜볼 수 있는 여유와 기회를 누리는 것이다. 2월의 안개와 비와 따뜻한 태양이 점차로 눈을 녹이면, 호수의 얼음도 벌집이 되기 시작하고, 낮의 길이도 현저히 길어진다. 3월 13일, 소로는 아직도 두께가 거의 1피트나 되는 월든 호수의 얼음판을 걷고 있었지만, 그의 귀에는 파랑새와 멧종다리와 개똥지빠귀의 노랫소리가 들리고 있었다. 1845년에 월든 호수는 4월 1일 처음으로 완전히 해빙되었다. 1846년에는 3월 25일, 1847년에는 4월 8일, 1851년에는 3월 28일, 1852년에는 4월 18일, 1853년에는 3월 23일, 1854년에는 4월 7일경에 완전 해빙되었다.

사계절이 뚜렷한 기후에서는 강과 호수의 해빙, 날씨의 안정과 관련된 모든 현상이 특별히 재미있다. 날씨가 따뜻해지면, 강과 호수의 얼음이 요란한 소리를 내며 우지직 금가는 소리가 들린다. "마치 얼음 족쇄가 끝에서 끝까지 찢기는 소리 같다,"(417). 이윽고, 얼음은 수일 내에 급속히 사라진다. 초원에는 아직 얼음이 있으나, 강은 얼음이 모두 사라진 어느 봄날이었다. 한 노인이 오리 사냥이나 할 생각에 총과 보트를 챙겨서, 서드베리 강에서 페어헤이븐 호수까지 보트를 타고 내려갔다. 뜻밖에도 호수에는 오리는 보이지 않고, 아직도 대부분 단단한 얼음에 뒤덮여 있었다. 덤불에 숨어서 오리를 기다리고 있노라니, 사자가 포효하는 것 같은 소리가 들렸다. 알고 보니, "송두리째 꿈틀거리기 시작한 얼음이 물가로 떠내려 왔고, 바로 이 얼음의 끝이 물가와 맞부딪히는 소리였다."(418~419). 얼음덩이는 상당한 높이까지 솟구쳐서 섬 주위에 잔해를 흩어놓고 나서야 잠잠해졌다. 봄은 이렇게 갑작스런 진통 끝에 오는 것이다. 봄이 오면, 따뜻한 바람이 안개와 비를 몰고 오고, 눈 더미와 땅이 녹는다. 이윽고, "겨울의 피를 혈관에 가득 싣고 어딘가로 졸졸졸 흐르는 수많은 실개천과 개울의 음악이 흥겹기 그지없다."(419).

2. 소로의 생체론

소로가 마을에 갈 때면 가파르게 깎은 철둑을 지나게 된다. 해빙기의 모래와 진흙이 가파른 양쪽 둑을 흘러내리면서 갖가지 형상을 그린다. 이런 현상을 관찰하는 것이 무엇보다도 즐겁다. 소로가 상상하기에, 그 형상들은 자연의 새 생명을 가시적으로 표현하는 듯이, 죽은 무기물에서 살아있는 유기물이 창조되는 것 같다. 소로는 만물의 창조가 다시 한 번 재현되고 있다는 느낌이 들었다. 이 형상들을 위에서 내려다보면 "어떤 이끼류의 톱니 모양과 귓불 모양과 비늘 모양의 엽상체葉狀體와 흡사하다. 아니면 산호, 또는 표범의 발톱이나 새의 발, 또는 인간의 뇌나 폐나 내장, 그리고 갖가지 배설물을 연상시키기도 한다. 그것은 참으로 '기괴한' 식물이다."(419~420). 우리는 그런 형상과 색깔의 잎사귀를 가진 식물이 청동제품에 재현된 것을 볼 수 있는데, 일종의 건축학적 잎사귀인 것이다. 소로는 말한다, "놀라운 것은 이런 모래 잎사귀가 이처럼 갑자기 생겨난다는 것이다. 태양이 한 쪽 둑에 먼저 비치기 때문에, 다른 쪽 둑은 아무렇지도 않은 반면, 다른 한쪽 둑에는 이런 무성한 잎사귀가 한 시간 만에 생겨나는 것이다. 마치 내가 세계와 나를 창조한 예술가의 실험실에 서 있다는 야릇한 느낌으로, 그 예술가가 이 철둑에서 노닐면서, 넘치는 에너지로 자신의 새로운 구상을 사방에 뿌리고 있는 현장에 왔다는 생각이 들었다."(421). 소로가 '모래 잎사귀'라는 표현을 사용한 것은 매우 독창적이다. 이 말은 소로의 상상력이 창조한 생체론이라 할 것이니, 그는 식물, 인간, 얼음, 모래 등 다양한 자연의 산물들이 공유하는 '잎사귀의 형상'을 통해서 같은 유기물로 연결됨으로써, 예술과 자연 간의 유기적 관련, 즉 만물의 '상응'correspondence에 대한 그의 초월주의 정서를 예증한다.

  소로는 나뭇잎, 혈관, 그리고 얼음이 공유하는 잎사귀 형상은 인간의 경우에도 나타난다고 본다. 그는 "인간도 해빙하는 진흙 덩이가 아니고 무엇이겠는가?"(423)라면서, 인간의 손가락과 발가락의 둥근 끝은 해동하는 육신 덩어리에서 출발한 한 방울의 물이 외연까지 흘러나와 응결된 것, 즉 하나의 '잎사귀'에 지나지 않는다고 상상한다. 인간을 '진흙 덩이'라고 부른 것은 "마침 땅에서 물이 솟아 온 땅을 적시자/ 야훼 하느님께서 진흙으로 사람을 빚어 만드시고 코에 입김을 불어 넣으시니, 사람이 되어 숨을 쉬었다,"(『창세기』 2:7)와 "우리는 진흙, 당신은 우리를 빚으신 이, 우리는 모두 당신의 작품입니다,(『이사야』 64:7)" 등의 성경말씀을 인유한 것이다. 성경에서도 인간을 빚으신 하느님을 최고의 '옹기장이'에 비유한 것이다. 그러기에 소로는 "비탈진 언덕 하나가 대자연의 모든 작용의 원리를 보여주는 것 같았다. 이 지구의 조물주는 잎사귀에 대한 특허만을 얻었을 뿐이다. … 우리가 마침내 새로운 잎사귀를 하나 펼치게 할 것인가? 나는 기름지고 풍요로운 포도밭보다 언덕에서 벌어지는 이런 현상에 더 신명이 난다."(423~424)며 창조의 신비를 강조한다. '조물주,' 즉 '신'은 '잎사귀'의 특허권을 가지시고, "세계와 나를 창조한 예술가"(421)이시다. 지구의 생명은 이런 조물주의 특허권에 의해 끊이지 않고 존속하는 것이다. 이런 의미에서, 지구는 하나의 생물체이다. 따라서 "땅의 위대한 생명에 비하면, 모든 동물과 식물의 생명은 기생적인 것에 지나지 않는다,"(424~425). 그러기에 소로는 봄빛에 녹은 이런 흙이 흘러나와 빚어내는 여러 형상을 보고 크게 흥분한다. "땅뿐만 아니라 땅 위의 모든 제도도 옹기장이의 손아귀에 쥔 진흙처럼 빚어 만들 수 있는 것,"(425)이 아닌가 말이다! 소로가 하느님을 '세계와 나를 창조한 예술가'로 칭하는 것 또한 초월주의 정서에서 비롯된 것으로, 초월주의는 예술과 신성神性을 연결시킨다. 이런 의미에서, 소로는 자신의 창작물이 예술의 경지에 오르기를 고대한다고 할 것이다.

3. 봄의 도래와 부활

땅이 눈옷을 벗어던지고 따뜻한 날씨가 며칠 동안 이어지면, 새해의 부드러운 첫 징후들이 고개를 내밀기 시작한다. 이 때 소로는 되레 시들었지만 당당하게 겨울을 견뎌낸 초목의 아름다움에 주목한다. 산떡쑥, 미역취, 쥐손이풀, 우아한 야생초가 여름보다 이 때 눈에 더 잘 띄는 것은 "그것들은 적어도 헐벗은 자연이 입은 멋진 잡초 옷"이기 때문이다. 그리고 황새풀, 부들, 현삼, 물레나물, 조팝나무, 메도스위트 등은 이른 봄의 새들에게 먹이를 제공하는 곳간 아닌가! 소로는 "우리의 겨울 회상回想들에 여름을 소환하고, 예술이 모방하기 좋아하는 형상 가운데 하나"인 골풀에 특별히 매료된다. 겨울은 결코 난폭하고 시끄러운 폭군이 아니다. 겨울은 "여름의 머리털을 부드러운 연인의 손길로 매만져주는"(426) 연인 중의 연인이 아닌가!

 봄이 온다. 붉은 다람쥐 두 마리가 한꺼번에 소로의 오두막 마루 밑으로 들어와서, 소로가 발로 마루를 쿵쿵 치는데도 크게 찍찍거렸다. 그들은 "마치 장난에 미쳐서 모든 두려움과 존경심을 떨쳐버리고 자신들을 제지하려는 인간을 거역하는 것 같았다."(426). 이윽고, '봄의 첫 참새!' 소로에게 월든 2년차는 "어느 해보다 더 젊은 희망으로 출발하는 한 해다! 파랑새, 멧종다리, 개똥지빠귀가 지저귀는 소리가 눈옷을 반쯤 벗은 촉촉한 들판 너머에서 어렴풋이 들려오니, 겨울의 마지막 눈송이가 떨어지면서 딸랑딸랑 은방울 소리를 내는 것 같구나!"(426~427). 소로는 첫 참새를 맞이하고, 이어서 다른 새들의 노랫소리를 들으니, 황홀하기 그지없다! 뿐만 아니라, 시냇물은 캐럴과 무반주 합창곡으로 봄을 맞고, 개구리매는 초원의 상공을 낮게 날며 올챙이를 사냥한다. 소로는 이렇게 활기를 되찾은 대지에서, 자연의 부활 징후들을 속속 발견한다. 봄비의 부름을 받고 풀이 솟아오른다. 새 풀잎은 "아랫도리의 싱싱한 생명력으로 지난해의 마른 풀잎을 제치고 솟아오른다." 이와 마찬가지로 "인간의 생명도 뿌리까지 시들지만, 여전히 푸른색 잎을 영원으로 내뻗는다,"(427).

 소로는 창밖을 내다보았다. 월든 호수는 계속 녹으면서, 북쪽, 서쪽, 그리고 동쪽에 너른 수로水路를 연다. 호숫가에서는 멧종다리가 올릿, 올릿, 올릿! 노래하면서 얼음을 깨는 데 한몫 거들고 있다. 환희와 젊음이 충만한 호수의 맨얼굴이 햇빛에 반짝인다. 계절의 변화는 순간적인 것 같다. "겨울과 봄은 이렇게 엄청난 대조를 이룬다. 월든 호수는 죽었다가 이제 다시 살아났다,"(428). "죽었던 내 아들이 다시 살아 왔다. 잃었던 아들을 다시 찾았다,"(「루가 15: 24)는 성경말씀을 소환하는 대목이다. 자연은 인간의 정신을 회생시키는 능력이 있다. 이런 의미에서, 월든 호수는 소로에게 '자아'self의 상징이다. 호수의 재생과 함께 소로의 정신 또한 부활했음을 의미한다. 저녁이 가까워지자, 겨울의 구름이 잔뜩 끼고, 처마에서는 진눈깨비가 뚝뚝 떨어졌지만, 갑자기 쏟아지는 햇빛이 집을 가득 메웠다. 소로는 창밖을 내다보았다. "그런데 보라! 어제 회색빛의 찬 얼음이 있던 곳에 이미 평온하고 희망이 가득한 맑디맑은 호수가 누워있다! 벌써 여름 저녁인 듯 호수가 자신의 가슴에 여름 하늘을 비추고 있다! 하늘에는 아무것도 보이지 않았지만, 호수는 마치 먼 지평선과 교신을 하는 것 같다!"(428~429). 멀리서 울새 소리가 들렸다. 천 년 만에 듣는 소리처럼 반갑다. 소로는 감격한다. "오, 뉴잉글랜드의 어느 여름날 끝자락에 노래하던 저녁의 울새여! 녀석이 앉아 있는 나뭇가지를 발견할 수 있다면 얼마나 좋을까! 나의 울새! 나의 '나뭇가지여'!" 어찌 심술궂은 구름과 진눈개비 정도가 오는 봄을 막겠는가! "리기다소나무와 관목 떡갈나무는 아주 오랫동안 축 늘어져 있었지만, 갑자기 몇 가지 특성을 되찾아 더 밝고, 푸르고, 꼿꼿하고, 활기차게 보였다. 마치 빗물에 효과적으로 씻겨서 원기를 회복한 듯했다." 날이 점점 어두워지자, 되돌아오는 기러기들이 숲을 낮게 날면서 힝힝 우는 소리를 낸다. 마치 지친 나그네들이 남쪽 호수에서 늦게 돌아와서는 이제야 마음이 놓인다는 듯이, 서로 위로하는 소리처럼 들린다. 이윽고, 소로는 "집에 들어와, 문을 닫고, 숲속에서 맞이한 첫 봄날 밤을 보냈다,"(429).

다음 날 아침, 소로가 호반에 서자 기러기들은 대장의 신호에 따라 날개를 요란하게 퍼덕거리며 일제히 날아올라, 소로의 머리 위를 한 바퀴 선회하고는, 대장이 보내는 구호에 맞추어 곧장 캐나다 쪽으로 향하니, 한 떼의 오리도 호수에서 날아올라, 사촌들의 뒤를 따라 북으로 향하는 것이었다. 일주일 내내 외로운 기러기가 아침 안개 속에서 탐색의 선회를 하면서 끼룩끼룩 우렁차게 짝을 찾는다. 숲도 감당하기 어려울 만큼 우렁찬 생명의 소리였다. 4월이 되자 비둘기들이 작은 무리를 지어 다시 획획 나는 모습이 보였고, 제비들도 상공을 짹짹 울며 지나가는 소리가 들렸다. 그런가 하면, 거북이와 개구리도 봄의 도래를 알린다. 새들은 노래 부르고, 초목은 싹 트고 꽃 피며, 봄바람은 분다. "봄의 도래는 카오스에서 이루어지는 코스모스의 창조이자 황금시대의 실현인 것 같다."(430). 여기서 '황금시대'는 신들이 '카오스[혼돈]'에 질서를 바로잡음으로써 기독교에서 말하는 '에덴'과 유사한 세계가 창조됐다는 고대 그리스의 생각을 인유한 것으로, 봄에는 모든 인간이 타락 이전의 아담이나 이브로 부활한다는 것을 함의한다. 이렇게 봄은 소로에게 최고의 계절이다.

부드러운 비가 단 한 번만 내려도 풀은 몇 배 더 초록빛을 띤다. 상쾌한 봄날 아침이면, 신은 모든 사람의 죄를 용서하신다. 우리가 죄 사함을 받아서 순수를 회복하면, 이웃들의 순수 또한 받아들여야 한다. 이렇게 봄은 쌓인 원한怨恨을 떨쳐버리고, 지난 죄罪를 모두 용서하는 계절이다. 그러하거늘, 어찌하여 교도관은 감옥 문을 열어놓지 않고, 판사는 맡은 사건을 기각하지 않으며, 목사는 회중을 해산하지 않는가! 그것은 그들이 인간의 죄를 용서한 신의 뜻을 따르지 않고, 만인에게 베푼 신의 용서를 받아들이지 않는 것 아닌가! 봄이 오면, 남벌한 숲에서 새싹이 돋는 것과 같이 우리 또한 본래의 선善으로 한 걸음 다가선다. 이후에 저지르는 악惡은 '덕의 싹'을 파괴한다. 덕의 싹이 파괴되는 즉시 "인간의 성질은 짐승의 그것과 별로 다를 바 없게 된다."(432). 그는 '선천적인 이성 능력'을 상실한 동물로 추락한다.

> "황금시대가 처음 창조되었을 때는
> 복수하는 사람도 법도 없었고, 저절로 성실과 공정을 기렸더라.
> 벌과 두려움이 존재하지 않았으며,
> 매달아 놓은 동판에 위협적인 말을 적는 일도 없었고,
> 탄원하는 군중이 판관의 말을 두려워하지도 않았으며,
> 복수하는 사람도 없어 안전했더라."[5]

4월 29일, 소로는 강둑에 서서 낚시를 하고 있었다. 사향뒤쥐들이 서식하는 곳이었다. 그때 달그락거리는 소리가 들려서, 하늘을 쳐다보니, 작고 우아한 매가 스르르 날아올랐다가 갑자기 하강하는 동작을 반복하고 있었다. 특이한 울음소리를 내며, 오르고 또 오르다가, 연처럼 거듭 뒤집어지면서, 자유롭고 아름다운 하강을 거듭한 다음에, 고고한 공중제비를 멈추고, 또다시 날아올랐다. 하늘에서 "혼자 노는 모습이 천지간에 친구라곤 없으며, 함께 노는 아침과 창공 이외에는 아무도 필요 없는 듯했다. 그 모습이 외로워 보이지 않았고, 오히려 그 밑에 있는 모든 땅을 외롭게 할 뿐이었다,"(434). 그는 구름 속에 둥지를 틀고, 땅을 밟은 적이 없어 보였다. 소로는 매 구경 이외에도, 금색, 은색, 밝은 청동색의 진귀한 물고기를 보기 드물게 많이 낚았다. "그것들은 줄에 꿴 보석 같았다,"(435). 이렇게 새 봄 새 아침에, 소로는 작은 언덕에서 작은 언덕으로, 나무에서 나무로 뛰어다니고, 초원을 헤집고 다녔다. 그럴 때면 강가의 황량한 계곡과 숲에는 아주 깨끗하고 밝은 햇볕이 내리쬐었다. 소로에게는 이 모든 것이

---

[5] 오비디우스, 『변신 이야기』, l. 89~94.

불멸의 증거가 되기에 충분하다. 그는 외친다, "오, 죽음이여, 그대의 독침은 어디에 있었는가? 오, 무덤이여, 그대의 승리는 어디에 있었단 말인가?"(435). 이 말 또한 "승리가 죽음을 삼켜버렸다./ 죽음아, 네 승리는 어디 갔느냐?/ 죽음아, 네 독침은 어디 있느냐?"(『I 고린토』15:55)는 성경말씀을 소환한다. 그리스도의 구원의 능력은 부활의 약속을 통해 죽음을 영생으로 물리친다. 소로에게는 자연의 미와 능력이 인간의 불멸을 확신시킨다. 지구 자체가 영원히 살아 있으며, 봄의 도래는 그에게 일종의 영생을 약속한다.

4. 계절과 삶의 순환

"우리 마을의 삶은 그것을 에워싸고 있는 밟지 않은 숲과 초원이 없다면 활기를 잃을 것이다. 우리에게는 야생의 강장제가 필요하다."(435). 우리는 깊이를 헤아릴 수 없는 '무엇'something이 필요하다. 그러기에 우리는 만물이 신비에 싸여 탐사할 수 없기를 바라는지 모른다. 우리는 한계를 넘어서야 한다. 소로는 말한다, "우리는 어떤 생명이 인간의 한계를 벗어나서, 우리가 결코 돌아다니지 못하는 곳에서 자유롭게 풀을 뜯고 있는 것을 목격할 필요가 있다. … 썩은 고기를 독수리가 먹고 나서, 건강과 힘을 얻는 것을 보면, 우리는 오히려 기운이 난다." 뿐만 아니라, 그는 길가 웅덩이에 죽어 있는 말을 보면서, "나는 자연의 왕성한 식욕과 범할 수 없는 자연의 건강에 대하여 확신했고, 그럼으로써 작은 불편에 대한 큰 보상을 받았다,"라고 말한다. 나아가서 그는 "자연이 생명으로 충만하여 무수한 생물들이 서로 잡아먹는 희생과 고통을 감당할 능력이 있다는 것, 그리고 연약한 생물체가 펄프처럼 조용히 으깨져 죽을 수 있고, 왜가리가 올챙이를 꿀떡 삼키며, 거북이와 두꺼비가 도로에서 깔려죽고, 때때로 살육의 피가 비 오듯 쏟아지는 것이 보기에 좋다!"는 매우 충격적인 말도 한다. 자연의 생명은 죽고 살기를 반복한다. 이처럼 죽는 것이 별로 문제되지 않을 수 있기에, 현명한 사람은 그것을 무해하다고 받아들인다. "독은 따지고 보면 독이 아니며, 상처 또한 어느 것도 치명적인 것은 없다. 연민이 들어설 자리는 없다."(436). 불쌍히 여기는 것은 '응급 처방'임에는 틀림없지만, '표준 처방'은 될 수 없다.

5월 초, 호수 주변의 소나무 숲 사이에서 막 올라온 나무들이 주변 풍경을 햇살처럼 환히 빛나게 해주었다. 5월 3일인가 4일에는 호수에서 되강오리 한 마리가 보였다. 5월 첫 주에는 쏙독새, 갈색개똥지빠귀, 개똥지빠귀, 큰나무딱새, 되새, 그 외의 새들이 우는 소리가 들렸다. 티티새의 소리를 들은 것은 훨씬 전이었다. 딱새는 벌써 다시 찾아와서 문과 창문을 들여다보았고, 곧 노란 리기다소나무의 유황 같은 꽃가루가 호수와 호숫가의 돌과 썩은 목재를 뒤덮는다. "이렇게 계절은 구르고 굴러서 여름이 되고, 사람들은 쑥쑥 커가는 초원으로 산책을 나간다."(437). 자연이 여름의 성숙을 향해 성장하면서, 사람들은 자연과 함께 영육의 성장을 거듭할 터이다. 소로는 끝없이 반복되는 계절의 순환과 삶의 순환의 유사성이 흥미롭다. 그에게 계절의 현상들은 인생의 형상들을 상징한다. 소로에게 봄은 부활의 증거이다. 그는 자연은 인간의 기운을 새롭게 하고 활력을 회복한다고 믿는다. 식물이 싹, 잎, 꽃, 그리고 열매, 또는 씨, 묘목, 그리고 나무의 과정을 거치듯이, 농업은 자연을 설득해서 심고, 가꾸고, 거두는 자연의 자비慈悲를 실행하고, 그것을 저장하고 시장에 가져옴으로써, 그 자비를 전달하는 것과 똑같이, 그리고 만물이 봄에 자라고, 여름에 번성하고, 가을에 익고, 겨울에 동면하듯이, 그렇게 소로는 고래古來

의 전통과 그 자신의 통찰력을 좇아서, 인생의 깊은 패턴들을 감지하고, 인생의 어느 단계, 한해의 어느 계절, 그리고 하루의 어느 때를 연상케 하는 숙고, 훈련, 감사, 존경, 자신自信, 도량, 독립, 그리고 간소 등등의 여러 미덕들을 보았다. 소로는 똑 같은 주제들을 되풀이 소환함으로써, 더 나은 삶을 통합적으로 이해하고, 성심으로 헌신하고, 경작하는 삶의 체계를 실증적으로 구축한다.

이 챕터의 마지막 문단에서 소로는 "이리하여 숲에서 보낸 첫 해의 삶은 끝났고, 이듬해도 첫해와 비슷했다. 나는 1847년 9월 6일, 마침내 월든 숲을 떠났다,"(437)고 말한다. 월든 숲에서 감행한 실험적 삶을 2년 2개월로 끝낸 소로는 다시 사회의 '거류인'으로 복귀한 것이다. 그의 실험에 바탕을 둔 또 다른 삶이 그를 기다리고 있었기 때문이다. 소로가 2년 2개월의 경험을 1년의 경험으로 묶은 것은 무한한 계절의 순환을 강조한 것이니, 인생의 순환도 마찬가지라는 것이다. 월든 호수의 부활은 소로의 정신적 부활을 상징하며, 봄의 도래 또한 그의 재생을 의미한다. 계절의 순환에 대한 소로의 긍정적 태도는 그의 낙관주의적 인생관으로 이어진다.

WALDEN

맺는 말

1. '자아'로의 여행

고맙게도, 우리가 사는 곳은 "세계의 전부가 아니다!"(438). 현명한 의사가 환자들에게 전지요양을 권하는 이유이기도 하다. 기러기는 캐나다에서 아침을 먹고, 오하이오에서 점심을 먹으며, 남부 어느 강어귀에서 밤을 지낸다. 들소도 계절을 따라서 콜로라도 강변의 초원에서 옐로스톤 강변으로 이동한다. 그런데도 우리는 농장의 가로장 울타리를 헐고 돌담을 쌓고 나면, 우리의 삶과 운명의 경계가 결정되었다고 생각한다. 이런저런 마을에서, 그것도 자기 집 '울타리' 안에 갇힌 채 산다는 것은 병자病者의 삶이 아니겠는가! "우주는 우리 생각보다 훨씬 넓다."(438~439). 동네 의사는 기껏 피부병 약을 처방할 뿐이다. 더 넓은 세계를 향하여 나아가자! 아프리카로 가서 기린이 아니라, '자아'를 사냥하는 것이 더 고귀한 놀이가 될 것이다. 우리에게 필요한 것은 사냥을 하거나 관광여행을 하는 것이 아니라, 자아의 바다를 항해하는 것이다. "너의 눈을 안쪽으로 돌려라./ 그러면 너의 마음속에서 아직 발견되지 않았던/ 천 개의 지역을 발견할 것이다. 그곳을 여행하라,/ 그리고 자아 우주학의 전문가가 되어라."[6]

"아프리카는 무엇을 상징하는가? 그리고 서부는 무엇을 상징하는가? 우리 자신의 내면은 해도에 하얀 공백으로 남아있지 않은가?"(439). 소로는 답한다, "그것은 도덕세계에도 대륙과 바다가 있고, 모든 사람은 그 자신도 아직 탐험한 적이 없는 지협이나 후미라는 사실을 간접적으로 시인한다는 뜻이다. 그러나 이런 내면의 바다, 즉 '나'만의 대서양과 태평양을 혼자 탐험하는 것이, 정부의 배를 타고, 오백 명 대원들의 도움을 받아서, 추위와 폭풍과 식인종을 헤치고, 수천 마일을 탐험하는 것보다, 더 어렵다는 사실을 의미하기도 한다,"(441). 그러니 우리는 우리의 삶이 제한적이고, 얕고, 평범하다고 섣불리 결론짓지 말고, 용감하게 '자아'의 탐험에 나서야 한다. 예컨대, 아프리카 잔지바르의 고양이 수를 세기 위해 세계를 일주하기보다는 "옛 철학자의 가르침에 복종하여 당신 자신을 탐험하라,"(442). 이런 내면의 탐험을 통해서만, 우리는 하늘이 준 능력, 즉 위대한 인간의 가능성을 발견할 터이기 때문이다. 그러기 위해서는 엄중한 '사회법'보다 더더욱 신성한 '도덕률'을 따라야 한다. 절망적인 삶을 살던 미라보Mirabeau는 가장 엄중한 사회법에 공식적으로 맞서기 위해서, 여봐란듯이 노상 강도질을 했다지만, 그보다 좀 더 분별 있는 사람이라면 사회법보다도 훨씬 더 신성한 도덕률에 순종함으로써, 이에 반하는 사회법을 공식적으로 맞서기에 충분한 '자아'를 발견할 것이다. "인간이 할 일은 반사회적인 태도를 취하는 것이 아니라,

---

[6] 윌리엄 해빙턴William Habbington(1605~1664), 「존경하는 내 친구 에드워드 나이트 경에게」 중.

자기 존재의 법칙에 순응하는 과정에서 몸소 발견하는 태도가 무엇이든, 그것을 스스로 견지하는 것이다."(443).

소로는 항해와 탐험의 메타포를 사용하여 물질주의적인 얼빠진 삶과 자기반성적인 진솔한 삶을 비교한다. 19세기 뉴잉글랜드의 일부 돈 많은 사람들은 새로운 풍경을 찾아서 아프리카처럼 매우 이국적인 곳으로 사냥을 가거나, 인도, 영국, 또는 하다못해 국내의 뉴욕으로 관광이나 전지요양을 떠났다. 그러나 소로는 '자아로의 여행'이야말로 어렵지만 훨씬 더 보람 있다고 생각한다. 소로는 내면의 탐험을 보편적 진리의 발견과 연관 지음으로써, 인간의 내재적인 신성神性을 강조하는 초월주의 철학에 한 발짝 다가선다. 그는 말한다, "나는 숲에 갔을 때와 똑같이 그럴만한 이유로 숲을 떠났다."(443). 살아야 할 또 다른 삶을 위해 숲속의 생활을 그만 접겠다는 것이지만, 월든 숲에서 감행한 그의 실험적 삶이 성공적으로 끝났다는 것을 의미하기도 한다. 소로는 이제 그의 좁은 선船室을 나와서, 넓은 "세계의 돛대 앞과 갑판 위에서 항해하고 싶었다. 갑판 위라야 산과 산 사이의 달빛을 가장 잘 볼 수 있기 때문이다."(444). 또 다른 넓은 바다가 그의 항해를 기다리고 있었다.

2. 일탈逸脫하라!

소로는 그의 실험에서 배운 것을 우리에게 보고한다. 첫째, "사람이 자신의 꿈을 향해 자신 있게 나아가고, 자기가 상상했던 삶을 살고자 노력하면, 평소에는 예상하지도 못했던 성공을 맞볼 것이다."(444). 우리는 일상에 안주하기 쉽다. 우리는 꿈을 좇아서 뜻밖의 성공과 새로운 법칙을 발견해야 한다. 간소한 삶을 지향하면, 그에 비례해서 우주의 법칙도 덜 복잡해 보일 것이다. 그리하면, "고독은 고독이 아니고, 빈곤 역시 빈곤이 아니며, 약점 또한 약점이 아닐 것이다."(444~445). 설사 공중에 누각을 짓는다 해도, "그 일이 반드시 헛되지는 않을 것이니, 누각이 있어야 할 곳이 바로 공중이기 때문이다."(445). 이제 그런 '누각' 밑에 기초를 놓으면 되지 않겠는가! 꿈이 먼저다. 꿈은 '자아,' 즉 타고난 잠재력의 발견에서 온다. '공중누각'은 극대화한 잠재력의 산물이다. 우리는 무엇이든 우리가 선택하는 것이 된다. 우리의 잠재력은 거대하고. 우리의 꿈은 실현될 수 있다. 초월주의자 소로는 인간의 신성神性을 믿는다. 그러기에 그는 항상 '보통사람'으로 남아있는 것에 만족하는 민주주의의 덫에 치어서, 그저 '평균적인' 사람인 것에 자부심을 가지는 사람이 되지 말라고 경고한다.

우리가 보통사람의 말만 듣고자 한다면, 그것은 우스꽝스러운 일이다. 인간이 보통 수준의 언어에 머문다면, 어찌 성장할 수 있겠는가! 자연은 우리에게 복수複數의 의미를 허용하고, 요구하지 않는가! 그러기에 소로는 말한다, "나는 혹시라도 내 표현이 충분히 '일탈적이지'extra-vagant 않을까봐 걱정한다. 다시 말해서, 일상적 경험이 가지고 있는 좁은 한계를 벗어나서, 내가 확신하는 진리에 적합할 만큼 충분히 일탈하지 못할까봐, 충분히 멀리 헤매지 못할까봐 두렵다. '일탈!'Extra-vagance … 나는 어딘가에서 아무런 구속 '없이' 말하고 싶고, 잠에서 깨는 순간에 있는 사람이 똑같이 잠에서 깨는 순간에 있는 이들에게 말하듯이 말하고 싶다."(445). 잠 깬 사람의 말은 흔히 다의적多義的이다. 그러나 상식의 잠을 자는 사람들은 누군가가 해석이 필요한 다의적 언어를 사용하면 불평할 뿐만 아니라 '반 곱절이나 명석한 사람들'을 '반편이'로 분류하기도 한다. 그러기에 소로는 말한다, "왜 우리는 항상 자신의 인식을 가장 둔감한 수준까지 낮추고, 그것을 상식이라고 찬양하는가? 가장 평범한 상식은 잠자는 사람들의 감각이고, 그들이 표현하는 상식은 코 고는 소리에 불과하다,"(446). 소로는 이처럼 상식의 한계를 충분히 '일탈'해서 말할 수 있기를 바란다.

　우리의 말은 언제나 진리를 담기에 부족하다. 발설된 말은 곧바로 특정 의미로 해석되거나, 시간의 흐름에 따라 다른 차원으로 이동하고, 본래 의미의 기념비로만 남는다. 다시 말해, 진리는 언제나 또 다른 언어를 요구한다. 이처럼 우리의 믿음과 경건을 표현하는 말은 휘발성이 있어서 명확하지 않지만, 본성이 탁월한 사람에게는 유향처럼 의미 심장하고 향기롭다. 동양의 고대 종교나 철학은 다의성을 칭송하지만, 그 반대쪽의 현대인들은 "어떤 사람의 글이 한 가지 이상의 해석을 허용하면, 그것이 바로 불만의 근거라고 생각한다,"(446~447). 소로가 보기에, 동양인들은 치명적인 '두뇌 썩는 병'을 치료하려고 노력하는 반면에, 영국이나 미국인들은 기껏 '감자 썩는 병'을 치료하려고 노력한다. 그러나 소로는 자신의 글 또한 두뇌의 병을 치료하기에 충분할 만큼 '일탈,' 즉 난해의 경지에 도달하지는 못했다고 생각한다. 다만, 그의 글이 월든 호수의 얼음에서 발견되는 흠결 이상의 치명적인 흠결이 없기만을 바란다. 그래서인지, 소로는 우리 현대인들이 고대인이나 엘리자베스 시대의 사람들과 비교해서, 지성적으로 난쟁이에 불과하다고 떠들어대는 사람들과는 달리, '살아 있는 개가 죽은 사자보다 낫다,'면서, 우리가 비록 지성적으로 피그미 족에 속할망정, 모두가 자신의 일에 열중하고, 각자 타고난 대로의 인물이 되도록 노력함으로써, 우리 자신이 될 수 있는 '가장 큰 피그미'가 되자는 결의를 새롭게 한다. 그러기 위해서 우리는 각자가 서로 "다른 고수鼓手의 북소리"(447)

에 장단을 맞춰 행진하도록 내버려두어야 한다고 주장한다. 모두가 자신의 타고난 소질과 꿈을 좇음으로써만, 행복과 성취를 누릴 수 있다는 것이다. 소로에게 맹목적인 추종이나 순응은 피해야 할 또 다른 덫이다. 그는 이렇게 자신의 꿈에 맞춰 행진하는 자주성을 강조함으로써, 사회적 순응주의順應主義의 덫으로부터 자신을 방어하는 기조로 삼는다.

꿈의 실현에 조급할 필요는 없다. 소로는 한 가지 전설을 소개한다. 쿠루Kouroo에 완전을 갈구하는 장인匠人이 있었다. 그는 완전한 일에는 시간이 문제가 되지 않는다고 생각하고, 모든 면에서 완벽한 지팡이를 만들겠다고 다짐했다. 우선 지팡이에 적절한 막대기를 찾으러 숲으로 떠났다. 그가 찾고 또 찾고 또 퇴짜를 놓는 동안, 그의 친구들은 일을 하면서, 점차로 늙어 죽었다. 그러나 그는 단 한순간도 더 늙지 않았다. 그가 막대기의 껍질을 벗기고 완전한 지팡이로 다듬었을 때는 이미 여러 세대가 바뀌었고, 여러 도시가 사라졌으며, 여러 왕조가 흘러갔다. 마침내, "지팡이에 장식 홀笏을 달고, 그 머리에 보석을 박았을 때는, 브라흐마가 이미 여러 번 잠이 깨고 잠이 들었다." 그러나 그는 "지팡이를 만들면서 새로운 체계와 완벽하고 아름다운 균형의 세계를 세웠던 것이다." 그리고 '옛 도시와 왕국' 대신에 '더 아름답고 영광스러운 도시와 왕국'이 들어섰다. 그는 "이제까지의 시간은 하나의 환상에 불과하며, 흘러간 시간이래야 브라흐마의 두뇌에서 나온 단 하나의 섬광이 인간 두뇌의 부싯깃에 떨어져 점화되기까지 소요된 시간에 불과하다는 사실을 깨달았다. 재료가 순수했고, 그의 기예도 순수했으니, 그 결과가 경이롭지 않을 수 있겠는가?"(449). 순수는 진실이다. 쿠루의 장인은 '진실만이 늙지 않는다,'는 것을 가르친다. "어떤 진실도 허위보다는 낫다,"(450). 그리고 의무감에서 하는 말은 거의 언제나 허위이다. '진실'은 오로지 '하지 않고는 못 배기는 말'만을 말한다. '완전'은 순수와 진실만을 요구하기 때문이다.

3. 긍정과 사랑의 삶

소로가 그의 실험에서 배운 또 다른 것은 당신의 "삶이 아무리 비천하더라도, 외면하고 욕하지 말고, 받아들이며 살아야 한다. 나쁜 것은 당신의 삶이 아니라 바로 당신이다. … 비록 당신의 삶이 가난해도, 그 삶을 사랑하라,"(450)는 것이다. 태양은 구빈원의 창문도 궁정의 창문과 똑같이 밝게 비춘다. 마음이 평온한 사람은 구빈원에서 더 만족스럽게 살 수 있다. 가난하지만 깨끗한 사람들은 부유하지만 더러운 사람들보다 더 독립적이고 만족스러운 삶을 살지 않는가! "옷이든 친구든, 새것을 얻으려고 너무 애쓰지 말라. 헌옷은 뒤집어 입어라. 옛 친구들에게 돌아가라. 사물은 변하지 않는다. 변하는 것은 우리다. 당신의 옷을 팔더라도, 당신의 생각을 간직하라. 그러면 당신이 고독하지 않도록 신이 보살펴줄 것이다,"(451). 옷, 집, 음식, 그리고 친구는 당신의 삶에 필수적이지만, 당신의 '생각'만큼 중요하지는 않다. 설사 당신이 날이면 날마다 다락방 한 구석에 갇혀있다고 하더라도, 당신의 생각을 거느린다면, 세계는 전과 똑같이 넓어 보일 것이다. 설사 가난하여 책과 신문을 살 수 없다고 하더라도 좌절하지 말고, 도리어 더 의미 있고 중요한 경험에 집중하는 계기로 삼아라. '고진감래苦盡甘來'라는 사자성어는 헛된 말이 아니다. 소로는 세속적인 성공에 필사적인 현대인들의 물질주의적 감각과 천박한 삶의 양상을 한탄하면서, 화려한 옷은 처분하고 생각을 간직할 것이며, 문명의 껍질들을 벗어던지고, 진정한 '자아'을 발견하라고 권고한다. 영혼을 살찌우는 데 돈이 필수적인 것은 아니기 때문이다. 소의 갈빗살이 맛있는 까닭을 아는가? "뼈에 붙어있는 삶이야말로 가장 맛있다. 이런 삶을 사는 사람은 결단코 게으름뱅이가 되지 않는다. 어떤 사람도 더 높은 차원의 도량으로 인해 비열해지는 일은 없다. 불필요한 재산은 사치품들을 살 수 있을 뿐이다. 정신의 필수품을 사는 데는 돈이 필요 없다."(452). 소로의 준엄한 도덕적 가르침이다.

소로는 자신의 가르침에 따라, 납처럼 둔중한 어느 담의 모퉁이에서 검소하게 산다. 한낮에 잠시 쉬노라면, 금속성 소리가 시끌벅적 들려온다. 그의 동시대인들이 그들이 만난 명사名士들에 대해서 떠드는 소음이다. 의상이니, 예절이니, 모두가 신문 기사만도 못한 일시적이고 덧없는 이야기뿐이다. 소로는 말한다, "눈에 잘 띄는 곳에서 다른 사람들과 함께 화려하게 과시하며 다니지 않고, 가능하면 조물주와 함께 걷는 것이 기쁘다. 나는 들뜨고, 불안하고, 분주하고, 천박한 19세기에 살기보다, 이 세기가 지나는 동안, 기꺼이 생각에 잠겨서 있거나 앉아 있고 싶다."(452~453). 자연과 함께 호흡하고 걸으면서, 무엇보다 자기 계발과 혁신에 힘쓰기로 결심했다는 것이다. 우선 현재의 나, 현재의 상황을 있는 그대로 받아들이는 것이 필요하다. 나의 옷, 나의 집, 나의 상황을 이웃의 그것들과 비교하지 말라. 소로는 다짐한다, "나는 … 결코 저울대에 매달려서 체중을 줄이려고 발버둥치지는 않으리라. 어떤 경우를 가정하지 않고, 상황을 있는 그대로 받아들이고 싶다. 내가 갈 수 있는 길, 일단 발을 디디면 어떤 힘도 나를 제지할 수 없는 길만을 여행하고 싶다. 단단한 기초를 쌓기도 전에, 어떤 아치를 세우기 시작하는 것은 내게 아무런 만족도 주지 않는다."(453).

비록 현재의 상황이 '늪지'일지라도, 단단한 바닥은 어디에나 있다.

아치를 세우려면 우선 '단단한 바닥'을 찾아야 한다. 여기서 소로는 어느 일화를 소개한다. "어느 나그네가 자기 앞에 있는 늪지에 바닥이 있는지 소년에게 물었다. 소년은 바닥이 있다고 대답했다. 그러나 곧 그 나그네의 말이 뱃대끈까지 푹 빠졌다. 나그네는 소년에게 말했다. '너는 이 늪의 바닥이 단단하다고 하지 않았느냐?' 소년이 '네 그렇습니다만, 아직 바닥의 절반에도 미치지 못했습니다,'라고 대답했다." 사회적인 '늪'도 마찬가지이다. 성숙한 자만이 그 바닥을 알 수 있다. 우선 자기 계발에 힘써야 할 이유이다. "생각하는 것과 말하는 것과 행동하는 것이 일치하는 경우만이 선이다,"(453). 못을 하나 박더라도 만족스럽게 되돌아볼 수 있도록 제대로 박아라. 제대로 "박힌 못 하나 하나가 우주라는 기계에서 또 다른 대갈못이 될 것이다,"(454).

　소로는 "사랑보다, 돈보다, 명예보다, 진리를 달라,"(454)고 외친다. 그는 제왕처럼 사는 어느 부잣집을 방문해서 기름진 음식과 포도주를 대접받았지만, '성실'과 '진실'이 빠져있어서, 차가운 식탁을 물리치고, 배고픈 채로 떠났던 일을 회고하면서, 차라리 속이 빈 나무에서 살던 그의 이웃을 방문했더라면 더 좋았을 것이라고 후회했다. 이처럼 우리는 '부질없고 진부한 미덕'을 실천하기에 바쁘다. 사람을 '고용해서' 감자를 캐고, 미리 생각한 선심으로 '자비'를 실천하는 것이 진정한 미덕일까? 또는 '빛나는 혈통의 마지막 후예'임을 자축한다거나, 위대한 인물들의 '송덕문'을 읽으며 우리의 위대한 업적은 결코 죽지 않으리라고 자위하는 것이 진정한 미덕일까? "찬란했던 아시리아의 학회와 위대한 인물은 지금 어디에 있는가? 우리는 얼마나 어린 철학자이고 실험주의자인가!" 소로는 그의 "독자들 가운데서 인간의 완전한 삶을 산 사람은 아직 한 명도 없다,"(455)고 말한다. 우리는 과거나 현재에 만족해서는 안 된다. 우리 인간이 어떤 존재인가? 신이 자신의 형상대로 만드신 존재 아닌가! 그러하거늘, 우리는 지구의 얇은 껍데기만 알고 있을 뿐인데도, 시간의 절반을 흔히 잠으로 소비한다. "대부분의 사람은 지상 6피트 아래를 파본 적이 없고, 지상 6피트 이상 뛰어오른 적도 없다. 우리는 우리가 있는 곳을 모른다."(455~456).

소로는 어느 날 땅바닥에 깔린 솔잎 사이를 기어 다니는 곤충이 그의 눈에 띄지 않으려고 애쓰는 모습을 물끄러미 서서 굽어보다가 명상을 한다. "저 곤충은 왜 저렇게 객쩍은 생각을 할까? 어쩌면 내가 자기의 은인이 되어서 종족에게 즐거운 정보를 나누어줄지도 모르는데 왜 머리를 숨길까?"(456). 한참을 명상한 끝에 소로는 그보다 더 위대한 은인이자 지성이 그를 위에서 굽어보시는 장면을 상상한다. '그분'이 보시기에 그 또한 '곤충'처럼 보잘것없는 존재로 보이지 않겠는가!

소로는 인생을 흐르는 강물에 비유한다. 금년에는 전에 없이 수위가 오를 수 있다. 파란 많은 한 해가 되어서, 우리의 사향뒤쥐가 모두 익사할지도 모른다. 뉴잉글랜드에서 전해지는 이야기에 의하면, 60년 된 식탁의 마른 널판에서 힘세고 아름다운 벌레가 부화(孵化)되었다고 한다. 이것은 부활에 대한 소로의 믿음을 강화하고, 죽은 듯 보이는 사회계층에서 마침내 뜻밖의 '무엇'이 출현할 수 있다는 그의 신앙을 뒷받침한다. "시간이 흐른다고 동이 트는 것은 아니다. 우리의 눈을 멀게 하는 빛은 어둠과 같다. 우리가 깨어있는 날만 동이 튼다. 앞으로도 수많은 날에 동이 트리라. 태양은 아침에 뜨는 샛별에 불과하다."(458). 그러나 모든 사람이 이것을 명확히 이해하는 것은 아니다. 1847년 9월 6일, 소로의 월든 실험은 이렇게 끝났고, 그는 다시 문명생활로 돌아왔다.

제3부

『월든』 리뷰

WALDEN

바닥없는 호수를 찾아서

신재실

1. 간소화하라, 간소화하라!

소로의 『월든』은 그의 나이 37세 때인 1854년 8월 9일 출판되었다. 매사추세츠 주 콩코드 근처의 월든 숲에 있는 호숫가에 오두막을 짓고 명상하며, 정신적 낚시질을 했던 2년 2개월간의 삶을 1년간의 삶으로 묶어서 기록한 것이 『월든』이다. 이것은 은둔의 신화이고, 에덴으로의 회귀 신화이며, 무위자연無爲自然의 신화로서, 변화의 회오리를 맞고 있는 21세기에 더욱 매력적인 신화로 다가올 것이다. 그러나 좀 더 자세히 읽어보면 은둔보다는 행동, 에덴보다는 그 이후의 세계, 무위보다는 역동과 변화에 더 많은 관심을 기울인 사람이 소로이며, 그가 월든 숲으로 간 것은 일시적인 전략적 후퇴였음을 발견할 것이다.

그의 후퇴는 절망의 삶을 살고 있는 뭇사람에게 지혜롭고 건전한 삶의 가능성을 실험해 보이려는 것이었다. 소로는 그가 만나는 대부분의 농부가 사실상 '흙의 노예'인 현실에 주목한다. 예나 지금이나 많은 사람이 끊임없이 생산의 증가를 추구하는 자본주의적 욕구에 휩쓸려, 비유컨대 거의 모두가 '흙의 노예'로 전락했다. 이런 노예의 사슬을 끊고 자유롭고 독립적인 삶의 주인이 될 수는 없는지 실험한 것이 소로의 월든 실험이라고 할 수 있다.

『월든』에서 소로는 '절망의 송가'가 아닌 '희망의 찬가'를 써서 "이웃들의 잠을 깨우려는 간절한 소망으로 횃대 위에 올라선 아침의 수탉처럼 기운차게 뽐내보고자 한다,"(130). 하지만 소로에게 '이웃들의 잠'은 깊기만 하다. 정신보다 물질이 우위를 차지하면서, 인간의 신성神性은 크게 훼손되고 깊은 잠에 빠졌다. "인간에게는 신성이 있다는데 이게 어인 일인가! 밤낮 시장으로 상품을 실어 나르는, 노상의 마부를 보라! 그의 내부에 조금이라도 신성이 움직이고 있는가?"(24).

소로의 이웃들은 농장과 가축 등 모든 상속을 뒤에서 밀고 간다. "얼마나 많은 불멸의 영혼이 이런 엄청난 짐의 무게에 짓눌린 채, 연신 숨을 헐떡거리고 있지 않은가!"(21). 21세기에도 별로 달라진 것은 없다. 농장, 가축, 하우스, 마차 등이 기업, 공산품, 고급 아파트, 고급 자동차 등으로 바뀌었지만, 이것들을 물려받거나 물려주려고 숨을 헐떡거리는 불쌍한 영혼은 너무나 많다. 예나 지금이나 거의 모두가 '좀먹고 녹슬고 도둑이 침입해서 훔쳐 갈 재화'를 모으는 일에 종사한다.

소로는 "인생의 본질적인 사실에만 정면으로 부딪쳐보고, 인생이 가르치는 바를 배울 수 있을지 시험해보려고"(138) 했다. 삶다운 삶의 요체는 무엇인가? 예컨대, "철학자가 된다는 것은 오묘한 사상을 품었다거나, 어떤 학파를 세우는 것이 아니라, 지혜를 사랑하는 나머지 그 명령에 따라 소박, 독립, 아량, 신뢰의 삶을 사는 것이다. 그것은 어떤 삶의 문제를 이론적으로뿐만 아니라 실용적으로 해결하는 것이다,"(34). 소로는 수많은 인생 여로 가운데서 글쓰기의 길을 선택하고, 작가의 삶을 '실용적으로' 살아보려고 월든 호수로 간 것이었다.

삶의 작가가 되려면, 우선 '자발적 빈곤'의 위치에서 인생의 본질적인 사실들에 정면으로 부딪쳐볼 필요가 있었다. 그러기 위해서는 삶의 기본적인 필수품이 무엇인지, 그것을 얻기 위해 어떤 방법이 사용되어왔고, 사용해야 하는지, 부딪혀볼 필요가 있었다. 문명의 발달로 인해 삶의 형태도 바뀔 수밖에 없겠지만, 우리의 골격이 조상의 그것과 별 차이가 없듯이 삶의 필수품도 별 차이가 없을 터이기 때문이다.

소로가 강조하는 것은 인류의 전 역사를 통해 계속되어온 산업과 문명의 발전은 대부분 외적인 발전, 다시 말해서, 의식주와 관련된 육체적 필수품의 발전에 집중된 나머지, 정신적 필수품에는 거의 관심을 기울이지 못했거나, 아예 관심권 밖으로 밀려났다는 것이다. 세상이 더욱 복잡해져가는 지금 우리의 조상들이 정신에 쏟았던 것 이상의 관심, 아니면 적어도 비슷한 정도의 관심을 기울여야 되지 않겠는가! 문명의 발달로 인해, 물질과 정신의 균형추가 급격히 물질로 기운 상태에서, 이를 바로잡으려면 물질의 간소화 이외의 방법이 없을 것이다. 소로는 외친다, "간소화하라, 간소화하라. 하루 세 끼 대신에 필요하다면 한 끼만 먹고, 백 가지 요리를 다섯 가지로 줄이고, 다른 것도 이에 비례해서 줄여라,"(140).

2. 항상 깨어 있어라!

숲속 생활 2년여 동안에 소로는 "1년에 약 6주 동안 일하면, 필요한 생활비를 모두 벌 수 있다는 것을 알았다,"(108). 효율적으로 일하면 육체의 필수품은 1주에 하루 노동만으로 충분히 확보할 수 있고, 나머지 6일은 더욱 중요한 정신을 살찌우는 일에 쓸 수 있다는 것이다. 하지만 사람들은 성스러운 필수품과 비속한 필수품을 잘 구분하지 못하고, 헛된 것을 얻기 위해 시간을 낭비한다. 예컨대, "문명은 우리의 집을 개량해왔지만, 그 집에 기거할 사람을 개량하지는 않았다,"(61). 만약 어느 문명인이 삶의 대부분을 좋은 집을 얻기 위해 낭비한다면, 그가 미개인보다 낫다고 할 수 있는가!

진정한 경제는 재산을 늘리는 것도 아니고 사치품을 증가시키는 것도 아니다. 육신의 필수품을 간소화하고, 정신에 충분한 양식을 공급하여 정신 본연의 일을 할 수 있도록 하는 것이야말로 진정한 경제가 아니겠는가. 곧 흙에 묻혀버릴 육신인데도 흔히 숙명이라는 허울 좋은 핑계로, 너무나 많은 사람들이 육신을 위한 사치품을 획득하고 재화를 비축하기 위해 온갖 고생을 하면서, 정신을 돌보지 않는다. 잘못된 사회적 이데올로기에 속고 있는 것이다.

소로는 매일 아침 일어나서 일터에 갔다가, 저녁에 집에 돌아와서, 밥 먹고 텔레비전을 보다가 잠자는 일상을 반복하는 삶은 무의미하다고 믿는다. 우리가 일해서 얻는 "어떤 사물의 비용이란 당장 또는 궁극적으로 그것과 교환하기 위해 필요한 인생의 양이다,"(57). 다시 말해, 사람들은 인생과 재화를 교환하는 것이다. 노동자가 집 한 칸을 마련하려면 보통 인생의 절반 이상을 소비해야 한다. 그가 어렵게 집을 마련한다 하더라도 부자가 되는 것이 아니라 도리어 집이 그를 소유하는 경우가 허다하다. 집이나 옷 같은 겉껍질이 아니라 우선 우리의 속살이 살쪄야 하는 것이다. 다시 말해, 우리의 정신적 성장을 통해서만 타고난 신성神性을 십분 발휘할 수 있다. 그러지 못하면, 물질의 풍요에도 불구하고 무익하고 비참한 삶을 사는 것이다.

소로는 자신이 다중의 일상적인 길을 가서는 안 되고, 갈 수도 없다는 것을 알았다. 그 길은 그가 생각하는 삶이 아니었기 때문이다. "뭇사람이 아주 열심히 좇는 유행을 퍼뜨리는 자는 바로 사치와 방탕을 일삼는 사람들이다,"(65). 유행의 길, 특히 물질의 길만을 좇다 보면 사치스럽고 방탕한 삶을 살고 말 것이다. 자신의 삶을 사는 것이 아니라 그저 앞서가는 사람을 좇아서 다른 사람의 삶을 살게 될 것이다. 소로는 삶이란 아주 값진 것이기 때문에 삶이 아닌 삶을 살고 싶지 않았다. 많은 사람이 선택의 여지가 없다고 생각하고 묵묵히 일상적 삶에 매달리고 있지만, 소로는 혹독한 자기반성과 일상적 삶에 대한 평가를 통해 아직 가지 않은 길, 즉 그에게 주어진 삶의 길이 꽤 많다는 것을 알았다. 소로는 일상의 틀에서 벗어나야 한다는 것을 깨닫고, 마을과 마을 사람을 잠시 떠나 월든 숲으로 갔으며, 월든 숲에서 소박하고 고독한 삶을 실험했다.

흔히 사람들은 일상의 길 이외에 다른 선택의 여지가 없다고 생각한다. 그러나 "깨어 있고 건전한 사람들은 오늘도 태양이 밝게 떠오른 사실을 기억한다." 어제의 태양은 오늘의 태양이 아니다. "오늘 모든 사람이 참이라고 거듭 외치거나 묵시적으로 참으로 통하는 것이라도, 내일이면 거짓이나 연기처럼 사라질 견해에 불과한 것으로 판명될 수 있다,"(26).

"태양과 보조를 맞추어 탄력적이고 힘찬 생각을 유지하는 사람에게는 하루가 영원한 아침이다. 시계가 가리키는 것이나, 사람들의 태도나 노동이 말하는 것은 중요하지 않다. 아침은 내가 깨어있고, 나 안에 새벽이 있는 때이다. 도덕적 개혁은 잠을 물리치려는 노력이다,"(137). 신랑을 맞이할 수 있는 "그 날과 그 시간은 아무도 모른다. 그러니 항상 깨어 있어라."(마태오의 복음서 25:13).

3. 시적 비전을 가져라!

우리는 속임수와 기만이 참이라고 알고 있는 '일상의 자아'에서 깨어나야 한다. '깨어남'은 의미 있는 '탐색의 시작'이다. 일상의 틀에서 벗어나야, 다시 말해서 먼 거리에서 지금의 나를 바라봐야 "비로소 우리 자신을 발견하고, 우리가 처한 위치를 인식하며, 우리가 맺는 관계의 범위가 무한함을 깨닫기 시작한다."(247).

깨어남은 곧 자아의 발견과 시적 비전으로 이어진다. "사람이 살아 있으면 죽을 '위험'이 항상 뒤따른다. 사람은 무릅쓰는 만큼의 많은 위험을 이용하는 법이다."(222). 모험 없는 변화와 발전은 없다. 삶의 여로는 위험한 여로지만, 우리에게는 이미 일상적 경험의 지도와 나침반이 있기 때문에 그리 위험하지는 않다.

소로에게 자연은 곧 정신의 텍스트이다. 자연은 정신의 가치와 의미를 읽을 수 있는 살아 있는 텍스트이고, 자연의 풍경은 인간의 정신을 비춰 볼 수 있는 거울이기도 하다. 소로가 묘사하는 자연의 사상事象은 항상 물리적 의미와 상징적 의미를 동시에 갖는다. 숲과 호수의 특정한 사실들은 도덕적이거나 미학적인 특정한 진리들을 증명하는 상징으로 충분하다. 아침에 잠든 이웃들을 깨우는 '수탉'은 정신적으로 잠든 이웃들을 깨우는 '선각자'를 상징하고, '호수'는 땅의 눈으로서 투명한 '시인의 눈'을 상징한다.

소로에게는 "동물적 본성이 매일매일 죽어가고 신성이 확립되고 있다고 확신하는 자는 축복받은 사람이다."(309). 소로는 "성실, 진리, 소박, 믿음, 순수 등의 씨앗"(237)을 심어 정신의 양식으로 삼을 수 없을지 지켜보았다. 육체의 양식을 위한 콩의 재배도 중요하지만, 미덕의 씨앗을 새로 뿌리는 모험이 더욱 절실하다. 그러나 일상에 묻힌 사람들은 일과 돈이라는 물질적 관점에 눈이 어두워, 새로운 시적 비전이나 정신적 미덕의 씨앗을 보지 못한다.

자연의 텍스트를 읽는다는 것은 새로운 비전을 찾아 탐색의 여행을 떠나는 것이다. 그것은 육체적 욕망의 짐을 최대로 줄이고, 감각을 초월하는 리얼리티의 추구에 더 많은 시간과 에너지를 쏟는 여로이고, 돈과 일의 지배에서 벗어나서 정신적 성장을 추구하는 길이다. 정신에 필요한 양식은 돈으로 살 수 없고, 그 양식을 취하는 행위는 시적인 눈을 맑게 하는 '자기단련'이다. 자연 읽기는 자기단련의 필수 과정이다.

고전 읽기도 중요하다. "고전이야말로 인간의 가장 고귀한 생각의 기록이 아니고 무엇이겠는가. 고전은 사라지지 않고 남아 있는 유일한 신탁이며, 그 안에는 가장 현대적인 질문에 대해 델포이Delphi와 도도나Dodona의 신탁도 밝히지 못한 해답이 들어 있다. 고전 연구를 그만두는 것은 자연이 낡았다고 해서 자연 연구를 그만두는 것이나 다름없다. 독서를 잘하는 것, 다시 말해 참된 정신으로 참된 책을 읽는 것은 고귀한 수행이고, 당대의 관습이 평가하는 어느 수행보다 독자에게 무거운 짐이 될 것이다."(152~153).

그러나 고전 읽기보다 자연 읽기가 더 중요하다. 자연은 "많은 것이 공표되었지만 활자화된 것은 별로 없는"(166) 언어이다. 달리 말해, 시적 비전의 원천이다. 사실 모든 언어는 자연과 역사에 그 뿌리가 있다. 일상의 언어는 오랜 역사와 함께 변화하면서 외피가 입혀지고 의미가 타락한다. 언어는 역사와 함께 타락하거나 죽는다. 낡은 언어를 새로이 하고, 쇠퇴한 언어를 회복시키기 위해서는 살아 있는 자연의 뿌리에서 새로이 창조하거나 에너지를 보충해야 한다.

언어의 창조와 쇄신은 시인이나 작가의 존재 이유다. 소로는 이를 위해 시인과 작가의 길을 택했다. 자연은 인종, 지역, 역사 등 문화를 뛰어넘는 풍부한 언어의 보고이지만 누구나 자연을 보는 눈이 있는 것도 아니며, 있다 해도 주의 깊게 보지 않는다. 우리에게 중요한 것은 자연의 언어를 보는 눈을 밝히는 것이다. 이것이 곧 '예언자'seer 가 되는 길이다.

월든 호수는 볼 수 있으면서도 볼 수 없는 자연의 언어다. 이 호수는 하나의 거울로서 땅과 하늘로 상징되는 물질세계와 정신세계의 중간에 위치한다. 하늘을 비추어 그 자체가 낮은 하늘이 됨으로써 하늘이 시간이나 공간에서 멀리 있지 않고, 우리의 발밑, 바로 '지금' '여기'에 있음을 실증한다. 또한 호수는 땅의 눈으로서 시간, 계절, 날씨 등 외적 조건 및 맑기와 수량 등 내적 조건에 따라 보이는 그림이 다르다. 호수는 시인의 눈을 상징하기에 충분하다. 호수는 시적 눈의 은유이고, 수정 같은 도덕의 상징이다.

월든 호수는 깊이를 잴 수 없는 호수로 존재한다. "인간이 무한을 신봉하고 있는 한 어떤 호수는 바닥이 없다고 생각될 것이다,"(396). 자연의 언어는 영원과 무한을 향한 인간의 소망이 존재하는 한 무한하고 신비로우며, 깊이를 측정할 수 없는 호수로 남을 것이다. "우리는 만물을 진지하게 탐사하고 공부하는 동시에 그 만물이 신비에 싸여 탐사할 수 없기를 바란다,"(435). 자연의 언어는 항상 바닥없는 호수이며, 시적인 눈에만 보이는 언어다. "우리의 눈을 멀게 하는 빛은 우리에게 어둠과 같다. 우리가 깨어 있는 날만 동이 튼다. 앞으로도 수많은 날에 동이 트리라. 태양은 아침에 뜨는 샛별에 불과하다,"(456). 시적 비전을 가져라!

4. 바닥없는 호수를 찾아라!

　말 탄 나그네가 건널 늪의 밑바닥이 단단한지 소년에게 물어보았다. "소년은 바닥이 있다고 대답했다. 그러나 곧 그 나그네의 말이 뱃대끈까지 푹 빠졌다. 나그네는 소년에게 말했다. '너는 이 늪의 바닥이 단단하다고 하지 않았느냐?' 소년은 '네 그렇습니다만, 아직 바닥의 절반에도 미치지 못했습니다.'라고 대답했다,"(453).

　진리도 분명 단단한 바닥이 있겠지만, 인간의 능력으로는 그 절반에도 미치지 못한다. 하느님은 지식의 나무를 통해 인간에게 신적 능력을 주었지만, 생명의 나무에는 손대지 못하게 했다. 그로 인해, 인간은 '생명의 진리'라는 단단한 바닥에는 결코 이르지 못한다. 진리의 늪을 건너려다가 이내 허리까지 빠져버려서 허우적거리기 일쑤이기 때문이다. 사실, 인간의 능력 또한 제대로 측정된 적이 없다. 우리는 육체의 열을 유지하는 데 필요한 음식, 옷, 집을 마련하기 위해서, 온갖 수고를 다할 뿐 능력의 절반이라도 쓴 적이 있는가? 가난한 사람들은 이 세상이 춥다고 불평한다. 그러나 "사치스러운 부자들은 단순히 편안할 정도로 따뜻함을 유지하는 것이 아니라, 부자연스러울 정도로 몸을 뜨겁게 달군다,"(33). '생명의 진리'와는 거리가 먼 곳에 에너지를 낭비하는 것이다. '나' 또한 '사치스러운 부자'가 아닌지 돌아볼 일이다.

　육체의 필수품만을 위한 활동에 전념하는 것은 시간과 에너지의 낭비일 뿐만 아니라 삶의 진정한 목적과도 아무런 관계가 없다. 그렇다고 우리가 숲으로 들어가거나 가족을 버리거나 사회적 책임을 회피해야 하는가? 소로는 "우리 모두 자신의 일에 열중하고, 각자 타고난 대로의 인물이 되도록 노력하자,"(447)고 주문한다. 그러기 위해서는 일상을 과감히 탈피하여 과연 우리가 무엇을 성취할 수 있을지 시험할 필요가 있을 것이다. 소로는 자신의 '실험'으로 증언한다. "나는 내 실험으로 적어도 다음과 같은 것을 배웠다. 사람이 자신의 꿈을 향해 자신 있게 나아가고, 자기가 상상했던 삶을 살고자 노력하면, 평소에는 예상하지도 못했던 성공을 맛볼 것이다."(444).

소로는 인간 생활의 유한성 자체에 도전한다. 그는 각자의 힘과 에너지를 모두 활용하면, 각자가 꿈꾸는 '공중누각'의 기초를 놓고, 마침내 새로운 '무엇'을 세울 수 있다고 생각한다. 바꿔 말해서, 그는 우리 자신이 창조주처럼 무한한 존재가 될 수 있다고 믿는다. 그는 이렇게 질문한다. "만약 모든 호수가 얕다면 어찌 될까? 그것이 사람들의 마음에 어떤 영향을 미치지는 않을까? 나는 이 호수가 하나의 상징이 될 만큼 깊고 맑은 것에 감사한다. 인간이 무한을 신봉하고 있는 한 어떤 호수는 바닥이 없다고 생각될 것이다."(396). 호수의 깊이가 모두 얕다면, 인간의 마음도 모두 얕을 것이다.

바닥없는 호수가 존재한다고 믿기에, 하늘이 있다. 하늘이 존재한다고 믿기에, 영웅이 있고, 성인聖人이 있고, 영원불멸이 있다. 영원불멸이 존재한다고 믿기에, 예술이 있고, 시가 있고, 사랑이 있다. 바닥없는 호수는 인간의 영원한 믿음이자, 소망이고, 꿈이다. 바닥없는 호수를 찾아라!

WALDEN

진짜 은둔형 천성[1]
A Real Genius for Staying at Home

버지니아 울프

버지니아 울프Adeline Virginia Woolf(1882~1941)는 20세기 영국의 모더니즘 작가다. 이른바 "의식의 흐름" 기법의 개척자로서 1970년대에는 페미니즘 운동에 앞장서기도 했다. 그녀의 작품들은 50개 이상의 언어로 번역되었으며, 한국에서도 『댈러웨이 부인』Mrs. Dalloway(1925), 『등대로』To the Lighthouse(1927), 『자기만의 방』A Room of One's Own(1929) 등으로 잘 알려진 작가다. 울프는 문인, 비평가 들을 불러들여 '블룸스베리 그룹'Bloomsbury Group이라는 지적 집단을 만들어 활동했는데, 콩코드의 '초월주의 그룹'과 유사점이 많다. 울프는 이 에세이에서 소로를 이웃들에게 새롭고도 독특한 인생철학을 전하는 고상한 반역자로 본다. 울프는 소로 또한 그녀 자신과 마찬가지로 기존 사회에 부적격자였다는 점에서 '연대감'을 느낀 것이 분명하다.

100년 전, 1817년 7월 12일, 헨리 데이비드 소로는 매사추세츠주 콩코드에서 연필 제조업자의 아들로 태어났다. 그는 운 좋게도

---

[1] 이 에세이는 소로 탄생 100주년에 즈음하여 영국의 여류 소설가 버지니아 울프가 1917년 7월 12일 『런던 타임스』의 부록인 *Times Literary Supplement*에 "A Real Genius for Staying at Home"이란 타이틀로 게재한 것이다.

전기 작가들을 잘 만났다.² 그들은 소로의 명성에 끌리기보다는 그의 견해에 공감하여 매료되었지만, 소로의 글 자체에서 발견할 수 없는 그의 진면모를 많이 말할 수는 없었다. 그의 삶은 파란만장하지 않았다. 그는 자신의 말처럼 '진짜 은둔형 천성'의 소유자였다.³ 그의 어머니는 민첩하고 입심이 좋았으며, 혼자 산책하기를 너무나 좋아해서 자녀 중 하나는 광활한 들판에서 태어날 뻔도 했다. 반면에 아버지는 '작고, 조용하고, 묵묵히 일하는' 사람으로, 미국 최고의 연필을 만드는 능력의 소유자였다. 흑연 가루에 백토와 물을 혼합하여 그것을 굴림대로 굴려서 얇은 판을 만들고, 다시 그것을 길고 가는 조각으로 잘라서 굽는 그만의 비법 덕분이었다. 소로의 아버지는 적어도 많은 절약과 약간의 도움을 받아 아들을 하버드 대학에 보낼 수 있었지만, 소로는 이런 값비싼 기회를 크게 중시하지는 않았다. 그러나 소로가 처음으로 눈에 띈 것은 그의 하버드 재학시절이었다. 성인 소로의 모습을 소년 소로에서 많이 본 사람은 그의 급우였다. 1837년쯤 존 바이스 목사Rev. John Weiss의 날카로운 눈에 보였던 소로의 모습을

---

2 소로의 첫 전기는 소로의 절친한 친구 윌리엄 엘러리 채닝이 1873년 보스턴에서 출판한 『소로: 시인-박물학자』 *Thoreau: Poet-Naturalist*이다. 이후 1890년, 소로 전기를 최초로 출판하여 영국에 소개한 사람은 헨리 스티븐스 솔트Henry Stephens Salt(1851~1939)이다. 솔트는 미국 친구들의 도움을 받아 1896년 개정판을 냈으며, 1908년 개정 3판 『헨리 데이비드 소로의 삶』 *Life of Henry David Thoreau*을 완성했다. 전기 작가이자 비평가인 솔트는 채식, 동물의 권리, 자연 보호, 교도소 개혁 등 사회 개혁 운동에 종사했다. 버지니아 울프도 솔트가 쓴 소로 전기를 통해 소로를 알게 된 듯하다. 울프가 이 글에서 인용한 거의 모든 구절의 출처는 바로 이 전기이다.

3 소로는 1855년 2월 1일 친구 다니엘 리켓슨Daniel Ricketson에게 보낸 편지에서 "나는 진짜 은둔형 천성을 가지고 있습니다,"라고 썼다. *The Correspondence of Henry David Thoreau* ed. Walter Harding and Carl Bode (New York: New York University Press, 1958), 369.

초상화 대신 인용해보자.

> 그는 차고 감정이 없었다. 그의 손을 잡으면 축축하고 쌀쌀했다. 마치 당신이 손을 내밀면 그가 무엇인가를 집어 들고 그것으로 당신의 손을 잡는 듯한 촉감이었다. 수심에 찬 인디언처럼 성큼성큼 '유니버시티 홀'University Hall로 내려 갈 때면 발걸음을 내딛기 바로 전에 회청색 퉁방울눈을 이리저리 굴렸다. 그는 사람을 좋아하지 않았다. 급우들과도 아주 서먹서먹한 듯 보였다. 이런 몽상적 기질이 그의 주변에 항상 서려 있었는데, 그것은 종교적인 가정에서 사랑으로 마련해준 캐주얼 웨어처럼 헐렁하지는 않았다. 하지만 아직 그의 표정은 사고思考가 일깨운 표정은 아니었다. 그의 사고는 잔잔했지만 걸음발이 꽤 무디고 터벅터벅했다. 입술은 아직 단단하지 않았지만, 입가에는 득의에 찬 만족감이 서려 있었다. 돌이켜보면, 그는 미래에 대한 자신의 견해들을 아주 차분하게 그리고 그 중요성을 홀로 음미하면서 준비하고 있었던 것이 분명하다. 코는 오뚝했으나 콧잔등은 윗입술에 걸쳐 느슨하게 앞으로 경사져 있었다. 그래서 우리는 그의 모습을 이집트에서 조각한 어떤 면상面像과 아주 흡사한 것으로 기억한다. 얼굴은 크지만 음울하고, 무표정하고, 신비의 에고이즘이 굳어 있었다. 그러나 그의 눈은 무엇인가를 떨어뜨리거나 발견을 기대한 것처럼, 때때로 탐색적이었다. 사실 그의 눈은 당신과 아주 진지한 대화를 하고 있을 때에도 땅바닥을 별로 떠나지 않았다.[4]

바이스 목사는 계속해서 대학 시절의 소로는 '침묵과 부적격'의 삶을 이어갔다고 말한다. 소로는 분명히 위에서 묘사한 바와 같은 젊은이였다. 그의 육체적 즐거움은 산책과 야외 캠핑의 형태를 취했

---

4 Salt, Henry Stephens *Life of Henry David Thoreau* (Urbana and Chicago: University of Illinois Press, 1993), 10.

고, 담배라고는 '마른 백합 줄기'만 피우고, 인디언 유물을 그리스 고전만큼이나 공경하고, 젊은 나이에 일기에서 자기 마음과의 '거래를 청산하는' 습관을 기르고, 그의 일기에서 예의 그 이집트인 같은 얼굴과 탐색적인 눈으로 그의 생각, 느낌, 연구, 경험을 매일 검토하는 사람이었다. 분명 이런 젊은이는 부모와 선생님들, 그가 세상에서 두각을 나타내어 중요한 사람이 되기를 소망하는 모든 사람을 실망시킬 운명이었다. 교사가 되는 통상적인 방법으로 밥벌이를 하려던 그의 첫 시도는 학생 체벌의 필요성 때문에 끝나고 말았다. 그는 체벌 대신 학생들에게 도의를 말했다. 운영위원이 이런 '지나친 관용'으로는 올바른 교육이 될 수 없으리라고 지적하자, 소로는 여섯 명의 학생을 보란 듯이 매질하고 나서, '학교 경영이 자신의 학습계획을 간섭했다'고 말하고는 사직했다. 무일푼의 젊은이가 수행하고자 했던 학습계획은 아마도 이웃에 있는 어떤 소나무, 저수지, 야생 동물, 인디언 화살촉들과의 만남이었을 것이다. 그는 이미 이런 것들의 명령을 받고 있었다.

그러나 그는 당분간 사람들의 세계, 적어도 에머슨을 중심으로 초월주의 신조를 공언한 매우 주목할 만한 예의 그 세계에서 살게 되었다. 소로는 에머슨의 집에 기숙하기로 정하고, 그의 친구들 말에 의하면, 그 후 곧 그 선지자와 거의 구분할 수 없는 사람이 되었다고 한다. 눈을 감고 두 사람이 말하는 소리에 귀를 기울이면, 에머슨의 말이 어디서 끝나고 소로의 말이 어디서 시작되는지 잘 알 수 없을 지경이었다. " … 그의 태도에서, 목소리의 어조에서, 표현의 양식에서, 심지어 말의 더듬거림과 쉼에서 그는 에머슨 씨와 한 쌍이 되었다."[5] 이것은 사실이었을지도 모른다. 최고로 강한 성격은 일단 영향을 받으면 무조건적으로 승복한다. 그것은 아마도 그들이 지닌 힘의 징후일 것이다. 그러나 소로의 책을 읽는 독자들은 그가 에머슨과의 교류 과정을 통해 자신의 힘을 조금이라도 잃거나 자신에게 자연스럽지 않은 색깔을 조금이라도 영원히 갖게 되었다는 사실을 분명 부정할 것이다.

초월주의 운동은 활기찬 대부분의 운동처럼 불편한 옛 옷을 벗어 던지고, 지금 진실로 보이는 것들에 더욱 가깝게 자신을 맞추려는 놀라운 한두 명의 노력을 상징했다. 이런 재조정 욕구는 여러 '우스꽝스러운 징후'들과 '괴상한 추종자'들을 낳았으니, 로웰Lowell의 글이 전자에 속하고, 마거릿 풀러Margaret Fuller의 『회고록』*Memoirs of Margaret Fuller*이 후자를 증언한다.[6] 그러나 공통적으로 생각이 변화된 시대를 살았던 모든 남녀 가운데서, 우리는 소로야말로 새 시대에 순응할 점이 가장 적은 사람, 선천적으로 새로운 정신과 가장 사이가 좋은 사람이었다고 느낀다. 에머슨이 표현하듯, 그는 태생적으로 '새로운 희망에 조용히 동참하고, 모든 친구와 함께 대중적 의견이 인정할 법한 법칙보다는 인간의 본성과 능력을 크게 신뢰하는' 무리에 속했다. 그 운동의 리더들이 보기에는 그러한 새로운 희망들을 성취할 여지가 충분해 보이는 방법이 두 가지 있었다. 하나는 '브룩 팜'Brook Farm 같은 협동 공동체[7] 형태였고, 다른 하나는 자연과 벗하

---

5 위의 책, 29.

6 초월주의는 기존의 원죄설을 부정하고 개인의 신성을 강조하며, 삼위일체론을 부정하고 예수를 신성을 최고로 발휘한 인간이라고 주창함으로써 기존의 기독교로부터 이단 취급을 받았다. 당대의 평론가 제임스 러셀 로웰James Russell Lowell(1819~1891)은 기존의 기독교 편에서 초월주의와 그 신봉자들 — 특히 소로 — 를 혹평하는 한편 열렬한 초월주의자 마거릿 풀러Margaret Fuller(1810~1850)는 로웰 같은 보수주의자를 신랄하게 비판했다.

7 1840년대 미국의 유토피아적 공동체 생활 실험이다. 1841년 보스턴 외곽 9마일 지점의 웨스트 록스베리의 엘리스 농장에서 전 유니테리언 목사 조지 리플리George

는 고독의 형태였다. 선택의 시간이 왔을 때 소로는 단호히 두 번째 형태를 선호했다. 그는 일기에서 '공동체에 관해 말하면 나는 천국에서 기숙하기보다는 차라리 지옥에서 독신자 숙소를 지키고 싶다.'고 썼다. 이론이 무엇이든지 그의 본성에는 '거친 자연에 대한 특이한 갈망'이 깊이 도사리고 있었다. 다른 사람들 보기에 좋든 나쁘든, 이런 갈망이 그를 『월든』에 기록된 것과 같은 실험으로 인도했다. 실제로 그는 어느 초월주의자보다도 더 철저하게 초월주의자들의 신조를 실천에 옮겼으며, 인간의 능력을 전적으로 신뢰함으로써 과연 그 능력이 무엇인지 증명할 수 있었다. 이처럼 27세의 나이에 이르렀을 때, 그는 짙푸른 색깔의 청정한 월든 호숫가 숲속에 한 뙈기의 땅을 선택하여 어쩔 수 없이 도끼 하나를 빌려 작업의 일부를 하면서 손수 오두막을 짓고 터를 잡았다. 그의 표현대로 "인생의 본질적인 사실에만 정면으로 부딪쳐보고, 인생이 가르치는 바를 배울 수 있을지 시험해보려고 했으며, 마침내 죽음에 이르러 내가 삶다운 삶을 살지 못했다는 사실을 깨닫는 일이 없도록 하고자,"(138) 그는 숲으로 갔다.

사람은 친구를 봐도 알기 어렵지만 우리는 이제 소로를 알게 될 가능성이 있다. 소로만큼 자기 자신에 관심을 기울이는 사람은 별로 없다고 말해도 무방할 것이다. 강렬한 자기중심주의를 타고난 경우라도, 우리는 이웃들과 괜찮은 관계로 살기 위해서 그것을 짓누르려 최선을 다하기 때문이다. 우리는 기존 질서와 완전히 결별하기에 충분한 자신감이 없다. 그런데 소로는 결별의 모험을 했다. 그의 책들은

Ripley(1802~1880)와 그의 아내 소피아 리플리Sophia Ripley(1803~1861)가 창건했으며, 초월주의의 이상을 추구했다. 너새니얼 호손Nathaniel Hawthorne(1804~1864)도 창건 멤버의 한 사람이었다.

그 실험과 결과의 기록이다. 그는 자신을 더욱 깊이 이해하기 위해서, 무엇인가 독특한 것을 모두 함양하기 위해서, 무한히 값진 그의 타고난 개성을 해칠 수 있는 모든 세력과의 접촉을 차단하기 위해서, 할 수 있는 모든 일을 했다. 그것은 자신만이 아니라 세상에 빚진 그의 성스러운 의무였다. 그렇게 웅장한 규모에서 자기중심주의자인 사람은 거의 이기주의자가 아니다. 소로의 2년간 숲속 생활 기록인 『월든』을 읽을 때, 우리는 매우 강력한 확대경을 통해 삶을 바라보는 느낌을 갖는다. 걷고, 먹고, 통나무를 자르고, 조금 읽고, 나뭇가지의 새를 지켜보고, 밥을 짓는 등 이런 모든 행위를 깔끔히 마치고 나서 상쾌한 기분이 든다면, 그것은 놀라울 만큼 멋지고 빛나는 일이 될 것이다. 평범한 것들이 아주 기묘하고, 일상적인 감정이 정말 놀랍다. 그러므로 대중과 어울려 살면서 다수에 적합한 습관을 답습함으로써 평범한 것들을 혼동하거나 낭비하는 것은 죄악, 즉 신성모독의 행위이다. 이러한 단순한 사실들에 문명이 무엇을 더하겠으며, 사치가 어떻게 이를 갱신할 수 있겠는가? 그는 외친다, "간소화하라, 간소화하라. 하루 세 끼 대신에, 필요하다면 한 끼만 먹고, 백 가지 요리를 다섯 가지로 줄이고, 다른 것도 이에 비례해서 줄이라,"(140).

그러나 독자는 간소화의 가치가 무엇이냐고 물을 것이다. 소로의 간소화는 간소를 위한 간소이지, 뭔가를 강화하는 방법이 아니기에, 정신이라는 정밀하고 복잡한 기계를 해방하여 그 결과들이 '검소'의 존중이 되게 하는 방법이 아니겠는가? 대단히 훌륭한 사람들은 사치를 버리는 경향이 있다. 사치가 그들에게 훨씬 더 가치 있는 활동을 방해한다는 사실을 알기 때문이다. 소로 자신은 극히 복잡한 인간이었다. 그리고 그가 오두막에서 2년 동안 손수 밥을 지어 먹으며 살았다고 해서 간소화를 성취한 것은 분명 아니다. 그의 성취는 오히려 그의 내부에 있는 것을 다 털어놓은 것, 즉 인생이 인위적 구속의 차꼬를 풀고 인생 자체의 길을 가게 한 것이다. "삶은 아주 값진 것이기 때문에, 내[소로]는 삶이 아닌 삶을 살고 싶지 않았다. 또한 아주 필요한 경우가 아니면, 묵묵히 참고 따르는 삶도 살고 싶지도 않았다. 내[소로]는 깊이 살고, 인생의 모든 골수를 빨아먹고, … 삶이 아닌 모든 것을 물리치고 싶었다,"(138), 『월든』을 포함한 그의 모든 책은 절묘하고, 모순되고, 매우 유익한 발견들로 가득하다. 그것들은 무엇인가를 드디어 증명하기 위해서 쓰이지 않았다. 그것들은 인디언들이 숲을 이동한 경로를 표시하기 위해 나뭇가지를 아래로 굽혀놓는 것처럼 쓰였다. 소로는 아무도 가본 적이 없는 듯 자신의 길을 헤치고 나아가면서 이러한 표지들을 남긴다. 혹여 그가 어느 길을 갔는지 알고 싶어 하는 사람들을 위해서 말이다. 그러나 그가 바큇자국들을 뒤에 남기고자 하지는 않았기에, 그를 뒤따르기가 쉬운 과정은 아니다. 소로를 읽으면서, 이제 그의 주제를 이해하게 되었으니, 그를 우리의 견실한 안내자로 신뢰할 수 있다고 확신한 나머지, 한시라도 우리의 주의를 잠재우면 안 된다. 우리는 항상 무엇인가 새로운 것을 기꺼이 시험해야 한다. 우리는 평생 '사본'으로만 알았던 예의 그 생각 중에서 어느 하나를 '진본'으로 대면하는 충격에 항상 대비해야 한다. "건강과 성공은 아무리 멀리서 침묵하고 있는 것처럼 보여도, 나를 이롭게 한다. 그러나 질병과 실패는 그것이 내게 그리고 내가 그것에게 아무리 많은 연민을 보내더라도, 나를 슬프게 하고 내게 해를 끼친다,"(121). "새 옷을 요구하는 온갖 사업을 경계하라,"(46). "다른 모든 일에서와 마찬가지로 자선에도 천성이 있어야 한다,"(113). 소로의 생각들을 그저 몇 개, 거의 마구잡이로 뽑은 것들인데, 평범하지만 건전한 생각들이 풍부하다는 것은 말할 필요가 없다.

소로가 숲을 산책할 때, 또는 대학 시절 스핑크스처럼 거의 꼼짝하지 않고 몇 시간씩 바위 위에서 새를 살피고 있을 때, 그는 불굴의 정직뿐만 아니라 불타는 황홀을 가슴에 안고 세계에 속한 자신의 위치를 정의했다. 그는 자신의 행복을 포옹하는 듯하다. 그런 세월들은 계시가 충만하였다. 그는 다른 사람들로부터 완전 독립하여 자신을 발견하였다. 소로는 천성적으로 의식주를 스스로 조달할 뿐만 아니라 사회의 도움이 없이도 멋들어지게 삶을 즐기는 능력을 완전히 갖추었다. 사회는 그의 손으로부터 아주 많은 강타를 당했다. 그는 자신의 불평들을 너무나 당당하게 적시하기에 우리는 사회가 그토록 고귀한 반역자와 조만간 타협해야 한다고 생각하지 않을 수 없다. 그는 교회나 군대, 우체국이나 신문을 원치 않았고, 십일조 바치기를 시종일관 거부했으며, 인두세[8]를 납부하기보다는 감옥행을 선택했다. 모두가 집단으로 선행을 하거나 즐거움을 얻는 것은 그에게 견딜 수 없는 고통이었다. 그는 자선은 의무감에 바친 희생 가운데 하나라고 말했다. 그에게 정치는 '비현실적이고 믿을 수 없고 무의미하며' 대부분의 혁명은 강물이 마르거나 소나무가 죽는 것만큼 중요하지는 않은 듯 보였다. 그는 먼지를 듬뿍 수집한 죄가 밝혀진 즉시 창밖으로 내던져 버린, 그의 책상 위에 놓인 두 개의 석회석 조각 따위도 신경 쓰지 않고, 회색 버몬트 슈트만 걸치고, 혼자서 숲을 걸을 수 있기만을 원했다.

그럼에도 이 이기주의자는 도망 노예를 자신의 오두막에 숨겨준

---

[8] 투표권이 있는 모든 성인에게 부과되는 세금으로 정부의 중요한 재정 수입원이다. 미국에서는 흑인 등 사회적 약자의 투표권을 제한하는 수단으로 악용되기도 했다.

사람이었다. 이 은둔자는 존 브라운[9]을 변호하여 최초로 대중 연설을 한 사람이었다. 브라운이 감옥에 누워 있을 때, 이 자기중심적인 은자는 잠을 잘 수도 생각할 수도 없었다. 삶과 행위에 대하여 소로만큼이나 많이 그리고 깊이 생각하는 사람은 누구나 브라운 같은 사람에게 비범한 책임감에 사로잡히는 것이 사실이다. 그가 숲속에서 살기로 선택하건 공화국의 대통령이 되기로 선택하건 말이다. 더욱이 소로가 때때로 엄청 정성스레 요약하여 쓴 여러 작은 책의 소재가 되었던 서른 권의 일기는 친구들을 별로 좋아하지 않는다고 공언했던 예의 독립적인 사람이 실은 친구들과 소통하고 싶은 강렬한 욕구에 사로잡힌다는 사실을 증명한다. "나는 내 삶의 재산을 기꺼이 사람들에게 전달하고 싶고, 내 재능에서 가장 귀중한 것을 그들에게 정말 주고 싶다. … 나는 대중에 봉사할 수 있는 내 특유의 능력 말고는 개인적인 미덕이 없다. … 나는 나의 삶 가운데서 내가 다시 살고 싶은 그런 부분들을 전달하고 싶다."[10]라고 썼다. 소로를 읽고 그의 이런 소망을 인식하지 못하는 사람은 아무도 없다. 그럼에도 그가 그의 부富를 전달하는 데, 그의 삶을 공유하는 데 일찍이 성공했는지는 의문이다. 우리가 그의 힘차고 고귀한 책들을 읽고 나면, 모든 단어가 진지하고, 모든 문장이 작가의 방법대로 정교하지만, 야릇한 거리감이 남는다. 전달하려고 노력하지만, 그렇게 할 수 없는 사람이 여기에 있다. 그의 눈은 땅이나 어쩌면 지평선을 응시한다. 그는 결코 우리에게 직접

---

9   존 브라운John Brown(1800~1859). 미국의 노예 제도 폐지론자. 노예 제도를 철폐하기 위한 방법은 오로지 무장 봉기밖에 없다는 신념을 가졌다. 1859년, 무력으로 도망 노예들의 거점을 확보하기 위해서 웨스트버지니아 주의 하퍼스 페리에 소재한 연방군 조병창을 습격한 반역죄로 사형 선고를 받고 처형되었다.
10   1842년(24세) 3월 26일의 소로 일기에서.

말하지 않고 일부는 자신에게, 일부는 우리의 시야 너머의 신비한 어떤 것에게 말하고 있다. 그는 "'나는 나 자신에게 말한다.'가 내 일기의 모토가 될 것이다."[11]라고 쓴다. 그리고 그의 모든 책은 일기이다. 다른 남자와 여자들은 경이롭고 매우 아름답다. 그러나 그들은 멀고 다르다. 그는 그들의 방식을 이해하기가 어렵다는 것을 알았다. 소로의 눈에는 "마을 사람들이 프레리도그들prairie dogs처럼 신기하게만 보였다."(242~243). 인간의 모든 관계가 무한정 어려웠다. 한 친구와 또 다른 친구 간의 거리는 헤아릴 수 없을 정도였다. 인간의 관계들은 매우 위태로워서 실망으로 끝나기가 대단히 쉽다. 그의 이상에 미치지는 못한다 해도 할 수 있는 일을 다 하고 싶은 관심과 의지에도 불구하고, 소로는 그 어려움이 애를 쓰는 것으로 극복할 수 없는 것이라는 사실을 알고 있었다. 그는 다른 사람들과는 다른 사람이었다. "어떤 사람이 자신의 동료와 보조를 맞추지 않는다면, 그것은 아마 그가 다른 고수鼓手의 북소리를 듣기 때문일 것이다. 어떤 가락이 되었건, 아주 먼 곳에서 들리는 가락이라도, 그가 자신의 귀에 들리는 음악에 맞추어 걷도록 내버려두어라."(447~448). 그는 야성적인 인간이었다. 그는 길들여진 인간에 결코 복종하지 않을 것이다. 그리고 우리가 느끼는 그의 독특한 매력이 바로 여기에 있다. 그는 다른 고수의 북소리를 듣는다. 자연이 우리의 것과 다른 본능을 불어넣은 사람이 바로 소로다. 자연은 자연의 신비 일부를 그에게 속삭였다고 추측할 수 있을 것이다.

소로는 "당신이 인간과 자연 모두와 깊은 공감을 느낄 수 없다는 것이 하나의 법칙인 듯하다. 당신과 인간과의 거리를 가깝게 하는

---

11   1851년(34세) 11월 11일의 소로 일기에서.

특질들은 당신과 자연과의 거리를 멀게 한다."[12]라고 말한다. 그것은 아마도 사실일 것이다. 그의 삶에서 가장 큰 열정은 자연을 향한 열정이었다. 그것은 실로 열정 이상이었다. 그것은 친근한 관계였다. 이 점에서 그는 화이트[13]와 제프리[14] 같은 사람들과 다르다. 그는 보기 드물게 날카로운 감각을 타고났다고 한다. 그는 다른 사람들이 보고 들을 수 없는 것을 보고 들을 수 있었다. 그의 촉감은 아주 섬세하여 다량의 연필이 담긴 박스에서 연필 한 다스를 정확하게 집어 올릴 수 있었으며, 밤에 울창한 숲을 혼자서 누빌 수 있었다. 그는 양손으로 시냇물에서 물고기를 잡아 올릴 수 있었으며, 야생 다람쥐에 마법을 걸어 자기 코트 안에 깃들게 할 수 있었고, 가만히 앉아서 동물들이 그의 주변에서 계속 놀도록 할 수도 있었다. 그는 그 고장의 모습을 너무나 훤히 알았기 때문에 초원에서 잠이 깼다고 하더라도 그의 발치에 핀 꽃을 보고 월일을 하루 이틀 차이로 말할 수 있었을 것이다. 그는 타고난 재능 덕분에 힘들이지 않고 손쉽게 생계를 이끌어갔다. 그는 손재주가 뛰어났기 때문에 1년 중 40일 일하고 나머지는 여유롭게 살 수 있었다. 우리는 그를 그 옛날 인종의 마지막 인간으로 부를지, 미래 인종의 최초 인간으로 부를지 거의 알지 못한다. 그는 인디언의 강건, 극기심, 훼손되지 않은 감각에다 첨단 현대인의 자의식, 까다로운 불만, 감수성을 겸비하였다. 때때로 그는 인류의 수평선상에서 무엇인가를 감지하는 데에 우리의 인간 능력을 초월하는 듯하다. 어느 자선가도 인간에게 더 많은 희망을 품은 적이 없고, 인간

---

12 1852년 4월 11일의 소로 일기에서.
13 길버트 화이트Gilbert White(1720~1793). 영국의 박물학자이자 조류학자.
14 리처드 제프리Richard Jefferies(1848~1887). 영국의 시골 생활 묘사로 유명한 자연 작가.

앞에 더 높고 고귀한 과제를 제시한 적도 없다. 인생은 인간의 능력이 줄 수 있는 모든 것을 요구하지는 않을 터이고, 그것을 물 쓰듯 낭비하기보다는 비축하라고 명령하겠지만, 최고로 고귀한 열정과 봉사의 이상을 가진 사람들은 주는 능력도 최고로 큰 사람들이다. 소로가 아무리 많은 것을 할 수 있었을지라도, 그는 여전히 그 밖의 가능성들을 보았을 터이기에, 어느 의미에서 소로는 항상 불만인 상태에 머물렀다. 그것이 그가 더 젊은 세대의 동반자가 될 수 있는 이유 중의 하나이다.

그는 인생의 만조滿潮 상태에서 죽었다. 그는 오랫동안 집 밖에 나가지 못하고 질병을 견뎌야 했다. 그러나 자연으로부터 그는 침묵과 극기를 배웠다. 그는 자신의 개인적 고락에서 그를 가장 많이 변화시켰던 것들을 언급한 적이 없다. 그러나 그는 만족하는 법, 무분별하거나 이기적으로 만족하지 않고, 체념이 아니라 분명 자연의 지혜에 대한 건전한 신뢰로 만족하는 법 또한 자연으로부터 터득했다. 그가 말하듯 자연에는 슬픔이 없기 때문이다. 그는 임종 자리에서 이렇게 썼다. "나는 평상시처럼 현존을 즐기고 있으며 아무런 유감이 없습니다."[15] 소로는 사슴과 인디언에 관해 중얼거리면서 몸부림 없이 죽었다.

---

15 1862년 3월 21일, 독자인 마이런 브리처 벤턴Myron Breecher Benton(1834~1902)의 위문편지에 답한 편지의 일부다. 여동생 소피아가 대필했다. 소로는 같은 해 5월 6일 사망했다.

소로[16]
Thoreau

제임스 러셀 로웰

제임스 러셀 로웰James Russell Lowell(1819-1891)은 뉴잉글랜드의 명문가 출신이다. 정통 청교도주의 후예로서 당대의 초월주의에 적대적이었다. 로웰은 익명으로 출판한 풍자 시집 『비평가를 위한 우화』*A Fable for Critics*(1948)에서 당시의 초월주의 문인들을 비평하면서, 소로를 에머슨의 모방자라며 이렇게 빈정거렸다. "가령, 저기 오잖아, 아주 꼴불견이야./ 고통스럽게 짧은 다리로 에머슨의 족적을 밟고 있잖아./ 비법 전수자의 자연스러운 걸음과 보조를 맞추느라/ 깡충 뛰고, 안간힘 쓰며 얼굴이 시뻘게지는 꼴이라니!/ 그는 로켓에 붙은 스틱처럼 바싹 뒤따르며,/ 손가락은 그 예언자의 주머니를 샅샅이 뒤진다./ 아이고, 꼴사납소, 시인 형제여. 당신 자신의 좋은 열매로,/ 이웃 에머슨의 과수원을 내버려둘 수는 없소이까?"

이 책을 출판한 1848년 당시만 해도 로웰은 소로와 하버드 대학 동문으로 아주 우호적인 관계였기에, 1849년 12월 『콩코드 강과 메리맥 강에서의 일주일』 리뷰에서는 소로를 호메로스나 멜빌에 비견할 정도의 뛰어난 인재라고

---

[16] 로웰은 이 글에서 『월든』을 비롯한 그의 모든 작품을 에머슨의 초월주의 및 그 자연관에 초점을 맞추어 혹독하게 비판한다. 일종의 '험담'을 늘어놓았다는 인상을 준다. 그러나 로웰도 이 글의 마지막에서, "그의 잎에서는 보이지 않는 사색의 씨가 고사리 포자처럼 떨어진다."며 소로의 상상력을 평가한다.

칭송한 바 있었다. 가까운 친구의 찬사는 흔히 양날의 칼일 수 있다. 1858년 로웰이 주간으로 있는 The Atlantic Monthly 지에 기고한 소로의 글에 대한 이견으로 두 사람의 관계는 급격히 악화되었다.

이후 로웰은 소로의 생존 시는 물론 사후에도 그에 대해 매우 비판적이었다. 로웰은 The Atlantic Monthly 지와 The North American Review 지의 편집장, 하버드 대학 교수를 역임하는 등, 당대의 가장 영향력 있는 문학 평론가였기에, 그의 비판은 소로와 그의 작품에 대한 일반인의 평가를 수십 년 동안 방해했다. 여기 소개하는 로웰의 에세이 「소로」는 소로 사후 9년인 1871년 그의 평론집 『나의 연구실 창문들』My Study Windows(13판)의 193~209쪽에 게재된 것이다. 그 중 일부를 우리말로 소개한다.

[1] '초월주의'라는 단어는 당시에 사고思考 능력이 없는 자들의 잡역부 노릇을 했다. … 그것은 그저 신선한 공기를 마시려는 몸부림이었다. 창문을 열 수 없는 경우에는, 성인과 순교자의 모습들이 그려져 있어도, 창유리를 박살낼 위험성이 있었다. … [그들에게는] 전통보다 좋은 것은 한 가지가 있을 뿐이니, 그것은 모든 전통이 기원起源하는 근본적이고 영원한 활력이 아닌가 한다. 개혁주의자라는 사람들이 다소 분명한 의식과 표현으로 요구하는 것은 바로 이런 활력, 즉 정치에서의 활력, 문학에서의 활력, 종교에서의 활력이었다. 그러나 그런 활력을 가능하게 하는 혼을 팽개친다면, 유대교에서 수입한 복음을 영원한 현존으로 지키는 신을 섬긴다 한들 무슨 소용이 있겠는가?

[2] 우리는 초월주의 운동이 청교도주의Puritanism의 저항 정신을 표현하기보다, 오히려 억압적인 각종 형식과 교리로부터의 새로운 출구와 탈출을 추구하는 운동이라고 말했다. 동기, 설법說法, 결과에서 초월주의 운동은 칼라일[17]의 신조와는 근본적으로 다르다. 스코틀랜드의 칼라일은 라블레[18] 같은 비범한 재능과 거인다운 유머로, 연륜

에 따라 점점 더 날카로워져서, 소크라테스적으로 완강한 영국의 세속적 상식의 머리에 때로는 평범한 꾸지람을 퍼붓기도 하고, 고약한 냄새의 분풀이를 쏟기도 했다. 그러나 에머슨의 가르침은 훨씬 더 배타적으로 개인의 자기 수양과 독자적 발달에 전념했다. 그것은 나랏일을 자발적으로 회피한다는 점에서 많은 사람에게 거의 피타고라스 추종자[19]로 보였다. 칼라일과 에머슨 모두 괴테의 문하생이었으나, 진정한 의미에서 에머슨이 훨씬 더 그러하였다.[20]

[3] 에머슨의 꽃가루에 의해 열매를 맺은 자성雌性 식물 가운데서 이제까지는 소로가 가장 주목할 만하다. 그러니 에머슨이 소로의 유작들을 우리에게 제공하는 것[21]은 단연코 합당한 일이다. 소로의 유작들은 에머슨의 정원에서 수확한 딸기들이기 때문이다. 실로, 거기에는 잡다한 것의 비범한 혼합이 있다. 어떤 것은 고산高山의 것으로

---

17   토머스 칼라일Thomas Carlyle(1795~1881). 스코틀랜드 출신의 철학자, 평론가, 역사가. 이상주의적인 사회 개혁을 제창하여 19세기 사상계에 큰 영향을 끼쳤다. 저서로는 『의상철학』, 『프랑스 혁명사』, 『영웅숭배론』 등이 있다. 역사는 위대한 사람의 전기에 불과하다고 주장했다. 미국의 초월주의자 에머슨과의 친분이 두터웠다.

18   프랑수아 라블레François Rabelais(1483~1553). 프랑스의 작가, 의사, 인문학자. 프랑스 르네상스의 최대 걸작인 『가르강튀아와 팡타그뤼엘』을 썼다. 미셸 드 몽테뉴Michel de Montaigne(1533~1592)와 함께 16세기 프랑스 르네상스 문학의 대표적 작가다.

19   피타고라스는 56세에 남이탈리아의 그리스 식민지인 외딴 크로톤 섬에 피타고라스 공동체를 결성하고 영혼의 윤회사상을 가르치며 육식을 금하는 채식주의를 따랐다고 한다.

20   로웰은 초월주의자들이 종교 및 사회의 개혁을 표방하면서도 실제는 '나랏일'을 회피하는 개인주의에 몰입되어 있다고 비판한다. 그러나 소로는 인습에서 자연으로, 꾸밈에서 소박으로의 회귀를 주장하면서도, 자기 손으로 일할 것을 강조했고, 제도에 맞서서 개인의 자유를 고양시킬 것을 목표로 삼았다.

21   소로 사후 에머슨이 소로의 편지들을 편집하여 『여러 사람에게 보낸 편지』로 출판한 것을 두고 하는 말이다.

희귀한 산 공기 정취가 나고, 또 다른 것들은 숲속 양지바른 노변 기슭이나 수줍은 공터 맛이 난다. 적지 않은 묘목은 양식養殖으로 크게 부풀었지만, 좀 더 양질인 자연의 향기가 부족하다. 이런 것들은 소로의 이상한 책들이지만, 여러 가지 면에서 흥미롭다. 주로, 비교적 좁은 마음에서 얼마나 많은 수확을 올릴 수 있는지, 그리고 아마도 결국은 진정한 수확을 결코 발견하지 못하겠지만, 어느 인간이 열심히 그것을 추구하면, 그의 삶에서 얼마나 많은 것을 수확할 수 있는지 증명하기 때문에 교훈적이다.[22]

[4] 우리는 방금 소로 씨의 글들에 대한 기억을 새롭게 하면서, 그의 책 여섯 권을 발간 순서대로 통독하였다. 우리는 비평가이자 단순한 독자로 그의 책들에서 받은 인상을 적절하게 보고하고자 노력할 것이다. 그는 자부심이 너무 높아서 자신의 성격적 결함과 약점을 독특한 미덕과 힘으로 의심의 여지없이 받아들였고, 우리도 그것들을 받아들이라고 고집했던 것 같다. 그는 너무 나태하여, 여타 모든 사람이 좋아하고 힘쓰는 활동 가운데서, 그에게 합당한 활동을 하나도 찾지 못한다. 그는 성공으로 이끄는 자질이 부족하지만, 그 자신이 지속성과 목적이 부족한 게 아니고, 성공 자체가 경멸의 대상이라는 태도이다. 그는 가난하지만, 돈이란 게 순수 악이라는 태도이다. 그의 삶이 너무 이기적이지만, 그는 선행을 미신 중에서도 가장 약한 미신의 하나라고 힐난하는 태도이다. 그에게 유용有用이라는 것은 무용無用이라는 교활한 유혹자가 던지는 가장 치명적인 미끼에 불과하다. 그

---

22 로웰은 눈을 감으면 누가 누구인지 구별할 수 없을 정도로 소로는 에머슨의 어조와 태도를 흉내 냈다고 말한 적이 있다. 여기서도 로웰은 소로의 많은 글들은 에머슨의 아류에 불과하다고 비판한다.

는 자신의 바깥쪽에서 일반화하는 능력이 전무하거나, 적어도 일반화 자료를 공급할 만한 경험이 전혀 없었다. 그리고 그는 자신의 변덕스러운 생각을 법으로 삼고, 자신의 시계視界를 우주의 지평선으로 삼는다. 그는 속세를 힐난하지만 세속의 만족이 공허하다는 자신의 생각을 시험해볼 만한 수단을 소유한 적이 없다. … 그는 능동적 상상력은 별로 없었고, 수동적 상상력이 많았다. 그의 감수성은 최고 품질이었으나, 그의 비판 능력은 정신의 영속성이 부재하여 아주 제한적이고 불충분했다. … 그는 위대한 작품을 통하여 평온한 균형의 완성으로 이끄는 예술적 능력은 없지만, 문장과 문단을 짓거나 (더욱 드물게는) 초연한 생각, 정서, 또는 이미지의 표현을 위한 짧은 운문을 짓는 절묘한 기술적 기량은 있었다. 그의 작품들은 별이 가득한 하늘, 분명 인상적이고 유쾌한 무엇, 높은 상공에 홀로 빛나는 반점들이 빽빽하게 점철된 무엇이라는 느낌을 준다. 그러나 이것들 간에 하등의 상호관계가 있는지, 또는 지상의 상황과 하등의 관계가 있는지는 대부분 추측의 문제이다. 아직은 점성술이고 천문학은 아니라는 말이다.[23]

[5] 건강한 정신에게 세계는 항상 도전의 기회이다. 소로 씨는 건강한 정신을 갖지 않았다. 그렇지 않다면, 그는 숲의 처방전을 그토록 좋아하지 않았을 것이다. 그의 모든 생애는 의사 찾기이었다.[24] 옛 신비주의자들은 세상의 값어치에 대해 더 현명한 감각을 지니고 있

---

23 로웰은 『콩코드 강과 메리맥 강에서의 일주일』 리뷰에서도 "소로 씨 책의 큰 매력은 그것이 도대체 책이라는 것이 행복한 우연인 것 같다는 것이다. 서점의 문이 열려있으면 생각들이 저절로 날아갔다."고 혹평했다.
24 소로가 자연으로 간 것은 허약한 환자가 질병 치료를 위해서가 아니라 온전하고 건강한 사람으로 간 것이었다. 자연과의 친교는 온전한 사람의 건강 비결이다.

었다. 그들은 법을 수련하는 엄한 도제 기간을 정했고, 격식을 갖추어 순서대로 자유를 획득하고, 이것들에 대한 통제력을 길렀다.

[6] 우리는 자연에 대한 현대의 감상주의를 대부분 질병의 징후로 본다. 그것은 일반적 간 질환으로 볼 만한 또 하나의 징후이다. 체질이 건전한 사람에게 야생은 어떤 기분이나 휴가에는 충분히 바람직하지만, 삶의 습관에는 그렇지 않다. 은거하고자 하는 열정과 자연과의 친숙함을 아주 큰 소리로 광고하는 사람들은 페트라르카[25] 이래 대개 감상주의자, 비현실적 인간, 여계女系의 염세가들로서, 같은 인류에 대한 경멸을 고백함으로써 자신에 대한 불안한 의심을 위로한다.

[7] 대자연과의 고독한 친교는 소로의 인격에 미친 영향에서 그의 건강에 이롭지도, 유쾌하지도 않았던 듯싶다. 정반대로, 그의 편지들을 보면 그는 나이를 먹으면서 점점 냉소적이 되었음을 증명한다. 그가 밍크와 마멋, 그의 이웃을 경의를 표할 만큼 주의 깊게 연구하는 동안, 그는 그의 고장이 곧 무대이고, 막이 이미 오른 운명의 장엄한 드라마를 아주 경멸하는 태도로 구경만 했다.[26] 그는 볼테르가 루소에 대해 말했듯이, '매우 웅변적으로' 우리를 자연 상태로 되돌리고 있었기에, '그의 설득에 우리가 네 발로 다닐 정도가 되었다.' 한편 더 현명한 운명들은 우리가 처음으로 목을 세우고 다닐 수 있게 해주고 있었다. 만약 소로가 친구들과 더 대화했더라면, 그의 독특한 천성이 올바른 평가를 받았다는 확신으로 공감대가 확장되었을 테고, 그의 글들도 자신이 꿈꾼 것보다 더 넓은 영역의 독자들 또는 적어도 더 따뜻한

---

25   프란체스코 페트라르카Francesco Petrarch(1304~1374). 14세기 르네상스 시대 이탈리아의 서정 시인으로 인도주의의 창시자라는 평가를 받았다.
26   남북전쟁이라는 '운명의 장엄한 드라마'의 1막, 즉 1859년 12월 2일 존 브라운John Brown의 교수형을 전후해서 강력한 목소리를 낸 사람은 되레 소로였다.

무리의 독자들을 형성했을 것이다. 우리는 본래 친절하고, 성실하고, 고귀한 그의 성품에 대한 최고의 증언을 가지고 있고, 그의 책들에서도 그의 보기 드문 특질의 정신에 대한 똑같이 부정할 수 없는 증언이 있다. 그는 강력한 사색가가 아니라 민감한 촉감의 소유자였다. 그러나 소로의 마음은 순수성에서 차갑고 쌀쌀한 인상을 준다.

[8] 그는 자연을 이상 세계로 가는 산山길로 받아들였다. 그 길이 매우 꼬불꼬불해도, 그가 나무뿌리에 걸려 넘어지는 발걸음 하나하나를 너무 충실하게 기록해도, 그가 다소 지루하게 식물을 조사해도, 그는 때때로 튀어나온 어떤 암벽에서 탁월한 견해를 끌어내어 우리에게 제공한다. 그리고 그는 오르는 정신을 조금이라도 진정 소유한 사람들의 경우에는 숨 쉬기가 어렵지 않은 무한한 창공으로 마침내 이동시킨다. 인간의 완전한 독립성에 대한 그의 개념이 적용되는 한, 그의 오두막 생활은 단순한 불가능이었다. 디오게네스의 통은 바닥이 더 단단했다. 소로의 실험은 그것이 이론적으로 거부한 예의 그 복잡한 모든 문명을 사실상 전제로 한 것이었다. 그는 남의 땅을 거저 차지하고 살았다. 그는 도끼를 빌렸다. 그의 널빤지, 못, 벽돌, 모르타르, 책, 램프, 낚시, 쟁기, 호미 등 모든 이기들이 헨리 데이비드 소로 같은 사람이 어쨌든 존재하는 것을 가능하게 만든 인공적인 문명의 죄에서 소로도 공범자라는 불리한 증언을 한다. 그는 '위대한 것을 시도했다.' 그의 목적은 '소박한 삶과 높은 생각'plain living and high thinking[27]의 방향에서, 고귀하고 유익한 목적이었다. 그것은 '사물들이 말 위에 앉아서 인류를 몰고 간다,'[28]는 에머슨의 구절에 근거한

---

27 이것은 에머슨의 인생 '지침'이었다.
28 에머슨, 「윌리엄 화이트 채닝에 헌정한 송가」Ode, Inscribed to W. H. Channing,

실용적인 설교였다. … 그의 전 생애는 번지르르한 가구의 비참한 노예가 된 우리 미국의 사치, 그 사치의 낭비와 맹목성을 질타하는 삶이었다. 그에게는 '섬세한 환상적 감각'이 있었다. 작가로서 그의 뛰어난 문체는 소박하고 순수한 그의 삶과 일치한다. 우리는 그의 시계가 좁다고 말했으나, 대가가 되는 길은 바로 대가가 되는 것이다. 그는 살아있는 출처, 즉 전성시대의 시인과 산문 작가들 사이에서 영어를 익혔고, 그의 문학 수업은 광범위하고 심원했으며, 그의 인용들은 항상 가장 순수한 광석의 금덩이들이다. 그의 문장은 영어로 쓰인 어느 문장 못지않게 완벽하고, 그의 생각은 수정처럼 결정結晶된 것이다. 그의 은유와 이미지들은 언제나 흙에서 갓 캔 듯 싱싱하다. 그는 관람석에 나타나는 탐정의 자세로 자연을 관찰했다. 그러기에 우리가 그를 읽을 때, 마치 순수 야외野外가 일기를 썼고, 야외 자체가 몽테뉴가 된 듯하다. 우리는 마치 클로드 로렌 거울[29]로 풍경을 비춰 보는 것 같다. 소로의 것에 비하면, 비슷한 목적의 다른 모든 책들은, 가령 길버트 화이트의 『셀본』[30]까지도, 시골 성직자가 옛 연감에 기입한 기상氣象 일기처럼 무미건조하다. 그는 던,[31] 브라운,[32] 노발리스[33]

---

l. 50, 1847, "Things are in the saddle and ride mankind."

29 검거나 유색인 볼록렌즈 손거울로 크기가 축소되고 색이 부드러운 풍경을 비춰 보는 일종의 장난감이다.

30 길버트 화이트Gilbert White(1720~1793)의 대표작 『셀본의 자연사와 유물들』 The Natural History and Antiquities of Selborne(1789)을 말한다. 화이트는 영국 동부 햄프셔 구, 셀본 마을의 교구 목사로, 박물학과 조류학 분야의 개척자였다.

31 존 던John Donne(1572~1631). 영국의 17세기 형이상학과 시인. 파격적인 종교시로 유명하다.

32 토머스 브라운Thomas Browne(1605~1682). 영국 의사이며 작가. 『렐리기오 메디치』 Religio Medici를 썼다.

33 노발리스Novalis(1772~1801). 독일의 낭만주의적 시인.

부류에 속한다. 창의성이 그리 독창적이지는 않더라도, 그들 못지않게 독특하다. 그리하여 그의 잎에서는 보이지 않는 사색의 씨가 고사리 포자처럼 떨어진다.[34]

---

34 소로는 자연에서 영감을 받았고, 그의 글은 서재나 시인의 다락방 냄새보다 들과 숲 냄새가 난다. 그의 책은 서가에 꽂히기보다 하늘 아래에 펼치는 게 더 어울린다. 소로에 비판적인 로웰도 소로의 '싱싱한' 은유와 이미지들은 필적할 작가가 없다는 사실은 인정하고 있다.